हमारे संगीतकर
नर्तक गायक एवं वादक

लेखक

नारायण भक्त

सम्पादक

डॉ. रमेश कुमार मिश्र

एम.ए. पीएच.डी.

साहित्याचार्य, संगीत प्रवीण

प्रकाशक

F-2/16, अंसारी रोड, दरियागंज, नई दिल्ली-110002
☎ 23240026, 23240027, 23240028
info@vspublishers.com • www.vspublishers.com

Online Brandstore: amazon.in/vspublishers

क्षेत्रीय कार्यालय : हैदराबाद
5-1-707/1, ब्रिज भवन (सेन्ट्रल बैंक ऑफ इण्डिया लेन के पास)
बैंक स्ट्रीट, कोटी, हैदराबाद-500 095
☎ 040-24737290
vspublishershyd@gmail.com

फ़ॉलो करें: f in

BUY OUR BOOKS FROM: AMAZON FLIPKART

ISBN 978–93–814488–0–9
नवीन संस्करण

मुद्रक : परम ऑफसेटर्स, ओखला, नयी दिल्ली-110020

अनुक्रम

नर्तक

गायक

वादक

नर्तक

उदयशंकर ❖ बिरजू महाराज ❖ सितारा देवी ❖ लच्छू महाराज ❖ संयुक्ता पाणिग्रही ❖ सोनल मानसिंह ❖ यामिनी कृष्णमूर्ति ❖ उमा शर्मा ❖ शोभना नारायण ❖ कमलिनी-नलिनी ❖ मालविका मित्रा ❖ स्वप्नसुंदरी ❖ डॉ. पद्मा सुब्रमण्यम ❖ पं० ओमप्रकाश महाराज ❖ कुमकुम धर ❖ सरोजा वैद्यनाथन ❖ किरण सहगल ❖ डॉ. कनक रेले ❖ प्रेरणा श्रीमाली ❖ रानी खानम ❖ नलिनी मिश्रा

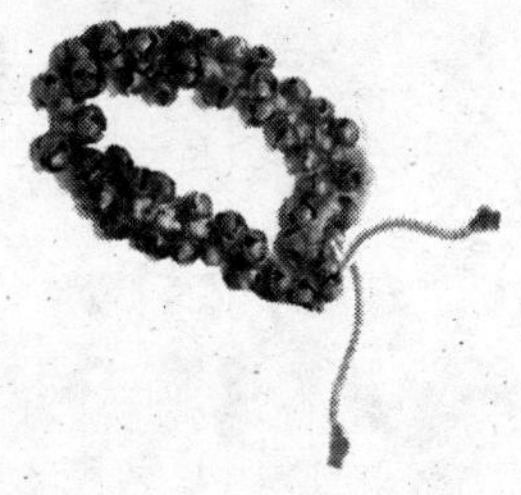

अविस्मरणीय संगीत साधक-नृत्य सम्राट

पं० उदयशंकर

विश्वविख्यात सितार वादक पं० रविशंकर के अग्रज पं० उदयशंकर ऐसे भारतीय कलाकार हैं, जिन्होंने अपनी बहुआयामी कला और नए-नए प्रयोगों से भारतीय नृत्य को नए रूपों में प्रस्तुत कर अंतर्राष्ट्रीय ख्याति अर्जित करायी और संपूर्ण विश्व में भारतीय संस्कृति व भारतीय नृत्यकला को प्रतिष्ठित किया।

रचनात्मक नृत्य के जनक उदयशंकर ने आधुनिक एवं पारंपरिक नृत्य मेल से एक सर्वथा नृत्य शैली को जन्म दिया। नृत्य में नए प्रयोग के क्रम में उदयशंकर ने भागवत, रामायण आदि की कथावस्तु के अतिरिक्त वर्तमान परिवेश, समस्याओं तथा मानव प्रकृति के विभिन्न पहलुओं को भी अपने नृत्य प्रदर्शन में शामिल कर लिया। पाश्चात्य आरकेस्ट्रा की कुछ विशेषताओं को भी अपने वाद्यवृन्द में सम्मिलित कर लिया। उनके इन प्रयोगों को पारंपरिक नृत्य के समर्थकों और नृत्याचार्यों ने पसंद नहीं किया और आलोचना करने लगे, किन्तु उदयशंकर ने विरोध और आलोचनाओं पर ध्यान नहीं दिया।

राजस्थान के उदयपुर में 8 दिसंबर, 1900 ई. को पं० उदयशंकर का जन्म हुआ। उनके पिता पं० श्यामसुंदर चौधरी झालवाड़ रियासत में दीवान थे। उदयशंकर जी का जन्म उदयपुर में हुआ था, इसीलिए उनके पिता ने उनका नाम उदयशंकर रख दिया। विदेशों में अपनी नृत्यकला की धूम मचाने के बाद उदयशंकर भारत लौट आए और कोलकाता में बस गए। वहीं 26 सितंबर, 1977 ई. को उनका निधन हो गया। उनकी पुत्री सुप्रसिद्ध नृत्य रचनाकार (कोरियोग्राफर) ममता शंकर ने उदयशंकर जी की विरासत को संजोए रखने के लिए उदयन नामक नृत्य मंडली और उनके भाई आनंदशंकर जी ने 'उदयशंकर एकेडेमी ऑफ क्रिएटिव डांस' नामक संस्था की स्थापना की है।

उदयशंकर पहले चित्रकार बनना चाहते थे। उन्होंने 'जे.जी. कॉलेज ऑफ आर्ट्स' से पेंटिंग में डिप्लोमा लेने के बाद लंदन के विश्व प्रसिद्ध रायल कॉलेज ऑफ पेंटिंग में चित्रकला की उच्च शिक्षा ली। गंधर्व महाविद्यालय, मुंबई से उन्होंने

शास्त्रीय संगीत की शिक्षा ली, किन्तु नृत्य में विशेष रुचि रहने के कारण उन्होंने नृत्य को ही अपना लिया।

प्रख्यात रूसी बैले नर्तकी अन्ना पावलोवा से परिचय ने उनके जीवन को एक नई दिशा दी। अन्ना भारतीय नृत्य सीखना चाहती थीं। अन्ना के लिए उन्होंने राधाकृष्ण और हिन्दू विवाह नामक दो नृत्य रचनाएं तैयार कीं। राधाकृष्ण में उन्होंने कृष्ण की भूमिका स्वयं की थी। अन्ना के ग्रुप द्वारा प्रस्तुत बैले को देखकर उदयशंकर ने समझा कि भारतीय नृत्य शैली में किस प्रकार बैले किया जा सकता है। अन्ना के अनुरोध पर ही उदयशंकर ने कनाडा, अमेरिका, मैक्सिको और कोलंबिया में भारतीय बैले पेश कर अंतर्राष्ट्रीय ख्याति अर्जित की।

कुछ दिनों बाद वे अन्ना के ग्रुप से अलग हो गए। तीस के दशक में उन्होंने तलवारनृत्य, तांडवनृत्य, सर्पनृत्य और मयूरनृत्य प्रस्तुत कर विदेशों में भारतीय नृत्य बैले की धूम मचा दी। दर्शक उनके द्वारा प्रस्तुत नृत्य बैले को देखकर मंत्रमुग्ध हो गए।

कुछ दिनों के लिए एडिबेड और सोकी नाम की दो विदेशी नृत्यांगनाएं तथा मिसेल डामोर नामक नर्तक उनके साथ पार्टनर के रूप में रहे। बाद में फ्रांसीसी पियानो वादिका सिमोन बारबर उदयशंकर की सहयोगी के रूप में 20 वर्षों तक उनका साथ देती रही। उदयशंकर प्यार से उन्हें सिमकी कहा करते थे। सिमकी को उदयशंकर ने नृत्य में पारंगत कर दिया। सिमकी के सहयोग से उदयशंकर ने नृत्य बैले प्रस्तुत कर पूरे यूरोप में धूम मचा दी।

उदयशंकर 1938 ई. में भारत लौट आए और अल्मोड़ा में उदयशंकर सांस्कृतिक केन्द्र की स्थापना की। इस केन्द्र में उस्ताद अलाउद्दीन खां से लेकर नम्बूदरी तक जाने-माने संगीतज्ञ और नृत्य गुरु जुड़े रहे। कालांतर में आर्थिक अभाव के कारण केन्द्र बंद हो गया।

उदयशंकर ने 'कल्पना' नाम से एक फिल्म का निर्माण किया। इसके संवाद अमृतलाल नागर और गीत सुमित्रानंदन पंत ने लिखे हैं। यह फिल्म उदयशंकर की कल्पना शीलता पर आधारित थी। यह इतनी मौलिक, कलात्मक और प्रयोग की दृष्टि से नई थी कि आम दर्शकों के बीच लोकप्रिय न हो सकी।

उदयशंकर ने 1942 ई. में अमला नंदी से विवाह किया। अमलाशंकर स्वयं कत्थक, ओडिसी और भरतनाट्यम की कुशल नृत्यांगना थीं।

उदयशंकर ने कथकली, भरतनाट्यम, मणिपुरी, राजस्थान के प्रसिद्ध झूमर नृत्य को बड़े आन से देखा–परखा और सभी नृत्य शैलियों की विशेषताओं को संयोजित कर अपनी एक नई शैली की रचना की। उनकी इस मौलिक शैली में कथकली के अभिनय, भरतनाट्यम की गति तथा मणिपुरी के स्निग्ध भाव और कोमल पद संचालन का समावेश परिलक्षित होता है।

पश्चिमी बैले के प्रस्तुतिकरण की तकनीक से प्रेरित होकर उन्होंने एक नई तकनीक अपनाई, जिसे शंकरस्कोप कहा जाता है। शंकरस्कोप स्टेज और स्क्रीन की तकनीकों का एक सार्थक–सुंदर सम्मिश्रण है, जो यूरोप के कई देशों में प्रचलित है।

26 सितंबर, 1977 को इस विश्वविख्यात महान नृत्यकार का निधन हो गया।

कत्थक सम्राट

बिरजू महाराज

बिरजू महाराज को कत्थक का पर्याय कहा जाए, तो यह अतिशयोक्ति नहीं होगी। बिरजू महाराज ने देश में ही नहीं, विदेशों में भी अपने नृत्य प्रदर्शन से कत्थक को प्रतिष्ठा दिलाई है। अंतर्राष्ट्रीय ख्याति प्राप्त बिरजू महाराज को विरासत में यह कला मिली है। इनके पूर्वजों में प्रकाशजी लखनऊ के नवाब आसिफुद्दौला और ठाकुर प्रसाद जी नवाब वाजिद अली शाह के नृत्य गुरु थे। वाज़िद अली शाह को नृत्य-संगीत में गहरी रुचि थी। वे कलाप्रेमी और कला के संरक्षक थे।

दुर्गा प्रसाद ने अपने तीन पुत्रों—बिंदादीन, कालका प्रसाद और भैरो प्रसाद को नृत्य सिखाया। इनमें बिंदादीन और कालका प्रसाद ने कत्थक को बुलंदियों तक पहुंचा दिया। कालका प्रसाद के तीन पुत्र थे—अच्छन महाराज, लच्छू महाराज और शंभू महाराज। बिरजू महाराज अच्छन महाराज के पुत्र हैं। अपने पिता से अधिक दिनों तक नृत्य की शिक्षा न ले सके और उनकी मृत्यु के बाद अपने चाचा शंभू महाराज और लच्छू महाराज से नृत्य की शिक्षा ली।

उस समय एक प्रथा के अनुसार गुरु जब किसी को शिष्य बनाता था, तो उसकी बांह पर गंडा बांध देता था और शिष्य गुरु को भेंट या दक्षिणास्वरूप कुछ देता था। बिरजू महाराज के पिता अच्छन महाराज को, जो उनके गुरु भी थे, बिरजू की माताजी ने गंडा बांधने के लिए कहा, तो अच्छन जी बोले—'जब तक तुम्हारा बेटा नजराना नहीं देगा, गंडा नहीं बांधूंगा'। बिरजू जी को दो नृत्य कार्यक्रम से पांच-पांच सौ रुपए मिले। उन्होंने अपने पिता-गुरु को नजराना के रूप में रुपए दे दिए, तो अच्छनजी ने कहा—'इसमें से एक पैसा भी नहीं दूंगा।' इसने मुझे नजराना दिया है। अब मैं इसका गुरु हूं।

बिरजू महाराज का जन्म 4 फरवरी, 1930 को लखनऊ में हुआ। इनका पूरा नाम बृजमोहन लालनाथ मिश्र है। इनका बचपन बड़े कष्ट में बीता। पिता अच्छन महाराज की मृत्यु के बाद रोटी-कपड़ा पर भी संकट। पिता की मृत्यु के बाद उनका दसवां संपन्न करना भी मुश्किल था। उन दस दिनों के अंदर कुछ नृत्य कार्यक्रम देकर बिरजू जी ने 500 रुपए इकट्ठे किए और तब उनका दशकर्म संपन्न हो सका।

बिरजू महाराज को मां से नृत्य की प्रेरणा और प्रोत्साहन मिला। उनकी इच्छा थी कि बिरजू जी का नाम भी पिता अच्छन महाराज की तरह रोशन हो और सचमुच, बिरजू महाराज ने मां की आकांक्षा पूरी की। वे सात साल की उम्र से ही बेहतर नृत्य करने लगे। 10 वर्ष की उम्र में दिल्ली में उनका नृत्य देखकर दर्शक मंत्रमुग्ध हो गए थे। 14 वर्ष की उम्र में ही इन्होंने अखिल बंगाल संगीत सम्मेलन में अपने नृत्य प्रदर्शन से धूम मचा दी। 14 वर्ष की उम्र में वे दिल्ली संगीत भारती में नृत्य शिक्षक के पद पर नियुक्त हुए। इसके बाद वे कत्थक केन्द्र, नई दिल्ली में निदेशक, वरिष्ठ नृत्य गुरु के पद को सुशोभित करने के बाद सेवानिवृत्त हुए।

बिरजू महाराज ने केवल परंपरागत शैली में कत्थक का प्रदर्शन, शिष्यों को कत्थक की शिक्षा ही नहीं दी है, कुछ अभिनव प्रयोग भी किए हैं, जिनसे नृत्य शैली और समृद्ध हुई है। इन्होंने आधुनिक रंगमंच पद्धति के अनुरूप अनेक नृत्य नाटिकाओं की रचना की जिनमें कुमार संभवम्, गीतोपदेश, होरी कथा रघुनाथ की, हब्वा खातून, गीतगोविन्द मुख्य हैं। एशियाड, 82 में इन्होंने कृष्ण और गोपिकाओं को माध्यम बनाकर कबड्डी कंपोज की। रूस में इन्होंने कुमारसंभवम् का प्रदर्शन किया, जिसकी मुक्तकंठ से सराहना की गई।

बिरजू महाराज को अनेक सम्मानोपाधियों से विभूषित एवं सम्मानित किया गया है। इन्हें तीन बार 'पद्मश्री' की उपाधि से सम्मानित किया गया, किंतु तीनों बार इन्होंने इस उपाधि को अस्वीकार कर दिया। इस संबंध में इनका कहना है कि मेरे गुरु लच्छू महाराज को कोई उपाधि नहीं मिली थी। ऐसी स्थिति में यदि मैं यह उपाधि स्वीकार कर लेता, तो यह उनके लिए अपमान की बात होती। 1980 में इन्हें पद्मविभूषण, कालिदास सम्मान और नृत्य चूड़ामणि, 1987 में आंध्ररत्न और 1980 में सोवियत लैंड पुरस्कार व राजीव गांधी शांति अवार्ड से सम्मानित किया गया।

इन सम्मानोपाधियों के अलावा 1966 ई. में केंद्रीय संगीत नाटक अकादमी ने इन्हें राष्ट्रीय पुरस्कार से सम्मानित किया। उत्तर प्रदेश संगीत नाटक अकादमी ने 1974 ई. में अकादमी पुरस्कार प्रदान किया। 1988 में अकादमी की सदस्यता प्रदान की गई और 1994 में 'यश भारती' सम्मान से सम्मानित किया गया।

नृत्य, संगीत कला तथा मानव जीवन के संबंध में नृत्य सम्राट बिरजू महाराज की कुछ उक्तियां बहुत ही सारगर्भित और प्रेरणाप्रद हैं—

- शास्त्रीय नृत्य तो एक साधना है। यह सिर्फ नर्तकों के लिए ही नहीं, दर्शकों के लिए भी है।

- नृत्य प्रत्येक व्यक्ति के मन में छिपा होता है। आवश्यकता होती है, उसे कुरेदने की।
- जो भी कलाकार इस क्षेत्र में पदार्पण करे, उसे समर्पित भावना से ओतप्रोत होना चाहिए।
- अभाव मनुष्य को तोड़ता है, तो सृजन की प्रेरणा भी देता है।
- जीवन, गुरु के द्वारा दिया गया कोई कार्य है, जिसे अपने परिश्रम से पूरा करने का प्रयास करता है।

कत्थक सम्राज्ञी

सितारा देवी

'कत्थक' का वाचिक अर्थ ही था—कथा कहने वाला। इसी से कत्थक की उत्पत्ति हुई। मुगलकाल में इसका अर्थ रूढ़ हुआ और वह कत्थक नृत्य विशेष के लिए प्रयुक्त होने लगा। जबकि पुराणों, नाट्यशास्त्र, संगीत रत्नाकर में इसका नाम यही मिलता है। कृष्ण युग में इसमें रास का समावेश हुआ। ताल, लय, हाव-भाव को महत्त्व मिला। अब कोई इसे स्वतंत्र शैली माने तो प्राचीन ग्रंथ 'नाट्यशास्त्र' या 'संगीत रत्नाकर' की क्या अवमानना नहीं होगी? यह दिगर बात है कि परिवेश और समय के साथ इसके पारंपरिक ढांचे में बदलाव आया है, पर कत्थक शैली के तमाम तत्त्व इसमें शामिल हैं। इसलिए एक अच्छे कलाकार के लिए इन सभी शैलियों की जानकारी जरूरी है। 'इसीलिए मैंने सब कुछ सीखा है और आज भी रियाज करती हूं। मैं इसे कत्थक नृत्य मानती हूं—नाचना कम, गाना ज्यादा। पढ़ंत पद्धति उसी प्राचीन रूप की याद दिलाती है,' सितारा कहती हैं।

कत्थक नृत्य के आकाश में जो सितारा सबसे अधिक देदीप्यमान है, वह है कत्थक सम्राज्ञी सितारा देवी। कत्थक के बनारस घराने की सर्वाधिक लोकप्रिय नृत्यांगना सितारा देवी पिछले सात दशकों से नृत्य कर रही हैं। उन्होंने अपने देश में ही नहीं, विदेशों में भी कत्थक को प्रतिष्ठा दिलाई है और कत्थक नृत्यांगना के रूप में विश्वव्यापी ख्याति अर्जित की है।

सितारा देवी का जन्म धनतेरस के दिन एक ब्राह्मण कुल में हुआ। वे बाद में बनारस चली आईं। उनका अधिकांश बचपन बनारस में ही बीता। नृत्य संगीत की शिक्षा इन्हें विरासत में मिली। इनके पिता पं० सुखदेव महाराज नृत्य संगीत के आचार्य तो थे ही, वे एक विद्रोही समाजसेवी भी थे। घर में एक पत्नी के रहते हुए भी उन्होंने नेपाल नरेश के पुरोहित की बेटी से भी विवाह किया। यह प्रेम विवाह था। पविार में ये तीसरी कन्या थीं। इनकी दो बड़ी बहनें थीं—तारा और अलकनंदा। बचपन में सितारा देवी का नाम धन्नो था।

सितारा देवी के पिता सुखदेव महाराज ने जब अपनी बेटियों को नृत्य सिखाना शुरू किया, तो लोगों ने बड़ा विरोध किया। वह जमाना ही ऐसा था, जब समझा जाता था कि गाना-नाचना सिर्फ वेश्याओं का काम है। कुछ लोगों ने सुखदेव

महाराज की बेटियों को वेश्या तक कह डाला। अंततः सुखदेव महाराज को वह मुहल्ला छोड़कर दूसरे मुहल्ले में डेरा जमाना पड़ा। सितारा देवी का बचपन अभाव और उपेक्षित वातावरण में बीता। जब उनके पिता उनकी बड़ी बहनों—तारा और अलकनंदा को नृत्य सिखाते थे, तो ये ध्यान से देखती रहती थीं और अकेले में उन्हीं बोलों, पदाघातों और मुद्राओं का अभ्यास करती थीं। उनकी इस मेहनत का सुफल यह हुआ कि आठ वर्ष की उम्र में उन्होंने अपने विद्यालय में नृत्य नाटिका का निर्देशन किया, तो इसे देखकर सब लोग चकित रह गए।

अपने पिता सुखदेव महाराज के मार्ग निर्देशन से सितारा देवी ने नृत्य की प्रारंभिक शिक्षा अपनी बड़ी बहन तारा देवी से प्राप्त की। इसके बाद उन्होंने लखनऊ घराने के प्रसिद्ध कत्थक गुरु अच्छन महाराज, लच्छू महाराज और शंभू महाराज से नृत्य सीखा।

याद दिलाने की आवश्यकता नहीं कि सितारा देवी कत्थक नृत्यांगना के साथ-साथ कुशल फिल्म अभिनेत्री के रूप में भी बहुप्रशंसित और चर्चित रही हैं। उनकी पहली फिल्म है उषा हरण। इस फिल्म में उन्होंने उषा की सहेली के रूप में अभिनय किया है। उस समय उनकी उम्र मात्र 13 वर्ष थी। इसके बाद औरत का दिल, अनोखी अदा, पूरनभक्त, वतन, नजमा, परिंदे, रोटी, नदी किनारे, धीरज, पागल, अछूत, स्वामी, पूजा आदि फिल्मों में यादगार भूमिका की है। उन्होंने राजकपूर, दिलीप कुमार, अशोक कुमार तथा बलराज साहनी जैसे महान फिल्मी कलाकारों के साथ काम किया है। फिल्मों में बढ़ती नग्नता और अश्लीलता से ऊबकर उन्होंने फिल्मी दुनिया से नाता तोड़ लिया और कत्थक को ही अपना जीवन समर्पित कर दिया।

सितारा देवी एकमात्र कत्थक नृत्यांगना हैं, जो लगातार 12 घंटे तक नाच सकती हैं और एक ही जगह खड़े होकर हजार फिरकी लगातार खा सकती हैं। मुंबई के बिरला मातुश्री में सितारा देवी ने 12 घंटे का लगातार नृत्य कार्यक्रम प्रस्तुत किया था। संगत देने वालों के चार-पांच सेट थे। वस्तुतः यह अविश्वसनीय-सा लगता है। सितारा देवी ने कत्थक के अलावा भरतनाट्यम, मणिपुरी, कथकली आदि नृत्य की सभी विधाओं की शिक्षा ग्रहण की है।

प्रसिद्ध लेखक-उपन्यासकार सआदत हसन मंटों ने सितारा जी के विषय में एक जगह लिखा है 'मैं उसे (सितारा देवी को) बहैसियत एक नारी, एक ऐसी औरत समझता हूं, जो पांच सौ साल में एक बार जन्म लेती है। सितारा वास्तव में है ही एक अजीब औरत। ऐसी औरतें लाख में दो-तीन ही होती हैं।' एक बार गुरुदेव रवीन्द्रनाथ ठाकुर सितारा देवी का नृत्य देखकर इतने प्रसन्न हुए कि उसे 'कत्थक क्वीन' की उपाधि दे डाली।

सितारा देवी ने लंदन और मास्को में भी अपने नृत्य से दर्शकों को मंत्रमुग्ध कर दिया। बिहार की राजधानी पटना में भी उन्होंने कई अवसरों पर नृत्य प्रस्तुत किया। इस संबंध में उनका कहना है— पटना के लोग मुझे बहुत सराहते हैं।

सितारा देवी ने कत्थक को बहुत कुछ दिया है, जिसे भुलाया नहीं जा सकता। गुरुओं से बहुत कुछ सीखने के बाद उन्होंने अपने कत्थक नृत्यों में बनारस और लखनऊ घराने के अद्‌भुत संगम की रचना की। कत्थक नृत्य कार्यक्रम में मध्यांतर की परंपरा उन्होंने ही शुरू की।

सितारा देवी को अनेकानेक पुरस्कारों और उपाधियों से सम्मानित-विभूषित किया गया है। फिल्म वतन के लिए 'गौहर जान अवार्ड' तथा नजमा फिल्म के लिए 'कोलकाता फिल्म एक्सचेंज अवार्ड' से सम्मानित किया गया। 1970 में संगीत नाटक अकादमी से और 1971 में भारत सरकार द्वारा 'पद्‌मश्री' उपाधि से नवाजा गया। इंदिरा कला संगीत विश्वविद्यालय (खैरागढ़) ने इन्हें डॉक्टरेट की मानद उपाधि से सम्मानित किया।

सितारा देवी कहती हैं—'यह डांस विषय ऐसा है कि बस-दोस्त है, हसबैंड है, लवर है। बाकी चीजों की परवाह नहीं है मुझे—मेरे लिए और कोई चीज अहमियत नहीं रखती। नाच ही मेरा जीवन है और मेरा जीवन नाच के लिए ही है। नृत्य के प्रति समर्पण मेरा एकमात्र लक्ष्य है।'

नवप्रशिक्षुओं एवं कत्थक नृत्य में अभिरुचि रखने वालों के लिए इनका संदेश है 'आजकल के शिष्यों के पास न धैर्य है, न सीखने की ललक, न परंपरा की जानकारी, न गुरुओं के पास सिखाने का वक्त। पुराने कलाकारों ने मेहनत की, अभाव झेले, गुरु की सेवा की, माता-पिता, अपने से बड़ों का आदर किया, कभी हड़बड़ी नहीं दिखाई तब जाकर ज्ञान पाया। अब वैसी भक्ति नहीं, इसलिए ज्ञान का स्वरूप भी बदल गया है। यदि आज भी यह सब पाना है, तो मेहनत करना और अपने आपको पहचानना होगा। आदर देना, विनम्रता का भाव सीखना होगा। बहुत कुछ त्यागना होगा। भौतिक सुख-समृद्धि, चकाचौंध, तमाम दबाव। हम लोगों ने नृत्य को ही अपना कर्म समझा। सब कुछ उसी तरह साधना की। सुख त्यागा, तब जाकर इस उम्र में कुछ फल मिला।'

समाशतः उम्र का असर सभी को पछाड़ता है। मगर 83 वर्षीया सितारा पर कोई असर नहीं है। उनमें बला का दम है, नृत्य में परंपरा की शुद्धता। अभिनय भाव में श्रृंगार और भक्ति। कमान से छूटे तीर की तरह का गत निकास, पैरों और भौंहों का वैसा काम अब किसी और में नहीं दिखता।

लच्छू महाराज

महान नृत्यगुरु, संरचनाकार एवं निर्देशक लच्छू महाराज ने कत्थक नृत्य में अभिनय को महत्त्वपूर्ण स्थान दिया, इसलिए उन्हें महान लास्यावतार के साथ-साथ कत्थक में अभिनय क्रांति का अग्रदूत माना जाता है।

प्रख्यात नृत्यगुरु लच्छू महाराज का वास्तविक नाम है—पं० बैजनाथ मिश्र। बचपन में लच्छू जी बड़े शैतान थे। उनकी शैतानियों के कारण कुछ लोग उन्हें लुच्चा कहते थे। यही 'लुच्चा' पहले लुच्छू और बाद में लच्छू बन गया। इस प्रकार पं० बैजनाथ मिश्र महान नर्तक लच्छू महाराज के नाम से विख्यात हो गए।

लच्छू महाराज का जन्म 10 सितंबर 1901 ई. को लखनऊ में हुआ था। नृत्य में अभिरुचि और नृत्य सीखने की लगन उन्हें विरासत में मिली। इनके पिता पं० कालकाप्रसाद, चाचा बिंदादीन महाराज और बड़े भाई अच्छन महाराज कत्थक के प्रसिद्ध नृत्यकार थे। लखनऊ घराने के प्रतिष्ठित नृत्यगुरु शंभू महाराज ने अपने पिता और चाचा से बहुत अधिक शिक्षा ग्रहण नहीं की। उन्होंने जो कुछ सीखा, उसमें अपनी कल्पना से नया रंग भरा।

लच्छू महाराज ने कत्थक में अभिनय और भावपक्ष का समुचित समावेश किया। इसे कत्थक को उनकी महत्त्वपूर्ण देन माना जाता है। उनकी नृत्यकला की अनेक विशेषताएं हैं। उन्होंने अनेक काव्यबद्ध रचनाएं कीं, जिनमें दक्ष यज्ञ, अर्द्धनारी आदि कई रचनाओं की विशेष सराहना की गई। लच्छू महाराज ने अनेक नृत्य-नाटकों की भी रचनाएं की हैं, जिनमें मालती-माधव, भारतेन्दु की चंद्रावली, गोकुल की गली, आम्रपाली आदि नृत्य-नाटिकाएं प्रमुख हैं।

लच्छू महाराज की एक विशिष्टता यह भी थी कि कत्थक नृत्य में मुद्राओं का वे अधिक से अधिक सफल प्रयोग करते थे। उन्होंने सिद्ध कर दिया कि कोई ऐसा भाव, अर्थ, गति या संवेदना नहीं है जिसकी अभिव्यक्ति कत्थक में मुद्राओं द्वारा नहीं की जा सकती। उनका कहना था कि नृत्य के माध्यम से भी किसी कथानक को प्रस्तुत किया जा सकता है।

कत्थक में गति प्रदर्शन के लिए लच्छू महाराज ने कुछ नई पद्धतियों का निर्माण किया। इन गतियों का इस प्रकार निर्माण किया गया कि दर्शकों के सामने वे जीवंत साकार हो जाती हैं। इनमें गज लीला-गति, हंस-गति, मयूर-गति आदि उल्लेखनीय है।

लच्छू महाराज ने कई फिल्मों में नृत्य निर्देशन भी किया है। इन फिल्मों में पाकीजा, मुगले-आजम, तीसरी कसम, रामराज्य प्रमुख हैं। 'तीसरी कसम' में अभिनेत्री वहीदा रहमान नौटंकी की नर्तकी बनी थी। उस फिल्म के गीत 'पान खाए सैंयां हमार' का लच्छू जी ने सफल नृत्य निर्देशन किया है और उसे नौटंकी का नृत्य ही रहने दिया।

भाव प्रदर्शन को कत्थक में अत्यंत महत्त्वपूर्ण स्थान देना लखनऊ घराने की विशेषता है। अच्छन महाराज, लच्छू महाराज और बिरजू महाराज इस कला में पारंगत थे। लच्छू महाराज बहुमुखी प्रतिभा के धनी कलाकार थे। उन्होंने भरतनाट्यम शैली को कत्थक के साथ जोड़ा। वे अभिनय को कत्थक का महत्त्वपूर्ण अंग मानते थे। उनका कहना था—'कथा कहे सो कथिक' अर्थात् जो बिना बोले, केवल अंग संचालन से सारी बात कह दे, वही कथिक यानी कत्थक नर्तक है।

नृत्य में वे भाव को विशेष महत्त्व देते थे। अपने कार्यकाल में उन्होंने अर्द्ध नारीश्वर, दक्ष यज्ञ, गौतम बुद्ध एवं चंद्रावली जैसी अनेक नृत्य नाटिकाएं और बैले तैयार किए, जो आज भी कत्थक की दुनिया में प्रचलित है।

लच्छू महाराज के इच्छानुसार उत्तर प्रदेश सरकार द्वारा उत्तर प्रदेश संगीत नाटक अकादमी के अधीन कत्थक केन्द्र की स्थापना हुई, जिसके वे अंत तक (1978 ई.) निर्देशक-गुरु रहे।

ओडिसी नृत्यांगना

संयुक्ता पाणिग्रही

विश्वास नहीं होता कि ढाई-तीन साल की बच्ची रेडियो और ग्रामोफोन की आवाज पर थिरकने वाली मात्र पांच दशक के अभ्यंतर ओडिसी नृत्यकला में महारत हासिल कर "पद्मश्री" की उपाधि से विभूषित हो, अंतर्राष्ट्रीय क्षितिज पर चमक उठी थी। ऐसा लगता है, नृत्यकला के प्रति उनमें जन्मजात प्रवृत्ति विद्यमान रही होगी। साथ ही, संगीतमय घरेलू वातावरण में संगीतज्ञ मां की छत्रछाया में सीखने की प्रेरणा उन्हें स्वाभाविक रूप से मिली थी।

बारीपद (उड़ीसा) में जन्मी संयुक्ता पाणिग्रही बचपन से ही कटक के अन्नपूर्णा बी ग्रुप थियेटर में जाया करती थी। वहां प्रसिद्ध गुरु केलुचरण महापात्र सपत्नीक ओडिसी नृत्य किया करते थे। उनसे प्रेरित हो संयुक्ता जी ने उन्हें अपना गुरु स्वीकार कर लिया और नृत्य की तमाम बारीकियों को तन्मयतापूर्वक उनसे सीखा। तत्पश्चात् उनके माता-पिता ने भरतनाट्यम सीखने के लिए कलाक्षेत्र (मद्रास) में नामांकन करा दिया। उस समय वह मात्र आठ वर्ष की थी। कला क्षेत्र में उन्होंने छः वर्ष तक दीक्षा ली। वहीं उनकी भेंट गीत गोविंद के प्रसिद्ध गायक रघुनाथ पाणिग्रही से हुई और वे उन्हीं के साथ परिणय सूत्र में बंध गई।

वस्तुतः ऐसे परिवेश में विधिवत् नृत्य प्रशिक्षण प्राप्त करना एक क्रांतिकारी कदम था। उस वक्त उड़ीसा में लड़कियों का बाहर जाकर नाचना-गाना समाज में श्लाघनीय नहीं समझा जाता था। फिर भी संयुक्ता जी ने न केवल सामाजिक बंधनों को तोड़कर ओडिसी नृत्य का प्रशिक्षण लिया, बल्कि महान नृत्यांगना रुकमिणी देवी से भरतनाट्यम नृत्य भी सीखा। इन नृत्यों के प्रदर्शन हेतु उन्होंने देश के प्रमुख सांस्कृतिक केन्द्रों का परिभ्रमण किया और विश्व के कई देशों में ओडिसी नृत्य के द्वारा वहां के रसिक समाज को अभिभूत किया। उनके प्रदर्शन से ऐसा लगा—मानो कोणार्क और उड़ीसा के अन्य मंदिरों की प्रतिमाएं जीवंत हो गई हों।

कहा जाता है, ऐतिहासिक इमारतों के पत्थर भी बोलते हैं, कुछ नया देखने को मिलता है। वस्तुतः मूर्तियां बोलती हैं, इनका शिल्प बोलता है, केवल सुनने के लिए एकाग्रता और जिज्ञासा की आवश्यकता है। प्राचीन मूर्तियों को देखकर, उनकी

भाव-भंगिमा पर मोहित होकर ऐसा लगता है कि कितनी ईमानदारी से ये बनाई गई हैं। सैकड़ों वर्ष गुजर जाने के बाद भी इनकी कला, कारीगरी बोलती नजर आती है। आज की मूर्तियों को देखकर शर्म आती है। ये बनती बाद में हैं, टूटने की तैयारी पहले हो जाती है। पहले ललक थी कला की, आज भूख है पैसे की। संयुक्ता जी की नृत्यकला इन्हीं मंदिरों के बीच पली-बढ़ी। प्राचीन मंदिरों में खुदे शिल्प और मूर्तियों की विभिन्न मुद्राओं ने उन्हें अत्यंत प्रभावित किया। उन्होंने मुद्राओं का विश्लेषण किया और अपने नृत्य में शामिल करने की कोशिश की थी।

संयुक्ता जी ने ओडिसी के बारे में कहा था 'यह नृत्य प्राचीन काल में मात्र एक धार्मिक संस्कार था, जो मंदिरों तक ही सीमित था। मंदिरों में देवदासियां नृत्य करती थीं, जहां कोई दर्शक नहीं होता था। वैसी स्थिति में नृत्य की बारीकियों को बताने के लिए व्याख्यान करना पड़ता था। उस समय देवदासियों का समाज में बड़ा सम्मान था। बाद में 16वीं शताब्दी में राजाओं ने उन्हें अपने दरबार में स्थान दिया। वे राजा को खुश करने के लिए नाचती-गाती थीं। फिर वैष्णव परंपरावादियों ने अपने धर्म के प्रचारार्थ उनका प्रयोग करना शुरू किया। पुनः श्री चैतन्य के बाद छोटे लड़के-लड़कियों के माध्यम से उत्सव के अवसर पर उनसे नृत्य कराया जाने लगा, जिन्हें 'गोटिपुआ' कहा जाने लगा। उन्हें मंदिरों में नृत्य करने की अनुमति नहीं दी जाती थी। अंत में जमींदार लोग आए, जिनके अलग-अलग अखाड़े थे, जिससे यह शैली सस्ती होती चली गई।'

ऐसी स्थिति में संयुक्ता जी ने सामाजिक बंधनों को तोड़कर ओडिसी नृत्य को नया जीवन प्रदान किया। उस गुमनाम कला के प्राचीन गौरव को वर्तमान परिवेश में महत्त्वपूर्ण स्थान देकर उसके सौंदर्य में वृद्धि की। वे अपने प्रदेश में चरितार्थ एक कहावत का उदाहरण देते हुए कहती थीं—'जिसको लाज होती है, गाना गाती है, जिसको लाज नहीं है, वह बजाती है और जो कि अति बेहया है, जिसको शर्म नहीं है, वो नाचती है।'

वस्तुतः संयुक्ता जी ओडिसी नृत्य का पर्याय बन गई थीं। उन्होंने अपना संपूर्ण जीवन इसी को समर्पित कर दिया था। अब तो नृत्य करना एक सम्मानजनक वृत्ति हो गई है। इन दिनों ओडिसी नृत्य को भारतीय शास्त्रीय नृत्यों में स्थान दिया जाने लगा है। इस नृत्य को उन्होंने गुमनामी की चादर से ओझल होने से बचाया तथा उसकी परंपरा, शुद्धता एवं मौलिकता की रक्षा कर पुनर्जीवित किया।

संयुक्ताजी ने ओडिसी नृत्य का प्रयोग तुलसी-रामायण, सूरदास पदावली, विद्यापति एवं रवींद्रनाथ ठाकुर के गीतों में किया था। इस रूप में उन्होंने काव्यात्मक

सौंदर्य को जीवित रखा। उच्च श्रेणी की नृत्य संयोजिका के रूप में ओडिसी नृत्य में महत्त्वपूर्ण योगदान के लिए उन्हें 1976 में 'पद्मश्री' से सम्मानित किया गया। साथ ही संगीत नाटक अकादमी और ओडिसी राज्य अकादमी की ओर से भी पुरस्कृत किया गया था।

जहां तक ओडिसी नृत्य के प्रति कलाकारों के मन में रुचि एवं प्रोत्साहन उत्पन्न करने का प्रश्न है, संयुक्ता जी का मत था कि सामान्यजन की भाषा में ओडिसी नृत्य का परिचय देना चाहिए। छात्रों को प्रारंभिक विद्यालय से ही इसका प्रशिक्षण मिलना चाहिए, ताकि बचपन से ही उनका गला छंदबद्ध हो जाता है और हाथ-पांव गतिशील हो जाते हैं। साथ ही, वयस्क कलाकारों को इस दिशा में सहयोग देने के लिए सरकार की ओर से पारितोषिक मिलना चाहिए। नई पीढ़ी को चाहिए कि इसकी वर्तमान स्थिति बनाए रखने के लिए डटकर साधना करें तथा अपनी रचनात्मकता से इसे और बढ़ावा दें।

भविष्य में, नृत्य में रुचि रखने वालों के लिए उनका कहना था कि वे नृत्य में छिपे भाव को समझें, अंग-प्रत्यंग के चालन को सराहें और सच्चे हृदय से नृत्य के प्रति मन में झुकाव पैदा करें, तभी उसके प्रति समर्पण की भावना पैदा होगी।

अंतर्राष्ट्रीय जगत की ऐसी नृत्यकला साधिका के असमय उठ जाने से कला जगत की अपूर्णीय क्षति हुई है।

भरतनाट्यम एवं ओडिसी की पारंगत

सोनल मानसिंह

किसी कला विशेष को शिखर तक स्थापित करने में कलाकारों की बहुत तपस्या काम करती है। कला के उत्थान के लिए कलाकार अपना सब कुछ अर्पित कर देते हैं, लेकिन स्वयं मौन रहते हैं। हर ऊंचे कलाकार के जीवन का यह स्वानुभूत सत्य होता है। पर, सामान्यजन इस सत्य को जानने का प्रयास नहीं करते।

भरतनाट्यम एवं ओडिसी नृत्य को अधिकाधिक जीवंतता प्रदान करने एवं शिखर तक आसीन कराने में जिन महान कलाकारों ने अथक प्रयास किए हैं, उनमें सोनल मानसिंह का नाम भी बड़े आदर के साथ लिया जाता है। विश्वप्रसिद्ध नृत्य की इन दोनों शैलियों पर इनका समान रूप से अधिकार है। भरतनाट्यम की भावप्रणव नृत्यांगना के रूप में प्रख्यात सोनलजी ने स्वतंत्रता सेनानी एवं कर्नाटक के तत्कालीन राज्यपाल अपने पितामह स्व. मंगलदास पकवाना एवं किसी अन्य का सहारा नहीं लिया। इनकी समस्त कलात्मक उपलब्धियां इनकी अथक साधना की बदौलत दीप्तिमान हैं।

इन्होंने नृत्य की प्रेरणा अपने परिवार से प्राप्त की। इनकी मां मणिपुरी नृत्य की अच्छी जानकार थीं। सात साल की उम्र से सोनलजी का नृत्य की ओर आकर्षण हुआ। यूं तो इनके दादा जी चाहते थे कि इनकी मेधावी पोती पढ़-लिखकर आई.ए.एस. अधिकारी बनें, किन्तु संगीत-नृत्य और वाणी की देवी सरस्वती की कृपा से इन्होंने नृत्य को ही अपनाया। अंततः इनके पिता को भी इनकी प्रतिभा को स्वीकार करना पड़ा और सोनलजी आगे बढ़ीं।

आरंभ में इन्होंने लखनऊ में डॉ. रत्नशंकर कृष्णा राव भिंडे से भरतनाट्यम सीखा। कालांतर में बैंगलोर में प्रो. यू.एस. कृष्ण राव और उनकी पत्नी श्रीमती चंद्रभागा देवी ने भरतनाट्यम की ओर भी विकसित दीक्षा इन्हें दी। इसी तरह ओडिसी नृत्य भी सीखती रहीं।

इन्होंने देश-विदेश के अनेक मंचों पर 'ओडिसी' और 'भरतनाट्यम' के मनोमुग्धकारी रूप प्रस्तुत किए हैं। इनका कथन है— 'ओडिसी में मुझे हमेशा एक

लावण्य दिखाई दिया, तो भरतनाट्यम में एक प्रकार का लास्य।' ये अपने नृत्य कार्यक्रम में संगीत को भी उतना ही महत्त्व देती हैं, जितना नृत्य को। इनकी नृत्यकला के संदर्भ में कला समीक्षकों का कहना है — 'सोनल के पांव एक तरफ संगीत की हर लहर का साथ देते हुए थिरकते हैं, तो दूसरी तरफ इनकी विलक्षणता का भी अहसास होता रहता है।'

शास्त्रीय नृत्य की इन शैलियों का सोनलजी ने अनेक पाश्चात्य देशों यथा— चीन, ईरान, कनाडा, मंगोलिया, जर्मनी, फ्रांस, जापान, रूस, स्वीडन आदि में भारत की इस महान् नृत्यकला को प्रतिष्ठित किया है। इनके नृत्य कार्यक्रमों को देखने के बाद विदेशी समालोचकों ने लिखा था— 'सोनल मानसिंह का नृत्य देखकर सहज ही यह विश्वास होता है कि भारत के लोग शास्त्रीय नृत्य को देवताओं की विरासत मानते हैं।' आपको अनेकों पुरस्कारों में 'संगीत नाटक अकादमी पुरस्कार' व भारत सरकार द्वारा 'पद्मविभूषण' सम्मान प्राप्त हो चुका है।

ओडिसी नृत्य की उत्पत्ति के संबंध में इनका कथन है— 'इस नृत्य का प्रारंभ उदयगिरि खंड के मिट्टी की गुफाओं में मिलता है। नर्तकी और संगतकर्ता सभा में नृत्य करते थे। नृत्य प्रदर्शन का भारतीय इतिहास में प्रमाण है। सातवीं और चौदहवीं शताब्दी के जैन, बौद्ध तथा जगन्नाथ मंदिरों में अनेक नृत्य भंगिमाएं हैं। यहीं से ओडिसी नृत्य का प्रारंभ माना जाता है। सोलहवीं शताब्दी में इस नृत्य में मुख्य रूप से परिवर्तन आया। यह नृत्य मंदिरों से निकलकर राज दरबार में आ गया।

इनके लिए नृत्य सचमुच एक आराधना बन चुका है। वे कहती हैं— 'नृत्य के दौरान मेरा मन इतना शांत, इतना निर्मल, इतना ज्योतिर्मय हो जाता है कि लगता है मेरी आत्मा से निकल रही शांत तरल ताल पर मेरी देह फव्वारों की तरह विचर रही है और मेरे शरीर के रोम-रोम से फूटने वाला हर भाव, हर भंगिमा, हर मुद्रा प्रभु की आराधना है।'

सौंदर्यसम्राज्ञी और कलाकारसुलभ गुणों से मंडित सोनल मानसिंह इन दिनों दिल्ली में छात्र-छात्राओं को नृत्य की शिक्षा दे रही हैं। ये 'सेंटर फॉर इंडियन क्लासिकल डांस' नामक स्कूल की संचालिका हैं।

इन दिनों भारतीय फिल्में शास्त्रीय नृत्य को अच्छे ढंग से प्रस्तुत नहीं करती हैं, इस संबंध में इनके स्पष्ट विचार मनन करने योग्य हैं— 'मान लीजिए, किसी फिल्म में भरतनाट्यम या कत्थक दिखलाना है, तो फिल्म-निर्माता उस नृत्य के लिए उच्चकोटि के मंजे हुए नर्तक या नृत्यांगना को बुलाकर नृत्य प्रस्तुत कर सकते हैं। पर वे ऐसा नहीं करते और सामान्य कलाकार से उन नृत्यों को प्रस्तुत कराया

जाता है। फलतः सिने दर्शक नृत्यांगना की इस विकृत शैली से ही परिचित होकर रह जाते हैं। वे विशुद्ध उत्तम शैली को नहीं देख पाते।'

सोनलजी अपनी साधना के दौरान कई बार सम्मानित भी हो चुकी हैं। जनसाधारण प्रतिभासंपन्न सोनल जी ने अपने जीवन के तमाम अवरोधों के बावजूद अपनी कलाधारा को निरंतर प्रवाहित रखा और आलोचनाओं व अवरोधों को अपनी दृढ़ इच्छाशक्ति तथा आत्मविश्वास के सहारे झेला है।

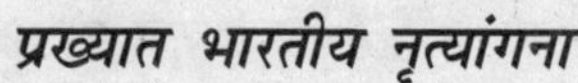

प्रख्यात भारतीय नृत्यांगना

यामिनी कृष्णमूर्ति

यामिनी कृष्णमूर्ति की नृत्यकला की उपलब्धि देश-विदेश सर्वत्र प्रशंसनीय रही है। उन्होंने दो दशक से अधिक अवधि से इस क्षेत्र में अपने नाम की महिमा स्थापित की है। इसके लिए उनके स्व. पिता प्रो. एम. कृष्णमूर्ति धन्यवाद के पात्र हैं, जिन्होंने नृत्यकला की ओर इन्हें उन्मुख किया। वे स्वयं अंग्रेजी और संस्कृत साहित्य के उद्‌भट विद्वान थे ही, साथ ही कवि भी थे। अत: अपनी पुत्री के लिए स्वाभाविक रूप से नृत्य प्रशिक्षण की ओर उनका ध्यान गया। यह उन्हीं का प्रभाव था कि यामिनी जी ने इस कला में अंतर्राष्ट्रीय ख्याति प्राप्त की।

यामिनी जी ने अपना प्रारंभिक प्रशिक्षण रुक्मिणी देवी के कला क्षेत्र से आरंभ किया और भरतनाट्‌यम में निपुणता प्राप्त की। तत्पश्चात ये नृत्यकला में स्नातक की उपाधि से सम्मानित की गईं। प्रारंभ में नृत्य उनके लिए आध्यात्मिक प्रयोग था, जिसमें शृंगार का कोई स्थान नहीं था। वे कालिदास, कंबन और वाल्मीकि सरीखे महान कवियों की रचनाओं से अत्यंत प्रभावित हुईं। उन्होंने वात्स्यायन के कामसूत्र में भी वह विशिष्टता पाई, जो उच्चतम श्रेणी की कृति मानी जाती है। इसी दिशा में महाकवि जयदेव ने भी 'गीत-गोविंद' की रचना की। इसी से प्रभावित हो आपने अनुभव किया कि रुक्मिणी जी की एकाग्रता सोलो प्रदर्शन की अपेक्षा नृत्य-नाटक की ओर अधिक थी।

तत्पश्चात यामिनी जी ने कांचीपुरमम्यलम्मा के भरतनाट्‌यम से अत्यंत प्रभावित होकर उनका शिष्यत्व ग्रहण किया। वस्तुत: वे नृत्यकला के क्षेत्र में रंगपट के महान कलाकार थे। यामिनी जी ने उनसे शीघ्र ही माइलापुर मोरियामा जाने के पूर्व नृत्यकला में दक्षता प्राप्त कर ली। मोरियामा अभिनयकला में अन्य स्थानों से सबसे प्रमुख स्थान था। वहां उन्होंने आंखें, सिर, हाथों और उंगलियों के संचालन द्वारा अनेक प्रकार के भावों का प्रशिक्षण प्राप्त किया। वहां का प्रशिक्षण भी असाधारण था। वे मात्र अभिनय पर ही विश्वास नहीं करती थीं, अपितु सर्वप्रथम रचना का पुनर्कथन करतीं और प्रशिक्षुओं के साथ-साथ उसका अभ्यास भी, ताकि वे गीत और लय का सही-सही ज्ञान प्राप्त करें। वे केवल यांत्रिक मानव न बनकर सहज रूप से योग्य एवं ज्ञानी मानव के रूप में उन्हें देखना चाहती थीं।

वस्तुत: नृत्य प्रदर्शन एक समन्वित प्रयास है, जिसमें नर्तक के चरित्रबल एवं नृत्य शैली के साथ-साथ पूरक वाद्यीय समूह भी अपरिहार्य होता है। यामिनी जी इस प्रयोग में खरी उतरीं और नृत्य के साथ-साथ उनका गायन भी सफल सिद्ध हुआ। अंतत: वे सर्वरूपेण एक सर्वमान्य नृत्यांगना घोषित की गईं। यही कारण है कि देश का ऐसा कोई भी कोना उनसे अछूता नहीं रहा, जहां उन्होंने अपनी कला प्रदर्शन से उत्सवों को सार्थक एवं जनमानस को अभिभूत न किया हो।

यामिनी जी की नृत्य प्रस्तुतियां इतनी गूढ़ नहीं होतीं, जिसके लिए उन्हें प्रदर्शन के पूर्व अभ्यास करने की आवश्यकता होती है। वे इसका अभ्यास प्रतिदिन सुबह-शाम गृहकार्य के रूप में करती हैं, जिसमें नई-नई खोज उन्नत ढंग से दर्शकों के समक्ष प्रस्तुत की जा सके। आप आज नृत्यकला के उस स्तर तक पहुंच चुकी हैं, जहां उनका गायन संपूर्ण वाद्य-यंत्रों के साथ समाहित हो सके। वे केवल नृत्यनाटिका अभिनय का ही प्रदर्शन नहीं करतीं बल्कि (सोलू कट्टूस) ताल लय में अपनी संगीतात्मक अभिव्यक्ति को प्रकट करती हैं।

यामिनी कृष्णमूर्ति अपने बचपन के बारे में बताती हैं— 'जब मैं मुश्किल से छह-सात साल की थी, तो मेरे पिता मुझे अपने साथ जे. कृष्णमूर्ति जी के व्याख्यान सुनाने ले जाते। मेरा घर हमेशा पुस्तकों से भरा रहता। आज भी मुझे उन घरों को देखकर तरस आता है, जहां पर्याप्त पुस्तकें न हों। बारह साल की उम्र से मेरी शिक्षा-दीक्षा कलाक्षेत्र में हुई, जहां साहित्य, संगीत और कला की त्रिवेणी बहती थी।'

'नृत्यजगत के श्रेष्ठ गुरुओं—एलप्पा, किटप्पा, चोकलिंगम पिल्लै, रामास्वामी पिल्लै, दंडायुधपाणि पिल्लै, कल्याणसुंदरम् से नृत्य शिक्षा ली। मेरे पिता कहते थे मधुमक्खी की तरह जहां भी मधु मिले, उसे संचय करती जाओ।'

भरतनाट्यम में अनेक उल्लेखनीय लोकप्रिय तथा विशिष्ट ढंग की शैलियां हैं, जिनमें पंडानलूर, वझूबूर, कलाक्षेत्र एवं दंडायुपनी प्रसिद्ध हैं। इसी प्रकार यामिनीजी ने अपनी नृत्यनाटिकाओं में अनेक अलग शैलियां विकसित की हैं, जिनमें स्वांग तथा गणितशास्त्र का मिश्रण है। इन्हें कई उपाधियों से सम्मानित किया गया है। जैसे—पद्मश्री (1968 ई.), संगीत नाटक अकादमी पुरस्कार (1978 ई.) के अलावा तिरुपति मंदिर के भगवान वेंकटेश्वर द्वारा 'अस्थाना नर्तकी' की उपाधि आदि।

यामिनीजी का नृत्य एक अधिकृत तथा वैचारिक महत्त्व रखता है। उनमें प्राचीन उच्चस्तरीय साहित्य की सर्जनात्मक परंपरा पाई जाती है। वे अपने दैनिक जीवनयापन के प्रति उतने ही प्रयत्नशील हैं, जितना कला के प्रति संयम एवं तपस्यायुक्त उनकी अभिरुचि।

प्रख्यात कत्थक नृत्यांगना

उमा शर्मा

ऐसा कहा जाता है कि कला विरासत में मिलती है, उसका एक अपना घराना होता है। लेकिन कत्थक की विख्यात नृत्यांगना उमा शर्मा का अपना विश्वास इससे भिन्न है। उनका मानना है कि यह देश को टुकड़ों में विभाजित करता है। प्रत्येक कलाकार का अपना ढंग होता है।

उमा शर्मा के पिता वासुदेव शर्मा एक प्रसिद्ध संगीतज्ञ थे। उनके यहां संगीत सम्मेलन हुआ करते थे। बड़े गुलाम अली खां जैसे अनेक कलाकार उनके घर आते थे और वातावरण सदा संगीतमय बना रहता था। उमा जी को बचपन से ही गीतों से प्रेम था। उन्होंने एक बार एक गीत—'कोयलिया बोले अमवा की डारी' सुना। इसे सुनकर वह इतना आकर्षित हुई कि लगा कि वह एक संगीतज्ञ हो जाएंगी। लेकिन दूसरी ओर नृत्य की ओर भी उनका रुझान कम नहीं था।' ''महल'' फिल्म का संगीत—'आएगा-आएगा आने..' की धुन पर उनके पैरों की थिरकन उन्हें बेकाबू कर देती। फिर तो वह सदा के लिए घुंघरुओं में बंधकर ही महान कत्थक नृत्यांगना के पद पर सुशोभित हो गईं।

उमा शर्मा ने बचपन में कत्थक नृत्य की शिक्षा गुरु सोहनलाल, गुरु हीरालाल एवं गुरु गिरवर दयाल जी से ली। पुनः उन्होंने लखनऊ घराने के पं० शंभूनाथ महाराज और जयपुर घराने के पं० सुंदर प्रसाद जी से दीक्षा ली। जिंदगी की रफ्तार के साथ-साथ उनकी नृत्य की गति भी बढ़ती गई। उनका कहना है कि नृत्य उनके लिए ईश्वर की भक्ति है, उससे आत्मसंतुष्टि का भाव पैदा होता है।

वे नृत्य को अपूर्व साधना मानती हैं। उनके पैरों में सबेरे जो घुंघरू बंधते थे, वे रात को ही खुलते थे। वह प्रतिदिन करीब दस-बारह घंटे अभ्यास किया करती थीं। वह नृत्य में इतना व्यस्त रहती थीं कि कई दिनों तक अपनी मां से भी नहीं मिल पाती थीं। उन्होंने नृत्य को स्वयं में समाहित कर लिया था। वे नृत्य के प्रति पूर्ण रूप से समर्पित थीं। उन्होंने शादी नहीं की। उनका कहना है कि मैंने नृत्य को ही अपना पति मान लिया है।

नृत्य के विषय में वे कहती हैं कि अच्छा नर्तक वही होता है, जो कविता के रहस्य को समझता है। जिस प्रकार कविता में सुर है, लय है, उसी प्रकार नृत्य भी भावनाप्रधान है। इसीलिए उन्होंने तुलसीदास, सूरदास, जयदेव, गालिब, मीरा आदि की कविताओं की ओर विशेष ध्यान दिया। अपने नृत्य के क्रम में जब वे कहती हैं— 'पूछत श्याम कौन तू गोरी' तो ऐसा लगता है, मानो सचमुच राधा-कृष्ण में प्रश्नोत्तर चल रहा है। नृत्य के सिलसिले में उन्होंने नए-नए प्रयोग भी किए हैं, जैसे—वृंदावन में जाकर रासलीला देखना। उन्होंने वहां महीनों रहकर उसका गहन अध्ययन किया, क्योंकि कत्थक और रासलीला में तादात्म्य संबंध है। वहां गुरु श्री लाडली शरण जी से रासलीला का ज्ञान प्राप्त किया और अभिनय के रूप में उसे प्रस्तुत भी किया।

कत्थक मूल रूप से भक्ति का प्रेमाख्यान है। श्रीमद्भागवत के संदर्भ में यदि इसे कहा जाए, तो भगवान कृष्ण की सखा भक्ति की सहज, स्वाभाविक सरसता को लावण्य के साथ प्रस्तुत करने की यह एक अद्भुत नृत्य शैली है। इसमें गायन, वादन और नृत्य की विभिन्न मुद्राओं द्वारा नयनों की चंचल, चातुर्य, थिरकन और पदचालन से घुंघरुओं से उभरती संगीतात्मकता ही कत्थक है।

आज एक लंबी तथा सफल यात्रा तय कर उमा जी एक प्रख्यात कत्थक नृत्यांगना के रूप में जानी जाती हैं। उन्होंने अपने देश में अपार ख्याति पाई है। साथ ही, सोवियत संघ, न्यूजीलैंड, आस्ट्रेलिया, अमेरिका, कनाडा, जापान, चीन, ईरान, ईराक, बगदाद, मिस्र आदि देशों में अनेक कार्यक्रम सफलतापूर्वक प्रस्तुत किए हैं। इनका कार्यक्रम दूरदर्शन से भी प्रसारित होता रहता है।

उमा जी कई सम्माननीय पुरस्कारों से पुरस्कृत हो चुकी हैं। इनमें मुख्य हैं— 'संगीत नाटक अकादमी', 'साहित्य कला-परिषद्' और 'ऑल इंडिया क्रिटिक्स पुरस्कार' आदि। ये सन् 1973 ई. में भारत सरकार द्वारा 'पद्मश्री' से सम्मानित की गईं। दिल्ली में कत्थक के विकास हेतु इन्होंने एक संगीत विद्यालय 'भारतीय संगीत सदन' की स्थापना की, जिसमें नए कलाकारों को कत्थक की शिक्षा दी जाती है। उन्होंने देश के हर राज्य में ऐसे विद्यालयों को खोलने पर सरकार का ध्यान आकृष्ट किया है, ताकि कला का समुचित विकास हो सके। पाश्चात्य शास्त्रीय संगीत के साथ कत्थक को लेकर सामंजस्य स्थापित करने की संभावनाओं के प्रति भी वे आशान्वित हैं। इससे अनेकता में एकता स्थापित होगी। वस्तुतः जब तक किसी भी देश की कला और संगीत जीवित है, तभी तक देश की संस्कृति जिंदा है।

उमा जी का कहना है कि कला कभी मरती नहीं। लेकिन एक कलाकार की साधना एवं अभ्यास को जिंदा रखने के लिए आर्थिक आवश्यकताओं की बराबर

अपेक्षा रहती है। यही कारण है कि पुराने जमाने में राजा-रजवाड़ों के द्वारा कलाकारों को संरक्षण मिलता था।

प्राचीन और नवीन नृत्य विद्यालयों में गुरु-शिष्य परंपरा के बारे में उमा जी काफी चिंतित हैं। उनके अनुसार आज गुरु-शिष्य परंपरा का निर्वाह नहीं हो रहा है। प्राचीन काल में समय की पाबंदी नहीं थी, घंटों अभ्यास चलता रहता था। लेकिन आज बच्चों के ऊपर किताबों का बोझ बहुत अधिक है। उन्हें नृत्य-संगीत सीखने के लिए समय निकालना भी मुश्किल है। आज के कलाकार का पूरा ध्यान चमत्कारिता पर केंद्रित है, अभिनय पक्ष गौण हो गया है। कत्थक नृत्य में आंगिक और अभिनय पक्ष का तालमेल होना चाहिए, तभी नृत्य में संपूर्णता आती है। आज आवश्यकता है विद्यालयों में गुरु-शिष्य परंपरा को जीवित रखने की, ताकि नृत्य कला का भविष्य सुरक्षित रहे ।

विदेशों में भारतीय नृत्य एवं संगीत की प्रतिक्रिया के बारे में उमा जी का अनुभव बड़ा सुखद है। उनका कहना है कि वहां के लोग भारतीय संगीत से अत्यंत प्रभावित होते हैं। ऐसा लगता है कि गुरु-शिष्य परंपरा की कदर करने में उनका योगदान महत्त्वपूर्ण है।

वस्तुत: शास्त्रीय संगीत में गुरु-शिष्य परंपरा महत्त्वपूर्ण है। गुरु से सीखने के बाद शिष्य उन्हीं की शैली में गायन का वादन करता है। ऐसा इसलिए कि गुरु के बिना ज्ञान अधूरा होता है। प्रत्येक विद्या में गुरु (घराना) की छाप शिष्य पर पड़ती है।

उमा जी का मत है कि आज शास्त्रीय संगीत संकट की स्थिति से गुजर रहा है। पश्चिमी संगीत जनमानस पर हावी होता जा रहा है। यह बड़े खेद का विषय है कि हमारा युवा वर्ग पश्चिम (पॉप संगीत) की ओर भाग रहा है, जबकि भारतीय संगीत एवं नृत्य स्वयं इतना समृद्ध है। ऐसी स्थिति में आज आवश्यकता है जनमानस में इसकी जागरूकता पैदा करने की। यह तभी संभव होगा, जब शास्त्रीय संगीत एवं नृत्य की विधिवत् शिक्षा दी जाए। इसके लिए समर्पित संस्थाओं एवं समर्पित कलाकारों की आवश्यकता है।

उमा जी नृत्य के प्रति बचपन से ही समर्पित रही हैं। नृत्य उनके लिए साधना है। संगीत भी एक साधना है, समर्पण है, शाश्वत है। संगीत में ऐसी क्षमता है कि वह एक व्यक्ति को दूसरों से प्रेम करना सिखाता है। कत्थक नृत्य के भविष्य के बारे में उनका कहना है कि पारंपरिक कला का कोई भविष्य नहीं होता। वर्तमान में ही उसकी स्थिति को संवारने की चेष्टा करनी चाहिए। जब तक इसके चाहने वाले हैं, इसका भविष्य सुरक्षित है।

नृत्य ही जिनका जीवन है

शोभना नारायण

प्रसिद्ध नृत्यांगना आम्रपाली और कोशा की धरती की एक और देन, जिनकी शोहरत देश की सीमाओं को पार कर अनेक देशों में फैल चुकी है, वह हैं कत्थक नृत्यांगना शोभना नारायण। इनकी मातृभूमि बिहार है।

इन्हें संतोष इस बात का है कि जहां कहीं भी वह नाचीं, लोगों ने उनके नृत्य कत्थक की सराहना की। उन्हें सबसे अधिक संतोष इससे है कि देश और विदेश के कतिपय गणमान्य व्यक्तियों ने उनके नृत्य को देख उन्हें प्रोत्साहित किया।

शोभना नारायण में कई विशिष्ट गुण भी हैं। वह एक साथ पार्श्व गायिका, प्रशासिका, पर्वतारोहिणी, विदुषी और वैज्ञानिक भी हैं। एक व्यक्ति की इतनी विशिष्टता सचमुच आश्चर्य में डालने वाली बात है। तभी तो सन् 1974 ई. में आयोजित "ब्रेन एंड ब्यूटी" प्रतियोगिता में इन्हें मिस यूनाइटेड नेशंस का खिताब मिला था।

वे एक पार्श्व गायिका भी हैं। रोशन, एस.डी. बर्मन और आर.डी. बर्मन के संगीत निर्देशन में उन्होंने 'कागज के फूल', 'दीप जलता रहे', 'मेरी छोटी बहन' तथा 'छोटे नवाब' आदि कई फिल्मों में गीत गाया है।

वे एक स्टेज की जानी-मानी कलाकार भी हैं। इन्होंने कत्थक सम्राट पं० बिरजू महाराज के कुमार संभव, मालती माधव, कृष्णायन तथा शाने-अवध आदि कई नृत्य नाटिकाओं में महत्त्वपूर्ण भूमिकाएं अदा की हैं।

शोभना नारायण एक जमींदार परिवार से आती हैं। उन्होंने एक आस्ट्रियाई से शादी की है। उनके पति ऑस्ट्रिया की विदेश सेवा में हैं। उनके एक पुत्र हैं—ईशान। बच्चे के लालन-पालन पर वे पूरा ध्यान देती हैं। शोभना ने कोलकाता, मुंबई और फिर दिल्ली में अपनी स्कूली पढ़ाई समाप्त करने के बाद, औद्योगिक अनुसंधान परिषद् से फेलोशिप प्राप्त की और भौतिक शास्त्र में रिसर्च किया। प्रथम बार में ही वे आई.ए.एस. की परीक्षा में उत्तीर्ण हो गईं। आज वे दिल्ली में भारत सरकार के एक वरिष्ठ पद डी.जी. इंडियन ऑडिट एंड एयर्डियस पर कार्यरत हैं। इतने महत्त्वपूर्ण पद पर कार्यरत

रहते हुए भी उनकी नृत्य-साधना में कोई व्यवधान नहीं आता है। इस संबंध में उनका कथन है कि भौतिक शास्त्र और गणित मेरे दिमाग के लिए है।

शोभना जी का कथन है— 'मेरी आत्मा नृत्य में है। नृत्य के बिना मैं जीवित नहीं रह सकती। मैं जीवनपर्यंत इससे जुड़ी रहना चाहती हूं।' इन्होंने अपने घर में ही कत्थक प्रशिक्षण केंद्र खोल रखा है, जहां वे प्रतिदिन लगभग चालीस प्रशिक्षुओं को विधिवत् नृत्य की शिक्षा दिया करती हैं।

शोभनाजी की यह मान्यता है कि कत्थक मात्र मुगलों के दरबारों में ही नहीं फूली-फली, इसे नवाबों की अय्याशी से जुड़ी चीज भी वह नहीं मानती हैं। उनका कहना है कि मथुरा के मंदिरों में नाच-नाच कर कथा बांधने की जो प्रथा थी, उसी से कत्थक की उपज हुई। इसके मूल बोल तो भगवान श्रीकृष्ण के पैरों की थिरकन से निकले हैं। वैसे इनका विचार है कि इस पर और शोध की आवश्यकता है।

वे कत्थक की विशेषताओं के संबंध में बताती हैं— 'इस नृत्य में एक ही चीज को कई तरह से कहने की छूट है, प्रत्यक्ष आकार बनाकर, मुद्राओं से, यहां तक स्वयं निर्मित मुद्राओं से भी या फिर आंखों की इंगित से भी। इसकी विधाएं हैं—उपज, उठान, आमद, परन, लयकारी, चक्करदार, पढंत और कलाबाजी। उपज के अंतर्गत मुद्राओं का निर्माण कत्थक के स्वरूप को समृद्ध करता है, उसे बहुआयामी बनाता है, न कि बिगाड़ता है। उसी प्रकार कलाबाजी महज विस्मय के लिए नहीं की जा सकती है। उसके लिए अथक परिश्रम और कौशल की जरूरत पड़ती है। पढंत से तबले पर संगत देने वाले को एक सहजानुभूति हो जाती है कि उसे क्या बजाना है?'

शोभनाजी ने भारत के सभी महानगरों और बड़े नगरों के अलावा आस्ट्रिया, फ्रांस, जर्मनी, लंदन, स्विट्जरलैंड, बेल्जियम, हॉलैंड, अलजीरिया, घाना, इंडोनेशिया, सिंगापुर, थाईलैंड, आस्ट्रेलिया, इटली, स्पेन, हंगरी, फिनलैंड, सीरिया, जाम्बिया, कीनिया, नामीबिया, इंडोनेशिया आदि देशों में अपने नृत्य प्रदर्शन से दर्शकों को मंत्रमुग्ध कर अंतर्राष्ट्रीय ख्याति और प्रचुर प्रशंसा प्राप्त कर चुकी हैं। एक बार शोभना जी तत्कालीन प्रधानमंत्री श्रीमती इंदिरा गांधी के साथ रूस गई थीं। वहां उनके नृत्य से एक दर्शक इतना अभिभूत हो गया कि बी.आई.पी. बैरियर तोड़कर उनके पास पहुंच गया और उन्हें फूल भेंट किए।

राष्ट्रपति द्वारा 'पद्मश्री' से सम्मानित शोभनाजी को कई पुरस्कारों और उपाधियों से सम्मानित किया जा चुका है, जिनमें प्रमुख हैं—परिषद् अवार्ड, इंदिरा प्रियदर्शिनी अवार्ड, बिहार गौरव अवार्ड, भारत निर्माण पुरस्कार, राजीव स्मृति पुरस्कार, आयस्का अवार्ड (जापान) आदि।

इन्होंने अनेक भाषाओं के कवियों तथा ऋषि-महर्षियों के जीवन पर आधारित नृत्य के अलावा कई बैले (नृत्य नाट्य) भी प्रस्तुत किए हैं। फिल्मों में भी नृत्य करने का अवसर मिला। अकबर का सेतु (हिन्दी), जर्मन फिल्म में नृत्य देकर उन्होंने सिद्ध कर दिया है कि वे हमेशा परंपरा से बंधी रहने वाली कलाकार नहीं हैं। कुछ न कुछ सर्वथा नए प्रयोग करते रहने में सक्षम हैं।

नृत्य के विषय में शोभना नारायण के विचार पठनीय हैं—'नृत्य से व्यक्तित्व का सर्वांगीण विकास होता है और जीवन के हर क्षेत्र में अनुशासन और स्थिरता को बढ़ावा देकर यह मनुष्य को ज्यादा संवेदनशील बनाता है।'

कत्थक की अप्रतिम नृत्यांगनाएं

कमलिनी-नलिनी

संगीत-साधना ईश्वर की उपासना है। संगीत में गायन-वादन और नृत्य, तीनों का समावेश है। काव्य, संगीत और कला का भारतीय संस्कृति से गहरा संबंध है। केवल भारतीय ही नहीं, हर देश की संस्कृति के निर्माण में इन तीनों का महत्त्वपूर्ण योगदान है।

भारतीय शास्त्रीय नृत्य की कई शैलियां हैं—भरतनाट्यम, कथकली, कुचिपुड़ी, मणिपुरी, ओडिसी। इन नृत्य शैलियों के नर्तक और नृत्यांगनाओं ने अपने नृत्य प्रदर्शन से भारतीय शास्त्रीय नृत्य को अंतर्राष्ट्रीय प्रतिष्ठा दिलाई है। कत्थक शैली के बिरजू महाराज, गोपीकृष्ण, सितारा देवी, शोभना नारायण, उमा शर्मा आदि नर्तक-नर्तकियों ने कत्थक शैली को लोकप्रिय बनाने में महत्त्वपूर्ण योगदान दिया है।

कमलिनी और नलिनी दो सगी बहनें हैं, जिन्होंने कत्थक शैली में युगल नृत्य की परंपरा को आगे बढ़ाया है और कत्थक को देश व विदेश में नृत्य-प्रदर्शनों से प्रतिष्ठा दिलाई है। जितेन्द्र महाराज जैसे कलासिद्ध गुरु से नृत्य की शिक्षा लेकर दोनों बहनों ने अपनी लगन, परिश्रम और कठोर साधना के बल पर अंतर्राष्ट्रीय ख्याति अर्जित की है। बनारस घराने की नृत्य शैली की सारी विशेषताओं और बारीकियों को इन्होंने आत्मसात् कर लिया है। कत्थक नृत्य को युगल रूप में प्रस्तुत करने और इसकी शुद्धता तथा विशेषता को अक्षुण्ण बनाए रखने में ये महत्त्वपूर्ण योगदान दे रही हैं। संभवतः ये दोनों बहनें कत्थक की एकमात्र युगल नर्तकियां हैं।

बनारस घराने की विशिष्टताओं के विषय में नलिनी का कहना है कि बनारस गायन, वादन और नृत्य का संगम रहा है। इस घराने के नृत्य में चमक-दमक नहीं, गंभीरता है। इस घराने में बहुत अधिक बनाव-शृंगार का स्थान नहीं है। सात्विक अभिनय ही इसकी प्रमुख विशेषता है। बनारस घराने में गति, भावाभिव्यक्ति, मुद्रा और अंग प्रदर्शन में अन्य घरानों से भिन्नता है। नृत्य बोलों में सामान्य चक्करदार, आकाशचारी, जिसमें ध्यान, गांग, त्रांग को पूर्ण तथा अर्ध छलांग से नृत्य इस घराने की विशेषता है। कठिन से कठिन बोलों को पांव, हस्तक और मंचीय कोणों का ध्यान रखते हुए तीव्र गति से प्रदर्शित करना भी एक उल्लेखनीय विशेषता है। सबसे

बड़ी बात यह है कि इस घराने के नृत्य में आरंभ से अंत तक सात्विक गुणों की ही प्रधानता रहती है।

कमलिनी-नलिनी बड़ी भाग्यशालिनी हैं, क्योंकि उन्हें सांगीतिक पारिवारिक परिवेश, पिता का प्रोत्साहन और जितेन्द्र महाराज जैसे नृत्य पारंगत, साथ ही सहृदय और स्नेहशील गुरु से शिक्षा ग्रहण करने का सुअवसर प्राप्त हुआ। अपने गुरु श्री जितेन्द्र महाराज के विषय में वे कहती हैं—'व्यक्ति के रूप में वे जितने सरल हैं, गुरु के रूप में उतने ही अनुशासन प्रिय।' कत्थक के जिस रूप को पहले विकृत कर दिया गया था, उसे अपने मूल और मर्यादित रूप में लाने के लिए गुरु जितेन्द्र महाराज ने काफी प्रयास किया और इसमें उन्हें बहुत हद तक सफलता भी मिली। कत्थक के अन्य गुरुओं के तकनीक से हटकर उन्होंने अपनी निजी सृजनशीलता को पूरी क्षमता के साथ पुनर्स्थापित किया। कत्थक के प्राचीन सात्विक रूप को उन्होंने पुनर्जीवित किया है। गुरु जी का मानना है कि नृत्यकला की मूल प्रवृत्ति और उसकी आधारशिला अध्यात्मवाद है। वस्तुतः नृत्य एक योग, एक संपूर्ण साधना है। गुरु जी अपने घुंघरू से 'हे राम', 'हरे कृष्ण' और 'ओम् नमः शिवाय' की ध्वनि निकालने में समर्थ हैं।

कमलिनी और नलिनी का जन्म आगरा में हुआ। दोनों के बीच मात्र एक वर्ष का अंतर है। नलिनी छोटी है और कमलिनी बड़ी। तीन वर्ष की उम्र में ही दोनों बहनें दिल्ली आ गईं। दोनों बहनों ने विज्ञान विषय लेकर हायर सेकेंडरी की परीक्षा पास की। बाद में विज्ञान को छोड़कर कमलिनी ने अंग्रेजी में और नलिनी ने प्राचीन इतिहास में एम.ए. किया। कमलिनी इंजीनियर बनना चाहती थीं और नलिनी डॉक्टर।

नलिनी को खाना बनाने और कमलिनी को पढ़ने में विशेष रुचि है। समय मिलने पर नलिनी अपनी रुचि का खाना बनाने में जुट जाती हैं। कमलिनी को साहित्य और राजनीति में विशेष रुचि है। समय मिलने पर वह साहित्यिक और राजनीति विषयक पत्र-पत्रिकाएं मनोयोगपूर्वक पढ़ती हैं। नलिनी अपने वस्त्र और आभूषण की डिजाइन स्वयं करती हैं। कमलिनी को प्रकृति से बेहद प्यार है। इसलिए खाली समय में वह फूल-पौधों को सजाती-संवारती हैं।

नलिनी-कमलिनी के घर का वातावरण आरंभ से ही संगीतमय रहा है। पिताजी चाहते थे कि दोनों बेटियां नृत्य के क्षेत्र में ताजमहल के समान ही अंतर्राष्ट्रीय ख्याति प्राप्त करें। गुरु श्री जितेन्द्र महाराज ने इनका यह सपना साकार कर दिया। अनुकूल पारिवारिक वातावरण, संस्कार और आदर्श गुरु की शिक्षा ने इन्हें ख्याति

के शिखर पर पहुंचा दिया। दोनों बहनें विगत 20 वर्षों से देश-विदेश में अपने नृत्य के प्रदर्शन से लोगों को मुग्ध और बेहिसाब ख्याति अर्जित कर रही हैं। इन्हें अब तक नृत्य-शिरोमणि (मुंबई), कलाश्री (दिल्ली), नाट्यप्रवीण (भोपाल), नृत्य-सारंग (मद्रास), नृत्य-विदुषी, नृत्य-चूड़ामणि, नृत्य-विशारद आदि उपाधियों से विभूषित किया जा चुका है। ये दोनों नृत्यांगनाएं 'संगीथा' नामक संस्था से संबद्ध हैं। ये 1979-80 ई. में लंदन की 'ब्रिटिश एक्टर्स इक्विटी एसोसिएशन' की सदस्य रह चुकी हैं। अभी गणेश नाट्यालय की संचालिका के रूप में कार्यरत हैं। अपने गुरु की अन्य शिष्याओं को वे नृत्य की प्राथमिक शिक्षा देती हैं। वे संप्रति 20 लड़कियों के साथ नृत्य रचना में व्यस्त हैं। नलिनी भरतनाट्यम की भी नृत्यांगना हैं। भरतनाट्यम के संदर्भ मे उन्होंने दो पुस्तकें भी लिखी हैं।

कमलिनी और नलिनी कुशल, निपुण एवं नृत्य के लिए समर्पित नृत्यांगनाएं हैं। दोनों के पद-संचालन, भावों की अभिव्यक्ति में अद्भुत तालमेल परिलक्षित होता है। विद्युत् गति से जब वे नृत्य करने लगती हैं, तो दर्शक चमत्कृत और भावविभोर हो उठते हैं। दोनों नृत्यांगनाओं ने अपने नृत्य के क्षेत्र को विस्तार दिया है। उन्होंने रवीन्द्रनाथ ठाकुर, निराला, सूर, तुलसी, मीरा, गालिब जैसे कवियों-शायरों की कुछ रचनाओं के भावों को नृत्य द्वारा व्यक्त करने का सफल प्रयास किया है। पिछले 2 वर्ष से कैलास मानसरोवर में उन्होंने नृत्यकला के क्षेत्र में नया इतिहास रचा है। 17,000 मी. ऊंचे अष्टपद पर नृत्य करना कोई आसान काम नहीं, मानसरोवर का तट उनके नृत्य से झूम उठा था।

नृत्य-संगीत और कला के साथ मानव जीवन के संबंधों तथा जीवन में संगीत के महत्त्व के विषय में कमलिनी-नलिनी के विचार बड़े सारगर्भित और प्रेरणाप्रद हैं। इस संदर्भ में उनके कुछ विचार और उक्तियां उल्लेखनीय हैं—

'जिसे हम संगीत कहते हैं, उसमें सुर, लय और ताल का होना जरूरी है। यों तो विश्व की प्रत्येक घटना या क्रिया में, चाहे वह सामान्य हो अथवा असामान्य, सुर, ताल और लय होती है। हृदय की धड़कन से लेकर चरणों की थिरकन तक में संगीत भी है और नृत्य भी। जीवन और मृत्यु के करवट बदलने में भी नर्तन ही होता है।'

कमलिनी का कथन है— 'कला का मर्म यदि किसी को छू ले, तो वह आजीवन यदि कलाकार न भी बन पाए, तो भी वह ऐसा सहृदय व्यक्ति जरूर बन जाता है, जिसकी बुद्धि हमेशा विकास की ओर अग्रसर होती है। मुझे पूर्ण विश्वास है कि आज के समय में केवल कला विश्वभर में फैली अराजकता को कम कर सकती है।

समकालीन नृत्य के विषय में नलिनी का कहना है कि हम लोगों ने जिस तरह सीखा है या हमारे गुरु ने जिस तरह सिखाया है, उस तरह का माहौल आज एकदम नहीं है। अब तो गुरु भी इतना परिश्रम नहीं करते। सीखने वाले भी 'शार्टकट' के रास्ते पर चलते हैं। कला को सीखने के लिए जो परिश्रम और समय की जरूरत है, उससे बचा जा रहा है । अब समय भी वैसा नहीं रहा। जिन्दगी की रफ्तार बहुत तेज हो गई है।

नए कलाकारों के नाम अपने संदेश में नलिनी कहती हैं कि कलाकारों को शास्त्रीय रूप में ही अपनी कला को प्रस्तुत करना चाहिए, ताकि दर्शक भी प्रशिक्षित हो सकें और उनमें कत्थक के प्रति अनुराग उत्पन्न हो।

डॉक्टर और नृत्यांगना

मालविका मित्रा

सुनकर, जानकर अजीब-सा लगता है कि कोई कुशल चिकित्सक, कुशल नृत्यांगना या एक कुशल नृत्यांगना कुशल चिकित्सक कैसे हो सकती है। किन्तु यह सच है, संभव है। कत्थक की उभरती हुई नृत्यांगना मालविका मित्रा एक कुशल चिकित्सक (एम.बी.बी.एस.) भी हैं।

मालविका मित्रा बहुप्रशंसित नृत्यांगना के अलावा प्रभावशाली वक्ता, चिकित्सक, सुयोग्य शिक्षक और परीक्षक भी हैं। उनका जन्म कोलकाता के एक संभ्रांत और संगीतप्रेमी परिवार में हुआ। उन्हें नृत्य की ओर प्रेरित करने और आज जिस ऊंचाई तक वे पहुंची हैं, उस ऊंचाई तक पहुंचने में उनकी मां का सर्वाधिक योगदान है। उनकी मां उन्हें एक श्रेष्ठ नृत्यांगना के रूप में देखना चाहती हैं। बचपन से ही उन्होंने मालविका से कठिन रियाज करवाना शुरू किया। यह क्रम आज भी जारी है।

जयपुर घराने की नृत्यांगना मालविका मित्रा ने गुरु रामगोपाल मिश्र से कत्थक की शिक्षा ली। रामगोपाल मिश्र के अलावा अक्षय कुमार विश्वास और ओमप्रकाश महाराज जैसे ख्याति प्राप्त गुरुओं से भी इन्होंने नृत्य सीखा। कोलकाता में सुनील कोठारी और कई लोगों ने नृत्य के कई कार्यक्रमों में उन्हें भाग लेने का सुअवसर दिलाया और इनका उत्साह बढ़ता गया। मात्र 4 वर्ष की आयु में मालविका जी ने प्रथम बार मंच पर पदार्पण किया और 11 वर्ष की उम्र में उन्हें कोलकाता के तानसेन संगीत नृत्य सम्मेलन में नर्तकी के रूप में नृत्य प्रस्तुत करने का सुअवसर प्राप्त हुआ।

भारत के प्रायः सभी प्रमुख नगरों में मंच पर अपने नृत्य से दर्शकों को चमत्कृत करने के बाद मालविका जी ने विश्व के अनेक देशों में आयोजित भारत महोत्सवों तथा महत्त्वपूर्ण समारोहों में अपने नृत्य प्रदर्शन से दर्शकों को मंत्रमुग्ध किया। 1985 में स्कॉटलैंड और इंग्लैंड में उनके नृत्य को लोगों ने जी खोलकर सराहा। वह वर्ष गुरुदेव रवीन्द्रनाथ टैगोर के 125वें जन्मदिवस के रूप में मनाया जा रहा था। इस अवसर पर मालविका ने गुरुदेव की कई रचनाओं पर नृत्य का सुंदरतम प्रायोगिक कार्यक्रम प्रस्तुत किया।

प्रयाग संगीत समिति की नृत्य प्रवीण की परीक्षा में मालविका ने पूरे भारत में सर्वोच्च स्थान प्राप्त किया। उनकी इस सफलता के लिए समिति ने उन्हें स्वर्णपदक से सम्मानित किया। मालविका सुरसिंगार संसद मुंबई द्वारा शृंगारमणि, अभिनव कला परिषद् भोपाल द्वारा अभिनव कला सम्मान तथा एशियन पेंट्स द्वारा नृत्य शिरोमणि की उपाधि से सम्मानित हो चुकी हैं।

अपनी नृत्य शैली के विषय में मालविका कहती हैं कि मैंने अपनी कल्पनाशीलता से लखनऊ घराने के कोमल टुकड़े, तोड़ों में जयपुर के चलन को कुशलतापूर्वक जोड़ दिया। इससे लखनवी नजाकत भरे अंदाज के साथ सशक्त जयपुर शैली का सामंजस्य हो गया।

आम तौर पर मंच पर नृत्य करते समय नर्तक या नृत्यांगनाएं यह भूल जाती हैं कि दर्शकों को उनका नृत्य पसंद आ रहा है या नहीं, अच्छा लग रहा है या नहीं। दर्शकों में कई तरह के लोग होते हैं। कुछ शास्त्रीय नृत्य की बारीकियों और तकनीकी पक्ष को समझते हैं, कुछ ऐसे भी होते हैं जो यह सब नहीं समझते, वे केवल नृत्यांगना के पद संचालन और हस्तमुद्राओं पर ध्यान केन्द्रित किए रहते हैं। मालविका की यह विशेषता है कि वे नृत्य करते समय दर्शकों के मूड का ध्यान रखती हैं।

इस संबंध में उनका कहना है कि 'यदि कत्थक के जानकार दर्शक हों, तो नृत्य की तकनीक बोलों में मिश्र जाति के रूप, तत्कार के पुकार, बोलों के आवर्तन के दर्जे आदि पेश करती हूं और ऐसे लोग जिन्हें कत्थक की अच्छी समझ नहीं है, तो उनके सामने कल्पनाशीलता से, बोलों से सहजता से प्रस्तुत करूंगी। लयकारी और थिरकन का सुंदर प्रवाह लोगों को खूब आकर्षित करता है।' नृत्य के विषय में मालविका के विचार ध्यान देने योग्य हैं—

'पहली बात यह कि नृत्य में सादगी जरूर होनी चाहिए। हस्तक, अंग संचालन का प्रस्तुतीकरण सुंदर और मोहक हो। मैं जयपुर घराने की कठिन तकनीक और लखनऊ घराने के सम्मोहक अभिनय को एक साथ प्रस्तुत करने का प्रयास करती हूं। रूढ़ियों में बंधकर तथा किसी एक दायरे में बंधकर रह जाने के दिन अब नहीं रहे। अपनी कला को सुनकर, आकर्षक और उत्कृष्ट बनाने के लिए सभी घरानों का एक साथ समावेश कर अपनी कला को दायरों के बंधन से मुक्त कर देना चाहिए।'

नृत्य में हाथ-पैर की मुद्राओं और पद संचालन की मिली जुली विशेषताओं का समावेश भी होना चाहिए।

प्रयोगधर्मी नृत्यांगना

स्वप्नसुंदरी

स्वप्नसुंदरी नृत्य शैली में नए प्रयोग करने वाली अत्यंत प्रतिभाशालिनी नृत्यांगना हैं। वे कुचिपुड़ी और भरतनाट्यम दोनों नृत्य शैलियों में समान रूप से पारंगत हैं। उन्होंने कई नृत्य नाटिकाएं तैयार की हैं। इनमें मुत्तुपल्लवी की रचना पर आधारित राधिका सांत्वनम् नवीनतम नृत्यनाटिका है, जो डेढ़ वर्षों में तैयार हुई। स्वप्नसुंदरी के अनुसार राधिका सांत्वनम् मुत्तुपल्लवी की एक शृंगारिक रचना है। इसके केन्द्र में कृष्ण नहीं राधा हैं। स्वप्नसुंदरी ने कुचिपुड़ी नृत्य शैली को नया रूप देने के लिए कई सार्थक प्रयोग किए हैं। उन्होंने अपने नृत्य को पौराणिक ग्रंथों और आधुनिक साहित्य की विशिष्टताओं से समृद्ध किया है। अपने प्रयोगों के विषय में उनका मानना है कि संरचना में नृत्य पक्ष के साथ नाट्य तत्त्वों का संतुलन आवश्यक है।

स्वप्नसुंदरी के कथनानुसार 1927 ई. में ब्रिटिश सरकार ने मुत्तुपल्लवी की रचना 'शृंगार प्रबंधम्' पर यह कहकर प्रतिबंध लगा दिया था कि भारतीय महिलाओं को शृंगार प्रधान रचनाएं नहीं पढ़नी चाहिए। ऐसी रचनाओं से उनकी मानसिकता पर बुरा असर पड़ता है। इसके विरोध में तेलुगु महिलाओं ने 20 वर्षों तक लंबा संघर्ष किया। अंततः 'देवदासी बंगलूर नागरलम्' ने न्यायालय की शरण ली और 1957 ई. में फैसला उनके पक्ष में हुआ। इसके बाद महिलाओं द्वारा तेलुगु में लिखित शृंगारिक रचनाओं के प्रकाशन पर से रोक हटा ली गई।

दक्षिण भारतीय नृत्यांगना स्वप्नसुंदरी का जन्म मद्रास में हुआ। इनके पिता डॉक्टर थे। बाद में सेना में डॉक्टर का पद छोड़कर मेडिकल सर्विस में चले गए। उनकी तमिल-तेलुगु फिल्मों में गायिका थीं। फिल्मों में सहायक संगीत निदेशक के रूप में कार्य करने लगीं। उनकी कई संगीत रचनाएं बड़ी लोकप्रिय हुईं। मां की प्रेरणा और प्रभाव से बचपन में ही संगीत में स्वप्नसुंदरी की रुचि जगी और वे संगीत साधना करने लगीं। मां के साथ-साथ स्वप्नसुंदरी की नानी को भी संगीत में गहरी रुचि और संगीत की अच्छी जानकारी थी। वे कहा करती थीं— 'परिवार के हर बच्चे को संगीत के सातों स्वरों की जानकारी होनी चाहिए।' इनकी नृत्य की शिक्षा

भरतनाट्यम से आरंभ हुई। आठ साल की उम्र में इन्होंने विशाखापट्टनम में गुरु बी.आर. राव से, तत्पश्चात् सीता रम्मैया से कुचिपुड़ी की शिक्षा ली।

स्वप्नसुंदरी विदेशों में भी अपने नृत्य प्रदर्शन से दर्शकों को मंत्रमुग्ध कर चुकी हैं। एक बार उन्होंने जब सूरदास के एक पद पर, जिसमें यशोदा कृष्ण को लोरी गाकर सुलाती हैं, भाव-नृत्य प्रस्तुत किया, तो इनके ड्राइवर ने कहा कि जब मेरी बेटी रोती है, तो मैं इसी तरह लोरी गाकर और झुलाकर सुलाता हूं। यह बात मुझे आपके नृत्य में बहुत पसंद आई। इस घटना से स्वप्नसुंदरी का यह विचार और दृढ़ हो गया कि भाव-पक्ष को संगीत में विशेष महत्त्व दिया जाना चाहिए।

स्वप्नसुंदरी बहुमुखी प्रतिभा संपन्न नृत्यांगना हैं। नृत्य के अलावा श्रेष्ठ कोरियोग्राफी के लिए वे भारत तथा विदेशों में सम्मानित की जा चुकी हैं। उन्हें संगीत नाटक अकादमी पुरस्कार से भी सम्मानित किया गया है।

स्वप्नसुंदरी बताती हैं — 'नृत्य में भावाभिव्यक्ति बहुत बड़ी चीज है। यह वैसे ही है, जैसे संगीत में आलाप आगे के मूड की पृष्ठभूमि तैयार करता है। मेरा कलाकार इन साधारण, पर गंभीर संवेदनात्मक अनुभवों के आधार पर खड़ा है। जिन्दगी में मेरी कोशिश रहेगी कि अपनी पूरी क्षमता के साथ कला-प्रेरणा को पूरा करें।

स्वप्नसुंदरी ने अनेक नृत्य-नाटिकाओं की रचना की है—यथा: 1. ऊँ शक्ति (1982), 2. आम्रपाली (1992), 3. राधिका सांत्वनम् (1993)।

स्वप्नसुंदरी दिल्ली या उसके आसपास नृत्य-प्रशिक्षण केन्द्र खोलना चाहती हैं। गुरु-शिष्य परंपरा के विषय में स्वप्नसुंदरी का विचार है कि यह परंपरा आज भी उपयोगी है। सच्चा गुरु शिक्षा के समय की सीमा में नहीं बांधता। गुरु को चाहिए, शिष्य की क्षमता को समझकर, उसका अंतरंग बनकर उसे सही शिक्षा दे। शिष्य को गुरु में पूरी आस्था होनी चाहिए।

इनका कहना है— 'पुरस्कार कलाकार की उपलब्धियों का एक अंग है। पुरस्कार पाने से उसमें विश्वास बढ़ता रहता है। कलाकार की यह ख्वाहिश अवश्य होती है कि उसकी पहचान बने। लोग न केवल स्वीकारें, बल्कि उसका आनंद लें तथा उसकी प्रशंसा भी करें। परंतु, यहां पर तो व्यक्ति को पुरस्कार मिलते हैं, उसकी कला को नहीं। कला के क्षेत्र में व्यक्ति पूजा का स्थान न होकर कला को समादृत करने की परंपरा मजबूत होनी चाहिए।'

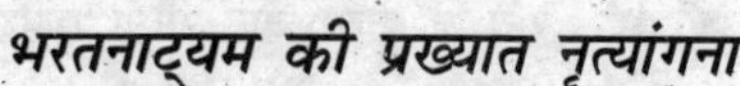

भरतनाट्यम की प्रख्यात नृत्यांगना

डॉ. पद्मा सुब्रमण्यम

भरतनाट्यम की प्रख्यात नृत्यांगना डॉ. पद्मा सुब्रमण्यम एक ही साथ नर्तकी, शोधकर्त्री, विदुषी, संगीतज्ञ और शिक्षिका हैं। संगीत शास्त्र में स्नातकोत्तर उत्तीर्ण और नृत्य में शोध के लिए ''डॉक्टरेट'' की उपाधि पाने वाली पद्माजी में वस्तुतः देवी शक्ति है। इन्हें विभिन्न राष्ट्रीय एवं अंतर्राष्ट्रीय पुरस्कारों से नवाजा जा चुका है। इनकी माता मीनाक्षी एक संगीत निर्मात्री थीं तथा इनके भाई विभिन्न फिल्मों से संबद्ध हैं। संगीत की प्रारंभिक शिक्षा इन्होंने बजुवर रमैया पिल्लई तथा गौ अम्मल से प्राप्त की। पद्माजी सबसे पहले शोधकर्त्री हैं और शिक्षाविद् हैं, उसके बाद अन्य कुछ।

भरतनाट्यम का शाब्दिक अर्थ है—'भरत द्वारा किया जाने वाला नृत्य।' 'भरत' शब्द के तीनों अक्षर शास्त्रीय नृत्य की तीन मूल प्रमुखताओं का संकेत देते हैं। 'भ' भाव के लिए है, 'र' राग के लिए और 'त' ताल के लिए। यही तीन बातें कलात्मक नृत्य की विशेषताए हैं।

कला प्रदर्शन के सिलसिले में अपने देश के अलावा अफगानिस्तान, रूस, पोलैंड, जर्मनी में आयोजित एशियाई नृत्य महोत्सव में भारत का प्रतिनिधित्व करने का गौरव इन्हें मिल चुका है। ये मारीशस में आयोजित भारत महोत्सव में अपनी नृत्यकला का प्रदर्शन कर चुकी हैं।

''पद्मश्री'' से विभूषित, 'नृत्योदय' नामक नृत्य स्कूल की निदेशिका, डॉ. पद्मा सुब्रमण्यम सामाजिक कार्यों में भी कम रुचि नहीं लेतीं। वे अत्यंत मिलनसार एवं मृदुभाषी हैं।

पटना के प्रसिद्ध छायाकार श्री आर.एन. प्रसाद को अपनी दक्षिण यात्रा में संगीत के एक विशिष्ट आयोजन में इनसे मिलने का अवसर मिला। इन्होंने इनकी कई कलात्मक तस्वीरें भी खींची थी। प्रसाद जी कहते हैं— 'मैं अनेक कलाकारों से मिल चुका हूं किन्तु पद्माजी में ज़ो विशिष्टता मैंने पाई, वह अन्यत्र दुर्लभ है। वे वास्तव में कलानेत्री हैं—स्वभाव से, कला की विशिष्ट भावनाओं से भी।'

इनके नृत्य प्रदर्शन को देखने के उपरांत लोगों की यह धारणा सत्य ही प्रतीत होती है कि पद्मा जी से भरतनाट्यम के इतिहास में नए अध्याय का आरंभ हुआ है। इनमें शास्त्र और अभ्यास का अनूठा सम्मिश्रण है।

पद्माजी कहती हैं— 'जब मैंने 'करण' पर शोध करना आरंभ किया, तो मैं इसके सिद्धांत मात्र से संतुष्ट नहीं हुई। मैंने विचारना प्रारंभ किया कि कुछ शताब्दियों पूर्व इसके लिए जो आदर्श रखे गए थे, उनमें अब परिवर्तन की काफी संभावना है। नाट्यशास्त्र में तीन मूल तत्त्वों पर अध्ययन किया जाता रहा है—शरीर की भंगिमा, बाहुसंचालन और विशेष दिशाओं में पैर की थिरकन। इन्हीं तीनों के सम्मिलित रूप को 'करण' के नाम से जाना जाता है।

यह उनके अनवरत् शोधकार्य का ही परिणाम है कि वह अपने नृत्य को 'भरतनाट्यम' की जगह 'भरत नृत्य' कहना अधिक उपयुक्त समझती हैं। पद्माजी का कहना है कि जैसा कि 'भरतनाट्यम' शब्द प्रचलित है, मैंने 'नाट्य' शब्द को 'नृत्य' में बदल दिया है, क्योंकि कला के अध्ययन के दौरान मैं इस निष्कर्ष पर पहुंची कि नाट्य का मतलब थियेटर आदि से संबद्ध है, जिसे अंततः नाटक कहते हैं।

भरतनाट्यम के विगत तीन सौ वर्षों की जो परंपरा रही है, अनचाहे रूप से मैं उससे अलग हटकर सोचती रही हूं। इस संबंध में मेरा उद्देश्य अन्य लोगों से भिन्न मत रखना नहीं है और न ही मेरा उद्देश्य इस दिशा में सर्जनात्मक रहा है। हालांकि अधिकतर लोग यह महसूस करते हैं कि मैं सर्जनात्मक विचारों वाली रही हूं, मगर यहां मैंने 'नाट्यशास्त्र' की जगह 'नृत्यशास्त्र' का प्रयोग किया है।

'करण' नृत्य की मूल इकाई है। इनमें से प्रत्येक में गति है, स्थिरता नहीं। भरत के नाट्यशास्त्र के अनुसार 108 करण हैं। दक्षिण में शिव या पार्वती की शृंखला में पांच मंदिर हैं। इनमें से चिदांबरम् स्थित नटराज मंदिर में सब करण शृंखलाबद्ध रूप में हैं, जिन्हें 13वीं शताब्दी का बना बताया जाता है। पद्माजी सतारा में उसी तरह का मंदिर बना चुकी हैं, जिसे 'उत्तर चिदांबरम्' के नाम से जाना जाता है।

पद्माजी का कहना है— 'भारतीय नृत्य में 10वीं शताब्दी के पश्चात् 'करण' का मूल स्वरूप प्रायः लुप्त हो गया। अपने शोधकार्य के दौरान मुझे यह प्रतीत हुआ कि परंपरा पर चलकर इसमें नवीनता नहीं लाई जा सकती। आज भरतनाट्यम न तो नाट्य (नाटक) है, और न तो भरत की मान्यताओं पर आधारित है।

इनका कथन है कि संगीत नृत्य का अभिन्न अंग है। संगीत के ज्ञान के बिना नृत्य अधूरा है। सब ख्यातिलब्ध नर्तक संगीत का अच्छा ज्ञान रखते हैं। पद्माजी के जीवन का आवश्यक अंग संगीत है। जब से वह पैदा हुई हैं, संगीत के प्रति उनका रुझान रहा है। आज के चोटी के गायकों में उनका प्रमुख स्थान है।

भरतनाट्यम के संबंध में उन्होंने कुछ पुस्तकों की भी रचना की है और विषय वस्तु का प्रतिपादन ऐसी सरल पद्धति से किया है कि छात्र तथा जिज्ञासु सहज ही उनके संकेतों और निर्देशों को ग्रहण कर लें। कुछ ज्ञाताओं के अनुसार पांडित्य की सार्थकता इस बात में भी है कि वह जिन लोगों के बीच बोले, यानी जिन मानसिक स्तर के बीच, उनकी भाषा उनके ही अनुकूल हो और यह पांडित्य पद्माजी में एकाकार हो गया है।

यही विशिष्टता 'संगीत मार्तंड' पं० ओंकारनाथ ठाकुर में भी थी। वे सूरदास के इस प्रसिद्ध भजन—'मैया मोरी मैं नहीं माखन खायो' को विभिन्न रागों में गाया करते थे और बीच-बीच में गद्य में श्रोताओं को भाव भी समझते जाते थे। यह प्रसाद गुण विरले ही कलाकार में होता है। हमारी गुण ग्राहकता की सच्ची पहचान भी इसी में है कि हम सुश्री पद्मा सुब्रमण्यम को अपने देश की असाधारण नर्तकियों के रूप में देखें और उनके प्रति अपनी श्रद्धा व्यक्त करें।

कत्थक नृत्य में भाव पक्ष के धनी

पं० ओमप्रकाश महाराज

"नाचने व कला में बहुत अंतर है। प्रदर्शन के समय केवल अभ्यास ही नहीं, बल्कि ईश्वर व गुरु की देन (आशीष) काम आता है। नृत्य सुंदर व भावपूर्ण होना चाहिए, भयानकता न ही रहे तो अच्छा है। क्योंकि कला वह सुंदर रूप है, जिसकी ओर निर्मिमेष देखते ही रहें और दिल न भरे।'' — ये विचार हैं, ख्याति प्राप्त कत्थक नृत्याचार्य पं० ओमप्रकाश महाराज के।

1960 में अयोध्या में जन्में ओमप्रकाश महाराज ने पांच वर्ष की अल्पायु से ही अपने पिता पं० दयाशंकर मिश्र (जो अपने समय के प्रख्यात तबला वादक के रूप में विख्यात होने के साथ-साथ संगीत की अन्य विधाओं में भी पारंगत थे) से शिक्षा ग्रहण करना आरंभ किया। आपके पिता दूसरों को जो कुछ भी सिखाते, उसे ओम् ध्यान पूर्वक देखते रहते और बाद में उसकी नकल करते। इस प्रकार कुशाग्रबुद्धि बालक ने अपने उम्र के सातवें वर्ष में ही अपना प्रथम सार्वजनिक कार्यक्रम पेश किया, और आज रंगमंच पर नृत्य प्रस्तुत करते समय वे जिस सरलता व सहजता से कत्थक नृत्य में लयकारी, टुकड़े, परन, आमद व गत भाव प्रस्तुत करते हैं। उसी प्रकार नृत्य के 'भाव-पक्ष' को साकार करने में महारथी माने जाते हैं।

आप बचपन से ही शास्त्रीय गायन की शिक्षा अपने दोनों भाइयों पं० चंद्रप्रकाश मिश्र व डॉ. रमेश मिश्र (संगीताचार्य)से लेते रहे, साथ ही माता श्रीमती चंद्रावती मिश्रा ने छः वर्ष की उम्र से ही अवधी घराने की कला में पारंगत करना शुरू कर दिया था। कुछ समयोपरान्त अपने मामा पं० संतगोपाल मिश्र से लखनऊ घराने का अंदाज सीखकर लखनऊ घराने के विद्वान नृत्याचार्य श्री विक्रम सिंह के मार्गदर्शन में इस कला के लयकारी पक्ष व सैद्धांतिक दोनों का ही समुचित ज्ञान प्राप्त किया। बाद में उ.प्र. सरकार के छात्रवृत्ति पर, गुरु-शिष्य परंपरा के अंतर्गत लखनऊ घराने के सुविख्यात नर्तक व गुरु पं० लच्छू महाराज से 1992-97 तक गत-भाव व भाव-पक्ष प्रस्तुत करने के विशेष पक्ष को सीखा व समझा।

आपने अवध विश्वविद्यालय फैजाबाद से एम.ए., प्रयाग संगीत समिति इलाहाबाद से संगीत प्रवीण (नृत्य) व संगीत प्रभाकर (वादन) की परीक्षा पास

की। संगीत विश्वविद्यालय लखनऊ, प्रयाग संगीत समिति इलाहाबाद सहित कई विश्वविद्यालयों के परीक्षक व विजिटिंग प्रोफेसर रहे हैं।

ओमप्रकाश महाराज ने देश के लगभग सभी प्रमुख सम्मेलनों के अतिरिक्त भारत महोत्सव (मास्को), लंदन, जिम्बाबवे, सिंगापुर, बंग्लादेश आदि देशों की यात्राएं की। आपने भारतीय सांस्कृतिक संबंध परिषद् दिल्ली के आमंत्रण पर तीन वर्ष तक मॉरीशश में रहकर संगीत प्रस्तुतकर्ता व नृत्य गुरु के रूप में अनेक छात्र-छात्राओं को प्रशिक्षित किया है। आपका 'कत्थक नृत्य' में भाव पक्ष अत्यंत सबल है, जिसे देखकर श्रोता मंत्रमुग्ध हो जाते हैं। आपने कई नृत्य-नाटिकाओं का निर्देशन व संगीत संयोजन किया है, जो अत्यंत सफल रही है, जैसे—सीता स्वयंवर, भीष्म प्रतिज्ञा, गोपी विरह, उद्धव-कृष्ण-सुदामा प्रसंग, कवि कल्पना (नायिकाभेद), आदि। आप एक कुशल नर्तक ही नहीं हैं, बल्कि गायन (ठुमरी-दादरा, गीत-ग़ज़ल) व तबला वादन में भी प्रवीण हैं। साथ ही आपको सहस्त्रों बोल, परन, टुकड़े आदि कंठस्थ भी हैं।

कोलकाता स्थित आजकल आप 'किकिनी साधना' संस्था के निदेशक पद पर रहते हुए अनेक छात्र-छात्राओं को शिक्षा प्रदान कर रहे हैं। आपके द्वारा प्रशिक्षित कुछ शिष्यों के नाम निम्न हैं—

1. डॉ मालविका मिश्रा (नर्तकी)
2. कुन्तला मिश्रा (नर्तकी)
3. पामेला मिश्रा (नर्तकी)
4. स्निग्धा गोस्वामी (नर्तकी)
5. निलंजना दास (नर्तकी)
6. सुमिता दास व ऋतुप्रिया मिश्रा
7. संचिता चौधरी
8. संचिता पात्रा
9. प्रणव कुमार सान्याल (नर्तक)
10. विश्वरूपा चन्दा
11. रतन पाल
12. चक्रवर्ती सिस्टर्स (जमशेदपुर)

आपको अकादमी पुरस्कार (वेस्ट बंगाल), ललित कला निधि महाराष्ट्र द्वारा 'नृत्य शिरोमणि', 'जबलपुर मित्र मंडल' द्वारा आपको 'नृत्य चूड़ामणि' व प्रयाग संगीत समिति इलाहाबाद (उ.प्र.) द्वारा 'नृत्यप्रवीण', व सुरश्रृंगार संसद मुंबई द्वारा

'शृंगारमणी' की उपाधि व मानपत्रों से विभूषित किया गया है। संगीत के क्रियात्मक और सैद्धांतिक दोनों ही पक्षों पर आपका अच्छा अधिकार है।

ओमप्रकाश महाराज का कहना है कि दर्शक सिर्फ नृत्य ही नहीं देखना चाहता, बल्कि यह भी जानना चाहता है कि अमुक कलाकार ने नृत्य के क्षेत्र में क्या-क्या नई खोज की है। अत: मैंने भावाभिव्यक्ति के संबंध में कुछ खोजपूर्ण कार्य किये हैं और मैं यह भी चाहता हूं कि कत्थक की गरिमा और उससे जुड़ी हुई संस्कृति को अधिक से अधिक लोगों के बीच ले जाऊं। क्योंकि आज का कत्थक नृत्य अधिक, संरचना में अभी कई नए प्रयोग करने बाकी हैं।

एक और कत्थक नृत्यांगना

कुमकुम धर

भारतीय शास्त्रीय नृत्यों में कत्थक सर्वाधिक विशेषकर उत्तर भारत में लोकप्रिय नृत्य है। सितारा देवी, रोशन, शोभना नारायण, दमयंती जोशी, उमा शर्मा आदि नृत्यांगनाओं ने देश-विदेश में इस नृत्य का प्रदर्शन कर सारे संसार में भारतीय नृत्य की श्रेष्ठता प्रमाणित की है और अंतर्राष्ट्रीय ख्याति अर्जित की है। इन्हीं नृत्यांगनाओं के साथ 'कुमकुम धर' का भी नाम लिया जाता है, जो कत्थक की एक प्रमुख और लोकप्रिय नृत्यांगना हैं।

प्रसिद्ध नगर लखनऊ में जन्मीं कुमकुम धर लखनऊ घराने के विख्यात नर्तक और नृत्यगुरु लच्छू महाराज की प्रमुख शिष्या हैं। वे 15 वर्ष की आयु से ही अपने गुरु से विधिवत् शिक्षा ग्रहण करने लगीं। उनके पिता ने, जो एक सरकारी अफसर हैं, इस दिशा में आगे बढ़ने के लिए प्रेरित किया। वे साहित्य और संगीत में गहन रुचि रखने वाले हैं। साथ ही माता ने भी पूरा सहयोग और प्रोत्साहन दिया। बचपन में इनकी शिक्षा-दीक्षा लखनऊ में हुई। तदनन्तर अन्य जगहों में रहकर अपनी पढ़ाई पूरी की।

कुमकुम धर के विषय में प्रसिद्ध साहित्यकार अमृतलाल नागर ने लिखा है— 'कुमकुम धर' के मंच पर अवतरित होते ही हिन्दुस्तान की सदियों पुरानी रिवायत एक बहार की सी ताजगी लिए सामने आ खड़ी होती है। उसके चेहरे पर मोनालिसा जैसी मुस्कराहट छिपी है। कत्थक की हिन्दू और मुगलिया, दोनों ही शैली में उन्हें महारत हासिल है।

1977 में केन्द्रीय शिक्षा मंत्रालय से नृत्य के लिए कुमकुम धर को राष्ट्रीय छात्रवृत्ति मिली। प्रयाग संगीत समिति द्वारा स्वर्ण पदक और मुंबई के सुरसिंगार संसद द्वारा इन्हें शृंगारमणि से सम्मानित किया गया। गुरु लच्छू महाराज द्वारा निर्देशित इन्द्रसभा, गीत गोविन्द, चन्द्रावलि, गौतम बुद्ध आदि नृत्य नाटिकाओं में मुख्य भूमिका अदा की है। आप प्रसिद्ध नाट्य संस्था 'दर्पण' से नृत्य निर्देशिका एवं अभिनेत्री के रूप में जुड़ी रही हैं। इस दौरान इन्होंने हयबदन, आबूहसन, गुफाएं, यहूदी की लड़की और हरिश्चन्द्र की लड़ाई आदि नाटकों में प्रमुख चरित्र निभाए हैं।

कुमकुम ने देश के प्रायः सभी नगरों और सांस्कृतिक समारोहों में अपने नृत्य प्रदर्शन से दर्शकों को मंत्रमुग्ध तो किया ही है, अमेरिका, कनाडा, लंदन, कुवैत, अदन, मिस्र तथा इजराइल आदि देशों में भी अपने नृत्य प्रदर्शन से प्रशंसा और ख्याति अर्जित की है। वे आकाशवाणी और दूरदर्शन की प्रथम स्तर की कलाकार हैं।

कुमकुम धर बहुत ही दूरदर्शी और बहुमुखी प्रतिभा की नृत्यांगना हैं। उनमें परंपरा से हटकर कुछ नया करने की प्रवृत्ति आरंभ से ही है। सामान्य रूप से नृत्य के समय जो पद गाए जाते हैं, वे ब्रजभाषा, अवधी आदि लोक भाषाओं के पद होते हैं। किन्तु कुमकुम धर ने ऐसे पदों के साथ हिन्दी के आधुनिक कवियों की कविताओं पर भी नृत्य प्रस्तुत किया है। उन्होंने दिनकर और थपलियाल की कविताओं पर भी नृत्य प्रस्तुत कर दर्शकों को मुग्ध किया है। राधाकृष्ण की लीलाओं, दक्षयज्ञ विध्वंस, धनुष भंग, कालिया मर्दन, पुष्पवाटिका आदि पौराणिक प्रसंगों पर उन्होंने बहुत ही सार्थक और सम्मोहक नृत्य प्रस्तुत किया है।

कुमकुम जी कत्थक में नए-नए प्रयोग भी करती रहीं। इस संबंध में वे कहती हैं—'मैंने प्रयोग के प्रयास किए हैं। मैं कत्थक की पारंपरिक शैली को बरकरार रखते हुए नृत्य संरचना या प्रस्तुतिकरण में नृत्य को कुछ नए रूप देने की कोशिश करती हूं। मैं संस्कृत के श्लोकों पर भी नृत्य करती हूं। वैदिक मंत्रों में एक सुनिश्चित लयात्मकता होती है, इसीलिए कभी-कभी मंत्रोच्चार और श्लोक से भी नृत्य आरंभ करती हूं।'

अपनी नृत्य साधना के विषय में कुमकुम धर के विचार बड़े महत्त्वपूर्ण और प्रेरक हैं— 'नृत्य साधना, सतत् अभ्यास और संघर्ष चाहता है। परिवार के दायित्वों से जुड़ी मुझ जैसी एक कलाकार के लिए समर्पित भाव से कला को अपनाना सहज नहीं, फिर भी मैं अपने को छोड़ नहीं पाती। लगता है, नृत्य के बिना जैसे जीवन अधूरा हो जाएगा। इसी अधूरेपन को पूर्णता देने के लिए मैं निरंतर कलाकार का जीवन जीती आ रही हूं। कितनी ऊंचाइयों तक पहुंची हूं, मैं क्या कहूं। चलने वाले केवल मंजिल देखते हैं, पगडंडी नहीं।

वस्तुतः दर्शकों द्वारा की गई प्रशंसा नृत्यकार को नृत्य की सर्वोत्तम प्रस्तुति के लिए प्रोत्साहित करती है। कलाकार को कथा प्रस्तुति के साथ जुड़ना आवश्यक है। साथ ही लय, ताल रंगमंच पर नृत्य के साथ अभिनय, जिससे नृत्यकार के भाव भंगिमाओं को प्रत्येक दर्शक देख सके। मंच पर प्रकाश और ध्वनि के साथ-साथ अपनी कथा का आकलन करते रहने से ही नृत्य की प्रस्तुति में समग्रता आती है।'

भरतनाट्यम नृत्यांगना

सरोजा वैद्यनाथन

भरतनाट्यम की यामिनी कृष्णमूर्ति, सोनल मानसिंह, कोमला वरदन जैसी नृत्यांगनाओं की कड़ी में अब श्रीमती ललिता की शिष्या सरोजा वैद्यनाथन का नाम भी लिया जाने लगा है। सरोजा का व्यक्तित्व बहुमुखी है। अभिनय, निर्देशन, अध्ययन और कोरियोग्राफी भी उनके कार्यक्षेत्र में शामिल है।

सरोजा की कई विशेषताओं में एक विशेषता यह भी है कि वह नृत्य संगीत को आम जनता तक लाने का निरंतर प्रयास करती रही हैं। वे भरतनाट्यम की पंदनालुर शैली की नृत्यांगना हैं।

'आदिशंकर' नामक सरोजा के बैले को काफी लोकप्रियता मिली है। इस बैले में उनकी प्रतिभा और कलात्मक क्षमता स्पष्टत: उजागर हुई है। इस बैले के निर्देशन और कोरियोग्राफी के अलावा इसमें उन्होंने अभिनय भी किया है।

सरोजा वैद्यनाथन का जन्म आंध्रप्रदेश के विल्सारी जिले में हुआ था। लेकिन वह वस्तुत: तमिलनाडु की हैं। उनके पिता वायुसेना में पायलट थे। सरोजा नाना-नानी के घर रहकर सयानी हुईं। उनके परिवार में कोई नहीं चाहता था कि वे नृत्यांगना बनें, मंच पर नृत्य करें, इसलिए नृत्य की ओर झुकाव देखकर कम ही उम्र में उनका विवाह कर दिया गया।

सरोजा के घर के पास सरस्वती गान निलयम नाम का संगीत विद्यालय था। वहां श्रीमती ललिता भरतनाट्यम सिखाती थीं। सरोजा को उनकी मां ने वहां जाकर नृत्य सीखने की अनुमति दे दी। 12 वर्ष की उम्र में सरोजा ने प्रथम बार अपने नृत्य का प्रदर्शन किया, जिसकी दर्शकों ने सराहना की।

सरोजा के पति वैद्यनाथन आई.ए.एस. आफिसर थे। वे भागलपुर में भी कुछ दिन रहे। इसके बाद सरोजा पटना चली आईं। कुछ दिनों बाद सरोजा के पति का स्थानांतरण हो गया। कालांतर में सरोजा दिल्ली आ गईं। आरंभ में इनके पति को भी इनका नाचना अच्छा नहीं लगता था, किन्तु इनका एक-दो कार्यक्रम देखने के बाद उन्होंने इन्हें नृत्य संगीत में आगे बढ़ने से नहीं रोका। इनके ससुराल में कुछ

लोगों को नृत्य संगीत से प्रेम था और उन्हें नाचना-गाना अच्छा लगता था। खासकर इनकी सास को संगीत से बहुत अधिक लगाव था। उन्होंने सरोजा को प्रोत्साहित किया और घर पर ही नृत्य सीखने की व्यवस्था कर दी। इस प्रकार सरोजा वैद्यनाथन एक लोकप्रिय नृत्यांगना के रूप में उभरकर सामने आईं।

चर्चित नृत्यांगना सरोजा ने विदेशों में भी अपने नृत्य प्रदर्शन से अंतर्राष्ट्रीय ख्याति अर्जित की है और भारतीय नृत्य-संगीत को प्रतिष्ठा दिलाई है।

मैट्रोपॉलिटन तमिल संगम के आमंत्रण पर वे अमेरिका और कनाडा के 40 देशों में नृत्य प्रदर्शन कर चुकी हैं। शिकागो में उनका नृत्य दर्शकों को इतना अच्छा लगा कि उनके आग्रह पर उन्हें पांच बार एक ही कार्यक्रम प्रस्तुत करना पड़ा। सरोजा को 'भरतनाट्य नृत्यांगना की भूमिका' पुरस्कार से सम्मानित किया जा चुका है।

सरोजा वैद्यनाथन नृत्यांगना के साथ-साथ लेखिका भी हैं। उन्होंने भारतीय नृत्य पर दो पुस्तकें लिखी हैं। 'दि सायंस ऑफ भरतनाट्यम्' पुस्तक में वाद्ययंत्रों, नृत्य में प्रयुक्त होने वाले आभूषणों की चर्चा की गई है। साथ ही चित्रों और रेखाचित्रों के द्वारा नृत्य संबंधी मुद्राओं पर भी प्रकाश डाला गया है। पुस्तक में भरत मुनि के निष्कर्षों को सरल भाषा में प्रस्तुत किया गया है। इस पुस्तक का विमोचन स्व. प्रधानमंत्री इंदिरा गांधी ने किया था। सरोजा की दूसरी पुस्तक है—'कर्नाटक संगीतम्।' अभी हाल में उनकी लिखी पुस्तक 'क्लासिकल डांसेज ऑफ इंडिया' छपी है।

जब सरोजा अपने पति वैद्यनाथन के साथ भागलपुर में रह रही थीं, तब एक नृत्य विद्यालय खोला, जो सरोजा भवन के नाम से जाना जाता है। भागलपुर से पटना आ जाने पर वे नृत्य सिखाने लगीं। कुछ दिनों बाद वे दिल्ली चली आईं। यहां उन्होंने अथक परिश्रम से गणेश नाट्यालय की स्थापना की। यह उनका एक सुंदर सा स्वप्न था, जो पूरा हुआ। इन दिनों वे इस नाट्यालय के विकास और विस्तार के लिए सतत् प्रयत्नशील हैं।

उभरती हुई नृत्यांगना

किरण सहगल

भारत की उभरती हुई प्रतिभाशाली नृत्यांगनाओं में किरण सहगल लोकप्रिय और बहुचर्चित नृत्यांगना हैं। उनके पिता कामेश्वर सहगल सुविख्यात नर्तक और माता जोहरा सहगल चर्चित नृत्यांगना हैं। इन्हीं दोनों से किरण सहगल को नृत्य में अभिरुचि जगी और इन्हीं के संरक्षण में इन्होंने नृत्य सीखना आरंभ किया। इन्हें चंद्रशेखर पिल्ले के शिष्य सदाशिव सेठी से भरतनाट्यम प्रशिक्षण मिला। संप्रति ये गुरु नाना कासर से प्रशिक्षण प्राप्त कर रही हैं।

किरण सहगल के माता-पिता ने एक ग्रुप बनाया था। इस ग्रुप का नाम था सहगल बैले ग्रुप। इनकी माता नृत्यसृजन में लगी रहती थीं। जब इनके मन में कोई नया भाव या विचार आता तो ये किरण को ढूंढ़ती। किरण पर अपनी नई सूझ का प्रयोग करतीं। किरण के माध्यम से अपने नए विचारों को नृत्य का रूप देने का प्रयास करतीं। आधुनिकतम विचारों को नृत्य के रूप में व्यक्त करना उनकी विशेषता थी, किन्तु वे भारतीयता का भरपूर निर्वाह करतीं।

सात साल की उम्र में ही किरण सहगल ने एकल नृत्य का प्रर्दशन किया। इतनी कम उम्र में इनके एकल प्रदर्शन को देखकर दर्शक चकित रह गए।

किरण सहगल मुंबई, भोपाल, चंडीगढ़, ग्वालियर आदि देश के अनेक प्रमुख शहरों में अपने नृत्य प्रदर्शन से दर्शकों को मंत्रमुग्ध कर चुकी हैं। राजधानी के झनकार थियेटर कला परिषद्, सेंट स्टीफेन कॉलेज और राष्ट्रपति भवन में भी इनके नृत्य प्रदर्शन को सराहा गया है। 1975 में मुंबई में 'कल के कलाकार' कार्यक्रम में देशभर के युवा नर्तक-नृत्यांगनाओं ने भाग लिया था। इस कार्यक्रम में किरण सहगल का नृत्य प्रदर्शन सर्वोत्तम माना गया था।

देश के प्रमुख नगरों के अलावा इटली, जर्मनी, हॉलैंड, स्विट्जरलैंड आदि देशों में भी अपने नृत्य प्रदर्शन से प्रचुर ख्याति और प्रशंसा अर्जित कर चुकी हैं। संवेदनात्मक नृत्य भंगिमाएं किरण सहगल के नृत्य की विशेषता है। उनकी इस विशेषता ने नृत्य शैली को समृद्ध किया है।

किरण सहगल ने ओडिसी नृत्य का भी प्रशिक्षण लिया है। ओडिसी नृत्य के महान गुरु मायाधर राउत उनके नृत्य गुरु थे। ओडिसी नृत्य करते हुए भी वे मात्र उड़ीसा तक ही सीमित नहीं रहीं। उन्होंने सूर, तुलसी, केशव, पुरंदरदास तथा आदि शंकराचार्य के भक्तिपदों को भी कथा में शामिल किया। उनकी अपनी नृत्य संरचनाओं में दिव्य कुंडला, सरस्वती स्त्रोतम्, पंचाक्षर स्तोत्रम् और जगन्नाथ अष्टम् को काफी लोकप्रियता मिली।

ओडिसी नृत्य कोई आधुनिक नृत्य नहीं है। सातवीं से तेरहवीं शताब्दी के बीच निर्मित उड़ीसा के मंदिरों में अंकित कई मुद्राओं और भाव-भंगिमाओं में ओडिसी की प्राचीनता प्रमाणित हो जाती है। सुविर व्यास ओडिसी नृत्यांगना इंद्राणी रहमान ने गुरु देवीप्रसाद से इस नृत्य का प्रशिक्षण प्राप्त कर नृत्य शैली को राष्ट्रीय-अंतर्राष्ट्रीय ऊंचाइयों तक पहुंचाया। बाद में गुरु देवीप्रसाद दास, गुरु मायाधर राउत, गुरु केलुचरणा महापात्र और गुरु धीरेन्द्र पटनायक ने मिलकर जयंतिका नाम से एक नृत्य शैली का निर्माण किया। इस नृत्य शैली में सबसे पहले मंगलाचरण, फिर बट्टू, अभिनय पल्लवी अष्टपदी और अंत में मोक्ष की प्रस्तुति रखी गई।

ओडिसी एक ऐसा नृत्य है, जिसमे हस्तकों, पदाघातों और अभिनय—तीनों का समान महत्त्व है। हस्तकों और पदाघातों का इसमें भी प्रयोग होता है, किन्तु कत्थक की तरह नहीं। सबसे बड़ी विशेषता यह है कि ओडिसी में भिन्न-भिन्न पक्षों की प्रस्तुति के लिए अलग-अलग अंश होते हैं और हर कलाकार के लिए इन अंशों की प्रस्तुति अनिवार्य है। प्रत्येक कलाकार को मंगलाचरण, बट्ट, अष्टपदी और मोक्ष की प्रस्तुति करनी ही होती है। कलाकार को इन अंशों के अंतर्गत रचनाओं को चुनने का अधिकार है। ओडिसी में नृत्य के सभी प्रधान तत्त्व सम्मिलित हैं, इसीलिए इसे संपूर्ण नृत्य कहा जाता है। किरण सहगल नृत्य के प्रति संपूर्ण रूप से समर्पित हैं। उनका यह समर्पण भाव उन्हीं के शब्दों में—

''नृत्य मेरी जिन्दगी है, मेरी महत्त्वाकांक्षा है, इसमें मेरा अहं निहित है। मैं नृत्य में डूब जाना चाहती हूं।''

मोहिनी अट्टम की प्रवीण नृत्यांगना

डॉ. कनक रेले

"मोहिनीअट्टम लगभग पांच-छह सौ वर्ष पुरानी नृत्यशैली है। इसकी उत्पत्ति केरल में हुई। यह सामाजिक नृत्य है, इसलिए इसकी उत्पत्ति का श्रेय किसी एक व्यक्ति को नहीं दिया जा सकता है। बीच में एक समय ऐसा भी आया था, जब अतिशय शृंगारिकता और अश्लीलता के कारण मोहिनी अट्टम पतन की गहरी अंधेरी खाईं की ओर जाने लगी थी, तब इसे अश्लील न कहकर रोमांटिक डांस की संज्ञा दी गई। उस समय यह नृत्य करना तो दूर, संभ्रांत घर की महिलाएं इस नृत्य का प्रदर्शन भी नहीं देख पाती थीं। जब किसी अभिभावक को पता चलता था कि उसके घर के बच्चों ने यह नृत्य देखा है, तो उनकी बुरी तरह पिटाई होती थी। बदनामी के उस दलदल से निकालकर शास्त्रीय अंतर्राष्ट्रीय मंचों तक पहुंचाने के लिए हम लोगों ने बहुत परिश्रम किया।"

उपर्युक्त विचार हैं, नृत्यांगना डॉ. कनक रेले के, जिन्होंने एक कला-समीक्षक के एक प्रश्न के उत्तर में प्रकट किए।

गुजराती समाज में जन्मी डॉ. कनक रेले मूलतः एक कथकली नृत्य शैली की नृत्यांगना हैं, परंतु मोहिनी अट्टम नृत्य पर इनकी गहरी अभिरुचि ने इस कला की ओर इन्हें प्रेरित किया और आज ये इस विधा की आचार्य नृत्यांगना के रूप में ख्यात हैं। नृत्य की गीतात्मक शैली की पुनर्स्थापना हेतु सक्रिय हैं। गुरु करुणाकर पान्निकर की शिष्य एवं कावलम् नारायणा पानिक्कर की सहकर्मिणी कनकजी प्राचीन भारतीय नाट्य शास्त्र की ज्ञाता हैं। उनकी पुस्तक 'बॉडी काइनेटिक्स इन डांस' ने अंतर्राष्ट्रीय स्तर पर इनकी पहचान बनाई है।

मोहिनी अट्टम केरल के मंदिरों का नृत्य रहा है और इधर कुछ वर्षों से विलुप्त होते-होते भी ख्याति अर्जित कर रहा है। इस नृत्य की गीतात्मकता, लास्य एवं उसके कोमल भावों की सहज अभिव्यक्ति का उद्गम मात्र दो दशकों से ही अपनी अलग पहचान बना पाया है।

यह जिज्ञासा करने पर कि आप कथकली की नृत्यांगना हैं, फिर इस नृत्य विधा से कैसे प्रभावित हुईं? डॉ. कनक रेले कहती हैं—'मात्र पांच-छह वर्ष की उम्र में शांतिनिकेतन में यह नृत्य देखा था और कथकली में मेरी रुचि रहते हुए भी केरल की इस शैली के प्रति प्रेरणा वहीं से मिली। मैंने 1966 ई. से मोहिनी अट्टम नृत्य शुरू किया। यह शैली मुझे बहुत पसंद है।'

वे बताती हैं— 'प्राचीन काल में गांवों एवं कस्बों में मंदिर ही विभिन्न जातियों की कला के केन्द्र बिंदु होते थे। नृत्य भी वहीं से फले-फूले और विकसित हुए। लेकिन मोहिनी अट्टम का उद्गम तो सागर मंथन से कहा जाता है कि विष्णु ने असुरों को रिझाने के लिए मोहिनी रूप धारण कर नृत्य किया था।' डॉ. कनक रेले मुंबई विश्वविद्यालय से मोहिनी अट्टम नृत्य शैली पर शोधकार्य कर चुकी हैं। इन्होंने कई वर्षों तक इस विश्वविद्यालय को ललित कला संकाय के अध्यक्ष के रूप में अपनी सेवाएं दीं। कनकजी ने मुंबई विश्वविद्यालय से वकालत की डिग्री प्राप्त करने के बाद मैनचेस्टर विश्वविद्यालय से अंतर्राष्ट्रीय कानून में पोस्ट ग्रेजुएट (रिसर्च) की डिग्री भी प्राप्त की।

श्रीमती कनक के पति यतीन रेले व्यवसाय से बैंकर हैं। कनक के माता-पिता गुजराती हैं। बचपन से ही उनके संस्कार में स्वदेशी जीवन ढंग और सांस्कृतिक रहन-सहन पैदा किया जाता रहा। छह साल की उम्र से सही कथकली के गुरु से नृत्य सीखती, मंच पर नृत्य कार्यक्रम पेश करती रहीं। आज भी वे सार्वजनिक हितों के लिए आयोजित किए जाने वाले कार्यक्रमों में नृत्य प्रस्तुत करने से इनकार नहीं करतीं।

वे बताती हैं— 'मेरे पति मेरे कार्यक्रमों में उपस्थित होते हैं। मंच-सज्जा का निरीक्षण करते हैं, परंतु कार्यक्रम प्रारंभ होते ही चुपचाप दर्शकों की पंक्ति में बैठ जाते हैं।' सार्वजनिक नृत्य की दुरावस्था को सुधारने के उद्देश्य से ही डॉ. कनक ने मुंबई में नालंदा नृत्य अनुसंधान ट्रस्ट की स्थापना की। उनके पति इसके एक ट्रस्टी हैं। विश्वविद्यालय की मान्यता प्राप्त है। मुंबई में नृत्यकला में स्नातक तथा स्नातकोत्तर डिग्रियां प्रदान करने वाला यह इकलौता कॉलेज है, जिसकी वे निदेशिका हैं।

भारत सरकार के साथ-साथ देश की अनेक सांगीतिक एवं सांस्कृतिक संस्थाओं ने कनकजी की अमूल्य सेवाओं को देखते हुए इन्हें सम्मानित व पुरस्कृत भी किया है—यह गौरव की बात है। कुछ सम्मान-पुरस्कार इस प्रकार हैं—नृत्य चूड़ामणि (मद्रास), गुजरात राज्य गौरव पुरस्कार (गुजरात), नृत्य विकास (सुर सिंगार

संसद, मुंबई), नाट्यकला भूषण (मद्रास)। भारत सरकार द्वारा प्रदत्त 'पद्मश्री' का अलंकरण, केन्द्रीय संगीत नाटक अकादमी सम्मान (दिल्ली), आदि।

इनका कथन है— 'हमने अपने सामाजिक जीवन में विदेशी भाषा को प्रमुखता दी है। संस्कृत भाषा, जिस पर हमारी परंपरा, संस्कार और जीवन पद्धति आधारित है, इस कदर उपेक्षित कर दी गई है कि संस्कृत पढ़ने-पढ़ाने वाला व्यक्ति पिछड़ा माना जाता है।

मेरी तकनीक यह है कि नृत्य आरंभ करने के पूर्व में जिन भंगिमाओं को पेश करने वाली होती हूं, उनकी विस्तार से व्याख्या करती हूं। इससे फायदा यह होता है कि कथा-प्रसंगों के चित्रण के समय व्यक्त की जा रही भंगिमाएं दर्शकों को आसानी से ग्राह्य हो जाती हैं और वे निहित भावों के प्रति आत्मीयता महसूस करने लगते हैं।'

कत्थक को समर्पित

प्रेरणा श्रीमाली

कत्थक भारतीय शास्त्रीय नृत्य की एक प्राचीन और लोकप्रिय शैली है। कत्थक पहले दरबारों और राजा-महाराजा तथा नवाबों द्वारा विशेष अवसरों पर आयोजित समारोहों और उत्सवों तक ही सीमित था, किन्तु अब इसका प्रदर्शन सार्वजनिक समारोहों में खुले मंच पर किया जाता है। हमारे देश में सितारा देवी, रौशन, उमा शर्मा, शोभना नारायण आदि नृत्यांगनाओं ने इस नृत्य शैली को इसके वास्तविक रूप में सुरक्षित ही नहीं रखा है, इसको विकसित भी किया है। आज भी अनेक नवोदित नृत्यांगनाएं इस नृत्य शैली के प्रदर्शन और विकास में संलग्न हैं। नई प्रतिभाओं में जिन नृत्यांगनाओं ने अपने प्रदर्शनों से देश-विदेश में ख्याति अर्जित की है और कत्थक के प्रति दूसरे देश के लोगों को आकृष्ट किया है, उनमें इस नृत्य शैली के प्रति रुचि जगाई है, उनमें प्रेरणा श्रीमाली का नाम विशेष रूप से उल्लेखनीय है। हाल ही में मगध महिला कॉलेज, पटना के प्रांगण में स्पीक मैके द्वारा आयोजित "विरासत" कार्यक्रम में प्रेरणा श्रीमाली का नृत्य देखकर दर्शक मुग्ध हो उठे।

जयपुर घराने की विख्यात नृत्यांगना प्रेरणा श्रीमाली बचपन से ही नृत्य सीखने लगी थीं। जब वे पांच वर्ष की थीं, तभी इनके गुरु श्रीकुंदन लाल गंगानी इनके घर आया-जाया करते थे। प्रेरणा जी के दादा प्रसिद्ध वैद्य और ज्योतिषी थे। गंगानी जी उनसे जन्मपत्री वगैरह दिखाने आया करते थे। उनकी नजर से बालिका प्रेरणा की प्रतिभा छिपी न रह सकी। उन्होंने अनुभव किया, इस बालिका में एक कुशल नृत्यांगना छिपी है। उन्होंने प्रेरणा की माता से उसे नृत्य सिखाने के लिए कहा। मां मान गईं, और बस गुरुजी ने प्रेरणा की बांह में गंडा बांध दिया और नृत्य सिखाने लगे। धीरे-धीरे प्रेरणा ने कत्थक की सारी बारीकियों और विशेषताओं को आत्मसात् कर लिया और एक कुशल नृत्यांगना के रूप में उनकी ख्याति बढ़ने लगी।

1967 ई. में राजस्थान संगीत नाटक अकादमी द्वारा आयोजित नृत्य प्रतियोगिता में प्रेरणाजी प्रथम आईं। सुर शृंगार, मुंबई ने 1981 में इन्हें शृंगारमणि से विभूषित किया। 1982 में लंदन में आयोजित भारत महोत्सव में वहां के दर्शकों ने भी इनके नृत्य को सराहा। भारत के सभी बड़े नगरों के अलावा फ्रांस, कनाडा, अमेरिका, लंदन आदि देशों में भी अपने नृत्य से उन्होंने दर्शकों को मंत्रमुग्ध किया और ख्याति

अर्जित की। अनेक बार इन्हें राष्ट्रपति भवन में विदेशों के राष्ट्राध्यक्षों के समक्ष भी नृत्य प्रस्तुत करने का अवसर प्राप्त हुआ। इन्हें बी.बी.सी. की एक टेली फिल्म 'फॉरपेवेलियन' में भी नृत्य प्रस्तुत करने का ऑफर दिया गया था।

कत्थक के तीन प्रमुख घराने हैं। इस घराने की विशेषताओं के विषय में उनका कहना है कि पैरों का काम, चक्कर और बहुत ही उलझे हुए बोलों पर नृत्य करना इस घराने की विशेषताएं हैं। कुछ लोगों का यह आरोप गलत है कि इस घराने में भावों को भी महत्त्व दिया जाता है। मेरे गुरु श्री कुंदनलाल गंगानी शास्त्रीयता के साथ भावों के प्रदर्शन पर भी पूरा ध्यान देते थे। शास्त्रीयता और भावों के प्रदर्शन के समन्वय से ही नृत्य में संपूर्णता आती है।

प्रेरणा जी की नृत्य प्रस्तुति की कुछ अपनी विशेषताएं हैं। उनके नृत्य में पारंपरिक नृत्य का सुंदर संगम, नृत्य की विशेषता है। उन्होंने कालिदास, मीरा, खुसरो और गालिब के अलावा आधुनिक फ्रेंच कविता, फ्रांस में रह रहे विख्यात चित्रकार सैयद हैदर रजा और प्रसिद्ध कवि-आलोचक अशोक वाजपेयी की रचनाओं पर आधारित नृत्य-रचना 'रीचिंग फॉर ईच अदर' जैसे नए प्रयोग किए हैं। उनका मानना है कि कला को जीवित रखने के लिए नित नए प्रयोग होते रहना जरूरी है।

इन दिनों युवा वर्ग का झुकाव पॉप म्यूजिक की ओर बढ़ता जा रहा है। इस संबंध में प्रेरणा जी का मानना है कि यह ठीक है कि युवा पीढ़ी का झुकाव पॉप म्यूजिक की ओर बढ़ा है, फिर भी युवाओं में शास्त्रीय संगीत के प्रति रुझान है। संगीत-समारोहों में शास्त्रीय संगीत सुनने के लिए भी बड़ी संख्या में युवा आते हैं। युवाओं में अपनी संस्कृति अपने संगीत के प्रति रुचि जगानी होगी। इसके लिए हमारे युवा दोषी नहीं हैं, बल्कि दोषी हम हैं, जो उन्हें अपनी संस्कृति की पूरी पहचान नहीं दे पा रहे हैं। युवा पीढ़ी पाश्चात्य संगीत को भी सुने, लेकिन अपने संगीत की उपेक्षा न करे।

फिल्मों के माध्यम से लोकप्रियता जल्दी मिल जाती है। लोगों की इस धारणा के संबंध में प्रेरणा जी कहती हैं कि यह सही है कि फिल्मों के माध्यम से लोकप्रियता जल्दी मिल जाती है, परंतु प्रसिद्धि प्राप्त करना एक अलग बात है। प्रसिद्ध वही होता है, जो सचमुच कलाकार होता है। प्रसिद्ध होने के लिए बड़ी मेहनत, बड़ी तपस्या करनी पड़ती है।

नृत्य, वाद्य या गायन के क्षेत्र में प्रवेश करने वाले शिक्षार्थियों के विषय में प्रेरणा जी कहती हैं कि आज लोग चाहते हैं कि जल्दी से जल्दी सब कुछ सीख लें। लोगों में प्रतिभा तो है, पर वे उनका उपयोग करना नहीं जानते। नवोदित नर्तकों, नृत्यांगनाओं और नृत्य सीखने के इच्छुक कलाकारों को प्रेरणा जी के जीवन और विचारों से प्रेरणा लेनी चाहिए।

कत्थक की एक और सारिका

रानी खानम

नृत्य की अनेक शैलियों में कत्थक एक प्रमुख नृत्य शैली है। सितारा देवी, शोभना नारायण, रोशन आदि नृत्यांगनाओं ने अपने कलात्मक प्रदर्शन से देश में ही नहीं, विदेशों में भी प्रतिष्ठा दिलाई है। इन विख्यात नृत्यांगनाओं के साथ-साथ कत्थक में एक और स्थापित नाम है—रानी खानम। शोभना नारायण की तरह रानी खानम भी बिहार की प्रतिष्ठित एवं बहुप्रशंसित कत्थक नृत्यांगना हैं।

रानी खानम का जन्म बिहार में हुआ। कॉलेज की शिक्षा के लिए वे दिल्ली आईं। नृत्य के अभ्यास में अधिक समय दे सकें, इसलिए उन्होंने कॉलेज में दाखिला न लेकर पत्राचार कोर्स से बी.ए. किया।

रानी खानम ने आठ-नौ वर्ष की उम्र में ही नृत्य का अभ्यास शुरू कर दिया था। प्रेरणा श्रीमाली, रोशन कुमारी, रोहिणी भाटे, सितारा देवी, रेवा विद्यार्थी और बिरजू महाराज जैसे सिद्ध कलाकारों से नृत्य की शिक्षा ली। उन्होंने फत्तन खां जैसे उस्ताद से भी प्रशिक्षण लिया। रेवा विद्यार्थी उनकी प्रथम नृत्य-गुरु हैं। उन्हें गाने का भी शौक है और वे काफी अच्छा गाती हैं। वे भारतीय कला केन्द्र जैसी प्रतिष्ठित संस्था में नृत्य का प्रशिक्षण भी देती हैं। कुछ वर्षों से वे आमद परफार्मिंग आर्ट ग्रुप नाम से नृत्य प्रशिक्षण की संस्था चला रही हैं। जो उनसे नृत्य सीखने वहां आती हैं, उसके अभिभावक से वह कहती हैं—'नृत्य मेरे लिए एक साधना है। अगर अपनी बच्ची को नृत्य सिखाना है, तो उसे 10 वर्षों तक नृत्य सीखना होगा।'

रानी खानम को एकल नृत्य का पहला अवसर दिल्ली के साहित्य कला परिषद् के युवा महोत्सव में मिला। इसके बाद उन्होंने 'शरद चंद्रिका' में नृत्य किया। संगीत नाटक अकादमी द्वारा भुवनेश्वर, त्रिवेन्द्रम के अलावा कोलकाता, इंदौर और वाराणसी में भी नृत्य के लिए उन्हें आमंत्रित किया गया।

भारत के अनेक शहरों में अपने कुशल नृत्य प्रदर्शन से प्रचुर ख्याति और लोकप्रियता प्राप्त करने के अलावा रानी खानम ने रूस, सिंगापुर, नार्वे, ओमान,

जापान, स्वीडन और लंदन में भी अपने नृत्य प्रदर्शन से अंतर्राष्ट्रीय ख्याति अर्जित की है और कला के क्षेत्र में भारत को प्रतिष्ठा दिलाई हैं।

रानी खानम ने कत्थक-गौरव बिरजू महाराज से 10 वर्षों तक नृत्य की शिक्षा ली और उनके साथ बैले नृत्य भी प्रस्तुत किया है। उन्होंने देवालय शैली को सूफियाना अंदाज में प्रस्तुत करने का प्रयास किया है तथा अमीर खुमरो की रचनाओं पर नृत्य प्रस्तुत किया है। वे कुछ कविताओं पर नृत्य-रचना तैयार करना चाहती हैं। इससे उनकी और कल्पनाशीलता का परिचय मिलता है।

हमारे देश में नृत्य की कई शैलियां प्रचलित हैं, जैसे—भरतनाट्यम, ओडिसी, कुचिपुड़ी आदि, किन्तु रानी खानम ने कत्थक को ही अपने लिए क्यों चुना? इस संदर्भ में वे कहती हैं कि कत्थक के प्रस्तुतिकरण में पूरा नृत्य गरिमा से परिपूर्ण है। लय-ताल के साथ नृत्य में सहज अंग संचालन, हस्तक और अभिनय भाव में प्रचुर आकर्षण है। अन्य नृत्यों की अपेक्षा यह एक खुला नृत्य है।

पुराने और आज के कत्थक के अंतर को स्पष्ट करती हुई रानी खानम कहती हैं—'आज का कत्थक नृत्य अधिक सौंदर्यपूर्ण है। नृत्य संरचना में कई नए प्रयोग किए गए हैं।'

रानी खानम अपने नृत्य के द्वारा कत्थक की गरिमा और उससे जुड़ी संस्कृति को लोगों के बीच ले जाना चाहती हैं। इसके लिए उन्होंने कई योजनाएं तैयार की हैं, जैसे लोगों को कत्थक की गरिमा से परिचित कराने के लिए व्याख्यान और प्रदर्शन का आयोजन।

कत्थक के शीर्षस्थ कलाकार बिरजू महाराज से 10 वर्षों तक नृत्य की शिक्षा ग्रहण करने के परिणामस्वरूप ही रानी खानम लयात्मकता के साथ अनुभूति की अभिव्यक्ति में भी निपुण हो गईं। उनकी यह विशेषता तब परिलक्षित हुई, जब उन्होंने त्रिवेणी चैम्बर में लास्य लहरी प्रस्तुत की। इसमें बिंदादीन महाराज की एक रचना प्रस्तुत करते हुए उन्होंने एक विरहिणी नायिका के भावों को बड़े मार्मिक ढंग से व्यक्त किया। रानी खानम ने मंच पर कुछ नायिकाओं की सफल प्रस्तुति की है। इनमें मुग्धा, अभिसारिका और विप्रलब्धा मुख्य हैं।

रानी खानम का मानना है कि दर्शक सिर्फ नृत्य नहीं देखना चाहता है, वह यह भी जानना चाहता है कि कलाकार ने नृत्य के क्षेत्र में क्या नई खोज की है। नृत्य के द्वारा भावाभिव्यक्ति के संबंध में उन्होंने कुछ खोजपूर्ण कार्य भी किए हैं।

हिन्दी फिल्मों के विषय में खानम की धारणा में बहुत हद तक सच्चाई है। उनके विचार से फिल्मों में बहुत हद तक अश्लीलता आ गई है। ऐसी बहुत सी फिल्में हैं, जिन्हें परिवार के साथ बैठकर हम नहीं देख सकते।

आज भारतीय संगीत, भारतीय संस्कृति से दूर होती जा रही है। इसके कारणों के संबंध में रानी खानम का मानना है कि देश के सांस्कृतिक वातावरण पर पश्चिमी अपसंस्कृति का हमला बढ़ता जा रहा है। इसीलिए आज की युवा पीढ़ी अपनी सांस्कृतिक विरासत में कटती जा रही है। केबल द्वारा बाहर के चैनलों से जुड़े टी.वी. चैनलों के होने वाले प्रसारण से युवा पीढ़ी बुरी तरह प्रभावित हो रही है।

भारतीय और पाश्चात्य संगीत के अंतर को स्पष्ट करते हुए रानी खानम कहती हैं—पाश्चात्य संगीत का प्रचार-प्रसार हमारे देश और समाज के लिए घातक है। अगर इसी तरह पॉप संगीत का प्रचार-प्रसार होता रहा, तो हम अपनी सांस्कृतिक विरासत को खो देंगे। राष्ट्र निर्माण व्यक्तियों के समूह से नहीं, संस्कृति से होता है। पॉप संगीत से क्षणिक मनोरंजन होता है, जबकि भारतीय शास्त्रीय संगीत शाश्वत आनंद प्रदान करता है। पॉप संगीत में लिप्त युवक-युवतियां नशीले पदार्थों का सेवन करने लगे हैं। ऐसे युवक-युवतियां देश के लिए समस्या हैं। टी.वी. का विश्वव्यापी नेटवर्क व चकाचौंध भरी पश्चिमी जीवन शैली, अनैतिक जीवन मूल्यों और इस देश की युवापीढ़ी को दिग्भ्रमित कर रहा है। इसके दुष्परिणाम स्वरूप लोगों की अतृप्त विलासी प्रवृत्तियों को बढ़ावा मिल रहा है और विकृत उपभोक्तावादी संस्कृति हमारी संस्कृति को प्रभावित कर रही है।

भारतीय संगीत को भारतीय संस्कृति से बढ़ रही दूरी को कम करने के लिए जरूरी है कि भारतीय शास्त्रीय संगीत समारोह निरंतर जगह-जगह आयोजित किए जाएं। इस कार्य के लिए स्वयंसेवी संस्थाओं को आगे आना चाहिए।

रानी खानम भविष्य में कत्थक प्रशिक्षण की एक संस्था कायम करना चाहती हैं। उनका कहना है कि यदि बिहार सरकार और जनता सहयोग दे, तो मैं बिहार में ही एक आदर्श कत्थक प्रशिक्षण केन्द्र की स्थापना को मूर्त्त रूप देना चाहूंगी।

कत्थक-कुचिपुड़ी नृत्य को समर्पित नृत्यांगना

नलिनी मिश्र

भारत की अनेक ख्यातिलब्ध नृत्यांगनाओं में, जिन्होंने देश-विदेश में भारतीय शास्त्रीय नृत्य की प्रतिष्ठा बढ़ाई है, उनमें नलिनी मिश्रा का नाम भी उल्लेखनीय है। उन्होंने केवल भारत में ही नहीं विश्व के अनेक देशों में नृत्य का प्रदर्शन किया है तथा वहां के जिज्ञासुओं को नृत्य का प्रशिक्षण भी दिया है। नृत्यांगना और नृत्य गुरु के रूप में इन्होंने अंतर्राष्ट्रीय ख्याति अर्जित की है।

नलिनी जी को बाल्यकाल से ही शास्त्रीय गायन और नृत्य में विशेष रूप से गहरी रुचि रही है। इनके पिता पुलिस अधिकारी थे, किन्तु उन्होंने इनको संगीत के क्षेत्र में आगे बढ़ने से कभी नहीं रोका, बल्कि माता-पिता ने इन्हें संगीत-साधना में लगे रहने के लिए प्रेरित ही किया। इनके पति भी कलाकार हैं, दोनों का विषय संगीत ही है, किन्तु विधाएं भिन्न हैं। वे भी इन्हें संगीत-साधना में संलग्न रहने के लिए प्रेरित-प्रोत्साहित करते रहते हैं।

नलिनी जी दरभंगा क्षेत्र के ग्राम पंचोम की रहने वाली हैं। वहीं स्व. पं० दिनकेश्वर झा से उन्होंने शास्त्रीय गायन की शिक्षा ली। इन्होंने बिहार विश्वविद्यालय से स्नातक की परीक्षा संगीत ऑनर्स के साथ प्रथम श्रेणी में प्रथम स्थान प्राप्त किया। काशी हिन्दू विश्वविद्यालय से संगीत में एम.ए. किया और डॉक्टर ऑफ म्यूजिक की उपाधि प्राप्त की। अध्ययन की इस अवधि में इन्होंने पं० बलवंत राय भट्ट, स्व. माधववामन ठकार एवं डॉ. एम.आर. गौतम से संगीत की शिक्षा ली। तत्पश्चात् वाराणसी में ही इन्होंने प्रसिद्ध गायक पं० राजन मिश्र का शिष्यत्व ग्रहण किया और उनसे शास्त्रीय गायन की शिक्षा लेने लगीं।

नलिनी जी ने काशी हिन्दू विश्वविद्यालय के दिनों में मद्रास की श्रीमती जया चंद्रशेखर से दक्षिणी शैली के भारतीय नृत्य भरतनाट्यम की शिक्षा ली और तीन वर्षों का डिप्लोमा प्राप्त किया, किन्तु वे मूलतः उत्तर भारत की नृत्य शैली कत्थक की ही नृत्यांगना हैं। कालांतर में इन्होंने कुचिपुड़ी नृत्य शैली का भी अभ्यास किया। जॉर्ज टाउन गायना में इस नृत्य की प्रस्तुति हुई। बहुत सराहना मिली।

प्रसिद्ध कत्थक नृत्यांगना रोशन कुमार का नृत्य देखकर नलिनी जी के मन में कत्थक के प्रति आकर्षण उत्पन्न हुआ और इन्होंने कत्थक सीखने का निश्चय किया। सर्वप्रथम वाराणसी के श्रीमोहन कृष्ण जी से नृत्य की शिक्षा ली। नलिनी जी ने विख्यात नृत्यांगना सितारा देवी और पं० नंदकिशोर मिश्र के निर्देशन में नृत्य का अभ्यास किया। इसके अलावा लखनऊ घराने की नृत्यांगना श्रीमती लाखिया जी के सान्निध्य में भी नृत्य सीखती रहीं। नलिनी जी ने बनारस घराना और लखनऊ घराने—दोनों घराने की नृत्य शैली की कुशलता हासिल की है। दोनों शैलियों की विशिष्टताओं की झलक इनके नृत्य में दिखाई पड़ती है। यही इनके नृत्य की विशिष्टता है। इनकी यह अपनी शैली है।

लंबा कद, छरहरा बदन, हंसमुख चेहरा, गौर वर्ण की नलिनी मिश्र का शील स्वभावजनित कला-सौंदर्य बरबस अपनी ओर ध्यान आकृष्ट कर लेता है। कुछ वर्ष पहले पटना एवं दरभंगा में इनके गायन-नृत्य के मंचीय कार्यक्रम आयोजित हुए थे, उनमें इनकी उपस्थिति रेखांकित हुई। साथ में इनके पति तबला वादक पं० पूरण महाराज भी थे।

1990 ई. से 1994 ई. तक नलिनी जी ने इंडियन कल्चर जार्ज टाउन, गायना में संगीत शिक्षिका के रूप में संगीत की शिक्षा देती रहीं। वहां इनके सम्मान में 'डांसेज ऑफ इंडिया' नाम से एक नृत्य संध्या का भी आयोजन किया गया था, जिसमें इन्होंने कत्थक के साथ-साथ भरतनाट्यम और कुचिपुड़ी का भी प्रदर्शन किया।

इसके अतिरिक्त सूरीनाम, ट्रिनिडाड (वेस्टइंडीज), कुरासाओ, बेनेजुएला, संयुक्त राज्य अमेरिका, कनाडा और गायना में आकाशवाणी द्वारा इनकी भेंटवार्ता प्रसारित की गई और दूरदर्शन पर इनका नृत्य एवं गायन प्रस्तुत किया गया। संयुक्त राज्य अमेरिका "टेनेसी" स्टेट के अंतर्गत मोम्फिस शहर में इनके मैथिली संस्कार गीत भी आकाशवाणी द्वारा प्रसारित किए गए। ये ट्रिनिडाड, जार्ज टाउन एवं लंदन में संगीत की कार्यशाला का भी संचालन कर चुकी हैं। इनके सर्वाधिक प्रिय गायक है पं० जसराज, पं० राजन मिश्र और श्रीमती किशोरी अमोनकर।

छात्र जीवन से ही नृत्य तथा गायन के उत्कृष्ट प्रदर्शन के लिए इन्हें पुरस्कृत एवं बिहार विश्वविद्यालय द्वारा सर्वश्रेष्ठ छात्रा तथा सर्वश्रेष्ठ कलानेत्री की उपाधि प्रदान की गई थी। दो बार गायन एवं नृत्य प्रतियोगिता में स्वर्णपदक प्रदान किया गया। इसी प्रकार प्रयाग संगीत समिति इलाहाबाद द्वारा अखिल भारतीय स्तर पर आयोजित कत्थक नृत्य, प्रतियोगिता में प्रथम स्थान प्राप्त करने पर स्वर्णपदक मिला। वहीं से इन्हें 'संगीत प्रवीण' की उपाधि प्रदान की गई। भातखंडे संगीत

महाविद्यालय, लखनऊ द्वारा नृत्य विशारद की उपाधि से इनको सम्मानित किया गया।

इन दिनों पति–पत्नी दोनों विदेश में रहकर छात्र–छात्राओं को संगीत दान दे रहे हैं। इनके पति पं० पूरण महाराज तबला के उत्कृष्ट वादक हैं। वैसे दोनों ही अहमदाबाद के फिरदौस अमृत सेंटर में विजिटिंग टीचर के रूप में कार्यरत हैं।

नलिनी जी के अनुसार, संगीत की परिभाषा 'गीतं, वाद्यं तथा नृत्य त्रय संगीतमुच्यते' अर्थात् संगीत में गीत, वाद्य और नृत्य, तीनों का समावेश है। वे मानती हैं कि नृत्यकार को संगीत के इन तीनों अंगों का पूर्ण ज्ञान होना चाहिए, क्योंकि लय तीनों विधाओं का अभिन्न अंग है। ताल और विभिन्न राग–रागिनियों का भी पूर्ण ज्ञान अपेक्षित है। ताल में गीत की बंदिश, बोल, नृत्य के टुकड़े, तोड़े तथा वाद्य यंत्रों की गतें, किसी न किसी राग पर आधारित होते हैं।

नलिनी जी संगीत साधना को भगवान की पूजा–अर्चना की एक विधि मानती हैं। उनके विचार से सच्ची पूजा वही है, जिसमें ध्यान और समर्पण हो। इसी प्रकार संगीत में सिद्धि प्राप्ति के लिए भी एकाग्रता और लगन की आवश्यकता है। जब संगीत साधक संगीत साधना में गहराई तक उतरता है, तो उसके मन–मस्तिष्क में संगीत के सिवा और कुछ नहीं होगा। शांत एवं निर्मल चित्त से जब साधना की जाती है, तभी सफलता और सिद्धि प्राप्त होती है।

भारतीय शास्त्रीय संगीत के प्रति लोगों में रुचि जाग्रत करने के लिए नलिनी जी का कहना है कि इसके लिए कुछ ठोस प्रयास की आवश्यकता है। ऐसी संस्थाएं स्थापित की जाएं और ऐसे मंच तैयार किए जाएं, जहां उभरते कलाकारों को अपनी पहचान बनाने का अवसर मिले। कुछ स्पर्धाओं और प्रतियोगिताओं का ही आयोजन किया जाए, जिनमें सफल संगीत के प्रशिक्षार्थियों को पुरस्कृत कर प्रोत्साहित किया जाए।

जिस प्रकार कलाकारों का कर्तव्य बनता है कि वे शास्त्रीय संगीत के मौलिक स्वरूप को सुरक्षित रखते हुए उसे आम जनता के बीच सुरुचिपूर्ण ढंग से प्रस्तुत करें, उसी प्रकार दर्शकों, श्रोताओं और संगीतप्रेमी जनता का भी यह कर्तव्य बनता है कि शास्त्रीय संगीत को आदर, प्यार और सम्मानजनक भावना से स्वीकार करें।

गायक

पं० विष्णु दिगम्बर पलुस्कर ❖ बड़े गुलाम अली खां ❖ पं० विनायकराव पटवर्धन ❖ पं० ओंकारनाथ ठाकुर ❖ उस्ताद अमीर खां ❖ गंगूबाई हंगल ❖ उस्ताद फैयाज खां ❖ कुमार गंधर्व ❖ पं० भीमसेन जोशी ❖ पं० श्यागदारा मिश्र ❖ पं० जसराज ❖ बेगम अख्तर ❖ पद्मश्री पं० सियाराम तिवारी ❖ उस्ताद चांद खां ❖ श्रीमती गिरिजा ❖ उस्ताद नसीर अहमद खां ❖ पं० चंद्रप्रकाश मिश्र ❖ पं० राजन–साजन मिश्र ❖ उस्ताद इकबाल अहमद खां ❖ पन्नालाल मिश्र ❖ शुभा मुद्गल ❖ संगीत कुमार नाहर ❖ उमा गर्ग ❖ आचार्य पं० प्रह्लाद मिश्र ❖ हरिनारायण कपूर उर्फ बुलाकी बाबू ❖ जनाब जाकिर हुसैन

संत स्वर साधक

पं० विष्णु दिगम्बर पलुस्कर

संपूर्ण भारत में हिन्दुस्तानी शास्त्रीय संगीत के अग्रणी प्रचारक पं० विष्णु दिगम्बर ने जन-मन में शास्त्रीय संगीत के प्रति रुचि जगायी। उन्हीं के प्रयास से लोग शास्त्रीय संगीत के रसास्वादन के लिए उत्सुक रहने लगे। सारे देश में विभिन्न अवसरों पर अखिल भारतीय संगीत सम्मेलन आयोजित होने लगे। और बड़ी संख्या में श्रोता संगीत की स्वर-लहरियों में भावविभोर होते रहे।

दिगम्बर जी के अनेक शिष्यों में उनके सुपुत्र डी.वी. पलुस्कर (दत्तात्रय विष्णु पलुस्कर), पं० ओंकारनाथ ठाकुर, विनायक राव पटवर्धन तथा नारायण राव व्यास जैसे महान संगीत साधकों ने अपने गायन से देश ही नहीं, संपूर्ण विश्व में भारतीय शास्त्रीय संगीत को प्रतिष्ठा दिलाई और भारत को गौरवान्वित किया।

भारतीय संगीत में घरानों का बड़ा महत्त्व है। अनेक घरानों में ग्वालियर घराना सर्वाधिक प्रतिष्ठित घराना है। इस घराने के प्रसिद्ध गायक वासुदेव राज दीक्षित के शिष्य इचलकरंजीकर से पं० विष्णु दिगम्बर जी ने संगीत की शिक्षा ली।

पंडितजी ने भारतीय शास्त्रीय संगीत के प्रचार-प्रसार तथा सर्व-साधारण के लिए सुगम बनाने हेतु अनेक कार्य किए। उस समय स्वर-लेखन पद्धति जैसी कोई चीज उपलब्ध नहीं थी। पंडितजी ने संगीत के छात्रों की सुविधा और संगीत-शिक्षण को सुगम बनाने के लिए स्वर-लिपि तैयार की, जो आज भी प्रचलित है। संगीत विद्यालयों में संगीत-शिक्षण के लिए पुस्तकों का बड़ा अभाव था। पंडितजी ने संगीत बाल प्रकाश, महिला संगीत, बाल-बोध तथा राग-प्रवेश आदि पुस्तकें प्रकाशित कर इस अभाव को दूर किया।

पंडितजी ने संगीत के प्रचार-प्रसार के लिए लाहौर और मुंबई में गान्धर्व महाविद्यालय की स्थापना की, जिनकी शाखाएं आज भी अनेकों स्थानों पर कार्यरत हैं। इन महाविद्यालयों ने भारतीय शास्त्रीय संगीत के प्रचार और शिक्षण के लिए उल्लेखनीय व अविस्मरणीय कार्य किए हैं।

पंडितजी के हृदय में दीन-दुखियों और जरूरतमंदों के लिए अपार सहानुभूति और करुणा थी। वे जो कुछ अर्थोपार्जन करते थे, संगीत विद्यालय के छात्रों में बांट देते थे। उनसे शुल्क तो लेते ही नहीं थे, उनके लिए आवास और भोजन की भी नि:शुल्क व्यवस्था कर देते थे।

पंडितजी का व्यक्तित्व भव्य और प्रभावशाली था। उनके व्यक्तित्व से सरलता, शालीनता के साथ सात्विकता और गंभीरता का आलोक विकीर्ण होता रहता था। अहमदाबाद में कांग्रेस अधिवेशन के समय बापू को विशाल जन समुदाय ने घेर लिया था। उनके लिए उस जन समुदाय से बाहर निकलना अत्यंत कठिन हो रहा था। तभी पंडितजी आ गए और वे **'रघुपति राघव राजाराम'** का कीर्तन करने लगे। उनके कीर्तन से आकर्षित होकर भीड़ उनकी ओर मुखातिब हो गई और बापू बाहर निकल आए।

बापू के साथ पंडितजी के घनिष्ठ संबंध थे। बापू के आग्रह पर पंडितजी के आदेशानुसार श्रीनारायण मोरेश्वर बापू के साथ ही रहते थे। वे डांडी यात्रा में भी शामिल हुए थे। आश्रम के गीतों को वे ही गाया करते थे। कांग्रेस अधिवेशन में राष्ट्रीय संगीत परिषद् का आयोजन करते थे। पंडितजी ने वंदे मातरम् की एक बहुत ही सुंदर धुन तैयार की थी। कांग्रेस के अधिवेशनों में वे "वंदे मातरम्" गाते थे।

पं० विष्णु दिगम्बर पलुस्कर के गायन में कई दुर्लभ विशेषताएं थीं। बहुत से गायक गाते समय हाथ-पैर पटकते हैं, तरह-तरह की मुद्राएं बनाते हैं और शब्दों को तोड़-मरोड़कर प्रस्तुत करते हैं। पंडितजी को यह सब बिल्कुल पसंद नहीं था। वे इसे अत्यंत हास्यास्पद समझते थे। तबला वादक के साथ भिड़ंत उन्हें एकदम नापसंद था। पंडितजी संयत मुद्राओं, वाणी की शुद्धता और संगत करने वालों के साथ समरसता पर बल देते थे।

अश्लील और सस्ते, चलते-फिरते शृंगारिक पद वे नहीं गाते थे। सूर, तुलसी, मीरा आदि भक्त कवियों के पद गाकर वे श्रोताओं को भक्ति रस में विभोर कर देते थे। अंतिम दिनों में उन्होंने पंचवटी में "रामनाम आधार" नामक एक आश्रम की स्थापना की। जिस मंदिर में वे कीर्तन करते थे, उसे आज भी देखा जा सकता है।

पं० विष्णु दिगंबर पलुस्कर का जन्म 19 अगस्त, 1872 ई. को कुरुन्दवाड़ रियासत में एक साधारण निर्धन ब्राह्मण परिवार में हुआ था। 21 अगस्त 1931 ई. को मिरज में उनका स्वर्गवास हो गया। हिन्दुस्तानी शास्त्रीय संगीत को पुनर्जाग्रत कर जन-जन में लोकप्रिय बनाने वाले महान गायक के रूप में वे हमेशा याद किए जाएंगे।

सुरीली आवाज के साधक

बड़े गुलाम अली खां

उस्ताद अब्दुल करीम खां, उस्ताद फैयाज खां, पंडित ओंकारनाथ ठाकुर की पीढ़ी में एक और नाम जुड़ गया—बड़े गुलाम अली खां। अपनी सुरीली मीठी आवाज से खां साहब ने ख्याल गायकी को अत्यंत सरल, प्रभावशाली और लोकप्रिय बना दिया। आवाज पर नियंत्रण रखने में तो वे माहिर थे ही। राग के स्वरूप को पूरी शुद्धता के साथ प्रस्तुत करने में भी वे अन्यतम थे। राग के भाव के अनुसार वे रस का ऐसा संचार करते थे कि श्रोता रसविभोर हो जाते थे।

बड़ी-बड़ी मूंछें, भारी भरकम शरीर पर ढीला-ढाला कुरता, सफेद सलवार और सिर पर गोल काली टोपी। इस रूप में उन्हें देखकर कोई आसानी से कह देता—'खां साहब पठान हैं। उनका गायन सुनकर ऐसा प्रतीत होता था, मानो किसी पर्वत से मधुर रस का निर्झर झर रहा हो।'

सचमुच, बड़े गुलाम अली पठान थे। शास्त्रीय गायकों का प्राय: कोई घराना होता है। खां साहब का भी एक घराना था—वसूल का घराना। खां साहब का जन्म 2 अप्रैल, 1902 ई. को लाहौर में हुआ। परदादा इरशाद अली खां, दादा ईद मुहम्मद खां, पिता अली बख्श खां और चाचा काले खां—सभी संगीत साधक थे। बड़े गुलाम अली ने अपने पिता अली बख्श खां और चाचा काले खां से लंबी अवधि तक संगीत की शिक्षा ली। खां साहब कहते थे कि चाचा काले खां ने मुझे कुछ सिखाया है, तो आवाज का लगाव। यह एक खास चीज है। रियाज को वे पूजा और पांचों वक्त की नमाज मानते थे। यह तो सरस्वती माता की देन है।

खां साहब के पिता ने दूसरी शादी कर ली थी। दूसरी यानी सौतेली मां के व्यवहार से वे दुखी रहते थे। एक दिन उनकी अपनी यानी सगी मां ने उनसे कहा—'गुलाम अली, तुम सारंगी बजाना सीख लो। उससे जो कमाई होगी, उससे मेरा-तुम्हारा और तुम्हारे छोटे भाई का काम चल जाएगा।'

मां के परामर्श के अनुसार खां साहब सारंगी सीखने लगे। कालक्रम से वे कुशल सारंगी वादक बन गए। सारंगी बजाते समय भी वे गाने का रियाज नियमित रूप से किया करते थे।

1925 ई. में अपने पिता के साथ मंच पर अपना गायन प्रस्तुत किया। इसके बाद 1939 ई. में कोलकाता में आयोजित अखिल भारतीय संगीत-सम्मेलन और फिर 1943 ई. में गया में आयोजित दो संगीत सम्मेलनों में अपना गायन प्रस्तुत किया। मुंबई में महात्मा गांधी ने भी उनका गायन सुना। इसके बाद सारे भारत में उनके गायन की धाक जम गई।

पटना में कला मंच के मंच पर उनका गायन भी स्मरणीय है। उस अवसर पर उनके सुपुत्र मुनब्बर खां तानपूरा पर उनका साथ दे रहे थे। जब उन्होंने अपने स्वर मंडल पर उंगली रखी, तो माहौल में निस्तब्धता छा गई। और, फिर, उनकी मधुर स्वर लहरी में गूंजने लगे—'का करूं, सजनी आए न बालम।' श्रोताओं की ओर से बार-बार की फरमाइश पर वे एक के बाद एक गाते रहे-''तिरछी नजरिया के बान, पलक तीर मारो न सैंया, बाजूबंध खुल-खुल जाए'' आदि, श्रोता अनवरत मंत्रमुग्ध होकर सुनते रहे।

बड़े गुलाम अली अद्भुत प्रतिभा संपन्न गायक थे। एक बार उन्होंने दक्षिण भारत में अपने दौरे के क्रम में कर्नाटक शैली में अपना गायन प्रस्तुत किया। उन्होंने कर्नाटक राग हंसध्वनि बड़ी सुगमता और सहजता से गाया, जिसे सुनकर श्रोताओं ने कहा कि कर्नाटक संगीत उसी प्रकार गाया जाना चाहिए जैसे बड़े गुलाम अली गाते हैं।

उस्ताद बड़े गुलाम अली के गायन में कई दुर्लभ विशेषताएं थीं। वे तेज से तेज तानों में भी श्रुति बनाए रखते थे। रागों का विस्तार और बोल की स्पष्टता उनके गायन की खासियत थी। सरगम के बाद प्रत्येक स्वर में कण लगाते थे। सा के साथ रे का कण तथा ग के साथ माध्यम का कण। स्वर में कण लगाते हुए वे सप्तक के षडज और अवरोह में मध्य सप्तक के षडज तक आ जाते थे। इसके बाद वे उलटे थे-बराबर वाले स्वर का कान लगाकर तीसरे स्वर का कण लगाते थे।

खां साहब का मानना था कि कण और स्वरों के धक्के से मोड़-तोड़ और लचक पैदा होती है। जोरदार तान के लिए उन्हें पांच-छ: आलापों के बराबर सांस की जरूरत पड़ती है। जिन गायकों ने ख्याल गायकी को सरल और हृदयस्पर्शी बनाया, उनमें खां साहब अन्यतम हैं। स्वर पर नियंत्रण और राग के भाव तथा रस से श्रोताओं को भावविभोर करने में उनकी क्षमता ही उनकी लोकप्रियता का मूल कारण है। दरबारी कान्हरा, वागेश्वरी, मालकौंस, भैरवी, केदार, यमन और विहाग जैसे राग, खां साहब को सर्वाधिक प्रिय थे।

खां साहब का गायन सुनते ही महान सुरसाधक अब्दुल करीम खां की बरबस याद आ जाती है। करीम खां के बाद हिन्दुस्तानी शास्त्रीय संगीत के महान गायक उस्ताद बड़े गुलाम अली खां जीवन के अंतिम चरण में लकवाग्रस्त हो गए और 66 वर्ष की उम्र में 23 अप्रैल, 1960 ई. को उनका स्वर हमेशा के लिए मौन हो गया।

पं० विष्णु दिगंबर के योग्य शिष्य

पं० विनायकराव पटवर्धन

भारत ही नहीं, संपूर्ण विश्व में हिन्दुस्तानी शास्त्रीय संगीत के अनन्य प्रचारक पं० विष्णु दिगंबर के सर्वथा योग्य शिष्यों में विष्णुजी के सुपुत्र डी.वी. पलुस्कर (दत्तात्रय विष्णु पलुस्कर), नारायण राव व्यास तथा पं० ओंकारनाथ ठाकुर के साथ पं० विनायक राव का नाम भी विशेष रूप से उल्लेखनीय है।

ग्वालियर घराना हिन्दुस्तानी शास्त्रीय संगीत का एक महत्त्वपूर्ण घराना है। इस घराने के अनेक महान गायकों ने भारतीय संगीत को गरिमा प्रदान की है। इस घराने के गायकों में विनायक राव पटवर्धन का नाम भी अविस्मरणीय है।

पं० विनायक राव पटवर्धन का जन्म 10 जुलाई, 1898 ई. को मिरज के एक महाराष्ट्रियन परिवार में हुआ। सर्वप्रथम उन्होंने अपने चाचा स्व. केशवराव पटवर्धन से संगीत की शिक्षा ली। इसके बाद वे मिरज से लाहौर चले आए और पं० विष्णु दिगंबर से संगीत की विधिवत् शिक्षा लेने लगे। पटवर्धनजी योग्य गुरु के योग्य शिष्य थे। अत: उन्होंने गुरु की इच्छा और रुचि के अनुसार शृंगार रस के भद्दे और अश्लील शब्दों को हटाकर गायन में भक्ति-पदों का समावेश किया। पं० विष्णु दिगंबर जी ने कई जगह गंधर्व पदों का समावेश किया और कई गंधर्व महाविद्यालयों की स्थापना की। पटवर्धन जी ने अपने गुरु के पदचिह्नों पर चलते हुए 1932 ई. में पुणे में गंधर्व महाविद्यालय की एक शाखा स्थापित की।

पटवर्धन जी की सहज-सुरीली मीठी आवाज और अनूठी गायन शैली से प्रभावित होकर बाल गंधर्व ने इन्हें अपनी गंधर्व नाटक मंडली में सम्मिलित कर लिया। 1922 ई. से 1932 ई. तक पटवर्धन जी के नाटक मंडली मंच पर मान-अपमान, विधि लिखन, सुभद्रा हरण नाटकों में उनकी भूमिकाओं की दर्शकों ने जी खोलकर प्रशंसा की।

पटवर्धन जी ने मराठी चलचित्र "माजी लायक" में संगीत दिया। हिन्दी चलचित्र "माधुरी" में अभिनय किया और विश्वविख्यात नर्तक उदयशंकर की फिल्म कल्पना में पार्श्व-गायन दिया। उनके गायन के रिकार्ड में जयजयवंती का रिकार्ड ही लोकप्रिय हुआ।

पंडित विनायक राव के गायन की अन्य उल्लेखनीय विशेषताओं में एक है— बोल तान की स्पष्टता। आकर्षक आलाप और सुरीली आवाज से समृद्ध पटवर्धन जी के गायन से श्रोता मुग्ध हो जाते थे। वे विलंबित बड़े शांत, स्थिर और चेनदारी से शुरू करते और स्थायी अंतरा के बाद बोल तान और तब तानों की बारी आती थी। तार सप्तक में भी सुरीली और स्पष्ट तान लेने में उन्हें महारत हासिल थी। वह भैरवी और भजन से अपने गायन का समापन करते थे। मीराबाई का पद "जोगी मत जा" उन्हें बहुत प्रिय था। पं० ओंकारनाथ ठाकुर भी अकसर अपने गायन के अंत में यह भजन गाते थे।

पं० विनायक राव पटवर्धन तरानों के लिए प्रसिद्ध थे। उनके तराने आड़ी लय से भरपूर और बंदिश के साथ होते थे। द्रुत लय में तराने में द्रि-द्रि की जैसे पंक्ति तैयार हो जाती थी। कभी सितार, कभी वीणा की ध्वनि का आभास होने लगता था।

23 अगस्त, 1975 ई. में पं० विनायक राव पटवर्धन का निधन हुआ और इसके साथ ही हिन्दुस्तानी शास्त्रीय संगीत का एक प्रखर स्वर सदा के लिए अंतरिक्ष में विलीन हो गया।

पं० ओंकारनाथ ठाकुर

पं० ओंकारनाथ ठाकुर की गायकी ग्वालियर घराने की विशेषता है। इसके अतिरिक्त ठुमरी के ढंग पर भजन गाने की नई शैली को आपने जन्म दिया। "जोगी मत जा, मैया मैं नहीं माखन खायो, रे दिन कैसे कटिहैं" आदि भजन आज भी उतने ही लोकप्रिय हैं। अपने गुरु पं० विष्णु दिगंबर पलुस्कर के प्रति उनकी अमित आस्था थी और उनमें था अपनी योग्यता पर अटूट विश्वास।

आपका जन्म बड़ौदा रियासत के जहाज ग्राम में 24 जून, 1897 ई. को हुआ। आपके पिता पं० गौरीशंकर ठाकुर श्रीयोग और तंत्र में सिद्ध थे, तो माता झबरेबा धर्मपरायण कृष्ण-कीर्तन और राम भजन में लीन रहने वाली सरलता और पवित्रता की सच्ची तस्वीर थी। घर की दशा दयनीय थी, फिर भी आध्यात्मिक सुवास से घर का कोना-कोना सुगंधित रहता था। बालपन से ही पितृ साया उठ गई। कालांतर में उन्होंने गुरु पं० विष्णु दिगंबर पलुस्कर के आश्रम में पहुंचकर पूरे नौ वर्षों तक गायन और वादन की अति गंभीर साधना की।

ओंकारनाथ ठाकुर जी बड़े-बड़े संगीत-सम्मेलनों में बुलाए जाते थे, बल्कि कोई संगीत-सम्मेलन तब तक सफल नहीं माना जाता था, जब तक उसमें पं० ओंकारनाथ ठाकुर शामिल न होते। इनकी विशेषता यह है कि संगीत के द्वारा ही आजीविका चलने पर भी इन्होंने कभी कला के महत्त्व को घटने नहीं दिया और इसीलिए उन्हें बुलाने वाले कभी उनके पारिश्रमिक को घटाने की हिम्मत नहीं कर सके थे। वे बनारस हिन्दू विश्वविद्यालय में संगीत विभाग के प्रधान भी रहे।

ईसाइयों के धर्मगुरु पोप ने उन्हें रोम आने का निमंत्रण दिया था और उन्होंने वहां जाकर उन्हें अपना संगीत सुनाया था। इसी प्रकार अफगानिस्तान के अमीर ने भी उन्हें बुलाकर संगीत सुना और प्रसन्न होकर उन्हें बहुत-कुछ, पुरस्कार आदि दिए। यह उनके संगीत-प्रेम का ही प्रमाण है कि उन्होंने उसके प्रचार के लिए विश्वविद्यायल में रहना स्वीकार किया।

वस्तुत: पं० ओंकारनाथ जी का व्यक्तित्व बहुआयामी था। गायन के अलावा उन्होंने मृदंगवादन में भी प्रवीणता प्राप्त की। उनकी साधना को देखकर गुरु विष्णु दिगंबर जी ने उनको सन् 1916 ई. में लाहौर का प्रधानाचार्य नियुक्त किया। कहते हैं, उनकी संगीत-साधना बेमिसाल थी। एक ही आसन में नौ घंटे बैठकर रियाज करना, दाहिने हाथ से तानपूरा बजाना और बाएं हाथ से इग्गी बजाने में उनका कमाल था।

सन् 1920 ई. में महात्मा गांधी के अहसयोग आंदोलन में पंडितजी ने बढ़ चढ़कर हिस्सा लिया था। वे प्रभात फेरियों में हिस्सा लेते थे और सार्वजनिक सभाओं में लोगों को उत्साहित करते थे। उन्होंने प्रण ले रखा था—"मैं पराधीन भारत में आकाशवाणी में नहीं गाऊंगा।" उन्होंने भारत को आजादी मिलने तक अपना प्रण नहीं तोड़ा और स्वतंत्र भारत की पहली सुबह उन्हीं के स्वर में वंदेमातरम् का गायन हुआ। राग काफी में वंदेमातरम् को गाकर पूरे भारतवासियों को भक्ति रस से सराबोर कर दिया था।

सन् 1933 ई. में इटली में अखिल विश्व संगीत-सम्मेलन आयोजित हुआ। भारतीय प्रतिनिधि के रूप में पंडितजी का चयन हुआ। उस आयोजन में उन्हें असाधारण सफलता मिली। विदेशी श्रोताओं के बीच भारतीय संगीत की एक अलग पहचान बनी। भिन्न-भिन्न संस्कृति और भाषा-भाषियों के बीच अपना प्रभाव बनाने वाले पंडितजी को प्रथम सांस्कृतिक प्रतिनिधि होने का श्रेय प्राप्त हुआ था।

कहते हैं, मुसोलिनी की अनिद्राजन्य बीमारी को दूर करने के लिए देश-विदेश के नामी चिकित्सक वैद्य लगे थे। पं० जवाहरलाल नेहरू के विशेष अनुरोध पर पं० ओंकारनाथ ठाकुर जी ने इटली जाकर मुसोलिनी को सुला पाने की गहरी और चुनौतीपूर्ण जिम्मेवारी ली। फिर तो सुरों के उस जादूगर ने मुसोलिनी को सुलाकर ऐसा चमत्कार दिखाया कि पूरी दुनिया दंग रह गई। पूरी इटली में खुशियों की दीवाली मनाई गई। सुरों के इस बादशाह को इटली का संपूर्ण वैभव देने की पेशकश हुई थी, किन्तु उन्होंने इसे नहीं स्वीकार किया। त्याग की यह पराकाष्ठा सर्वत्र श्रद्धापूर्वक सुनी गई और उनके व्यक्तित्व की प्रशंसा हुई। ऐसे थे संगीत मर्मज्ञ, पंडित जी।

आपकी संगीत-साधना में कोमल हृदय की ललित सुर लहरी थी, मधुर सौंदर्योपासना थी, आरोह की झंकृति थी, अवरोह की चित्रमयता थी और रस की अजस्र धारा, जो प्रवाह से मुरझाए मन को सींचती आई है। लोक जीवन की जमी हुई उदासी को बहाती आई है। सच तो यह है कि संगीत का समस्त ऐश्वर्य उसके सौंदर्य की व्यापक समृद्धि आपके सुरों से साकार हो पाती थी।

आपने ''प्रणवभारती'' व संगीतांजली '' नामक पुस्तकें हिन्दी में लिखी थीं व इसके अतिरिक्त गुजराती भाषा में 'राग अने रस' पुस्तक लिखकर राग और रस के ऊपर संक्षेप में प्रकाश डाला। 1955 में गणतन्त्र दिवस के शुभ अवसर पर भारत सरकार ने आपको 'पद्मश्री' की उपाधि देकर सम्मानित किया था।

योगी पुत्र, प्रणवभक्त, संगीतमार्तंड, स्वरसम्राट् पं० ओंकारनाथ जी जो वर्षों तक जनमानस पर छाए रहे तथा जिन्होंने हिन्दू संगीत-समाज को गौरवान्वित किया, लंबी पक्षाघात की बीमारी के उपरान्त 28 दिसंबर 1967 की रात्रि को 1 बजकर 30 मिनट पर इस संसार से सदा-सदा के लिए विदा हो गए।

संगीत जगत के "मीर"

उस्ताद अमीर खां

सागर की तरह गंभीर आवाज में मधुर स्वरों के लगाव से रस और माधुर्य का संचार करने वाले उस्ताद अमीर खां किराना घराने के अद्वितीय गायक के रूप में सर्वदा याद किए जाएंगे।

अमीर खां का जन्म 1912 ई. में अकोला में हुआ। उनके पिता उस्ताद शाहमीर खां विख्यात सारंगी वादक थे। उन्होंने अमीर खां को सारंगी वादन ही सिखाया। कुछ समय बाद अमीर खां ने सारंगी छोड़कर गायन को अपना लिया।

बहुत छोटी उम्र में वे कुछ दिनों के लिए इंदौर आ गए थे। उस समय इंदौर में यशस्वी गायक-वादक रहते थे। इनमें अलाबंदेज़फरुद्दीन खां, बिन्दु खां, मुराद खां, रज्जब अरमी खां और विख्यात बीनाकार वहीद खां का नाम विशेष रूप से उल्लेखीय है। इनमें से कुछ संगीतज्ञ अमीर खां के घर पर भी अकसर आ जाते थे। ऐसे महान संगीतज्ञों की संगति पाकर अमीर खां की स्वर साधना दिन-प्रतिदिन निखरती गई।

इंदौर के बाद वे 5-6 वर्षों के लिए मुंबई आ गए। मुंबई से दिल्ली आए। वहां कुछ दिन रहकर अपने एक बंगाली मित्र के साथ कोलकाता चले आए। उनका पहला आकाशवाणी कार्यक्रम कोलकाता केंद्र से ही प्रसारित हुआ। कालांतर में कोलकाता से मुंबई चले आए और वहां स्थायी रूप से रहने लगे।

उस्ताद अमीर खां की गायन शैली की सबसे बड़ी विशेषता यह थी कि गायन के क्रम में तबले के साथ लड़ंत-भिड़ंत उन्हें पसंद नहीं था। उन्हें लयदार सीधा-सादा ठेका ही पसंद था। बिलंबित में झूमरा ताल उन्हें विशेष पसंद थी। मुलतानी, दरबारी, कान्हड़ा, शुद्ध कल्याण, मियां मल्हार, भटियार, मारवा, तोड़ी, सुखराई, अभोगी और ललित उनके सर्वाधिक प्रिय राग थे। उनके आलाप में स्वरों के बढ़त की अपनी विशेषता थी, जिसे मरदंड पद्धति कहा जाता है। उनके आलाप में वहीद खां, मुराद खां और तानों में रज्जब खां का प्रभाव था। उस्ताद अमीर खां की भावाभिव्यक्ति के साधन थे—ख्याल और तराना। तरानों पर उन्होंने शोध भी किया था और कुछ तराने उन्होंने खुद कम्पोज किए थे।

अमीर खां घराने को अधिक महत्त्व नहीं देते थे। उनका मानना था कि गायन में शुद्धता तो होनी ही चाहिए, किन्तु स्वर और गायन शैली में सौंदर्य माधुर्य और सरलता भी होनी चाहिए। उनके गायन में तकनीक और सौंदर्य का सम्मिश्रण था। इसीलिए उन्हें फिल्मों में संगीत देने के लिए आमंत्रित किया जाता था। ''बैजू बावरा'' में उन्होंने जो पार्श्व संगीत दिया है, वह अविस्मरणीय है।

अमीर खां के गायन की अनेक विशेषताओं में एक विशेषता थी स्पष्ट उच्चारण। वे बोल के एक-एक शब्द का स्पष्ट और शुद्ध उच्चारण करते थे। उनका विचार था कि संगीत विद्यालयों में संगीतज्ञ के साथ-साथ संगीतशास्त्री भी रहना चाहिए।

अमीर खां का कहना था कि हमारा संगीत सूरदास और अमीर खुसरो की परंपरा का संगीत है। इस संगीत में संयम है, नियमबद्धता है, मनमानी की कोई गुंजाइश नहीं।

उस्ताद अमीर खां ने काबुल, अमेरिका आदि अनेक देशों की कई बार यात्रा की थी। उन देशों में अपने गायन से श्रोताओं को मंत्रमुग्ध किया था। उन्होंने अमेरिका में न्यू पानम स्कूल ऑफ म्यूजिक में पांच माह तक विजिटिंग प्रोफेसर के पद को भी सुशोभित किया था।

1967 ई. में संगीत नाटक अकादमी ने उस्ताद अमीर खां को पुरस्कृत किया और 1977 ई. में भारत सरकार के पद्मभूषण की सम्मानोपाधि से उन्हें सम्मानित किया गया।

13 अप्रैल, 1974 ई. को वे कोलकाता के न्यू अलीपुर में किसी प्रीतिभोज में सम्मिलित हुए थे। वहां से लौटते समय किसी जगह कार दुर्घटना में उनका निधन हो गया। वस्तुतः उस्ताद अमीर खां संगीत-जगत के ''मीर'' बादशाह थे।

सिद्ध स्वर साधिका

गंगूबाई हंगल

भारतीय शास्त्रीय संगीत में केसरबाई केसकर, हीराबाई बड़ोदकर कैब के साथ श्रीमती गंगूबाई हंगल का नाम भी अविस्मरणीय है। श्रीमती गंगूबाई हंगल भारतीय संगीत की सिद्ध स्वर साधिका हैं।

कर्नाटक के धारवाड़ शहर की भूमि ने मल्लिकार्जुन मंसूर, वासबराज खजगुरु और भीमसेन जोशी जैसे महान गायकों को जन्म दिया है। उसी धारवाड़ में गंगूबाई हंगल जैसी संगीत विभूति ने भी जन्म लेकर भारतीय संगीत को समृद्ध किया है। उनकी मां अम्बाबाई और नानी कमलाबाई अपने समय में कर्नाटक संगीत की बहुप्रशंसित और चर्चित गायिकाएं थीं। वे गंगूबाई को हिन्दुस्तानी संगीत की महान गायिका के रूप में देखना चाहती थीं। हिन्दुस्तानी संगीत में उनकी गहरी रुचि थी। उस जमाने के किराना घराने के विख्यात गायक अब्दुल करीम खां और हीराबाई बड़ोदकर का गायन सुनने के लिए गंगूबाई को साथ लेकर आसपास के घरों में चली जाती थीं। करीम खां के शिष्य सवाई गंधर्व के गायन का प्रभाव उनकी गायन शैली पर स्पष्ट रूप से परिलक्षित होता है।

हिन्दुस्तानी संगीत सीखने की उत्कट इच्छा से प्रेरित होकर गंगूबाई अब्दुल करीम खां के शिष्य, उद्गर कृष्णाचार्य से संगीत की शिक्षा लेने के लिए मां के साथ हुबली चली गई। कृष्णाचार्य ने हुबली में एक संगीत विद्यालय खोला था।

गंगूबाई ने राजस्थान के दो भाइयों—श्याम लाल और प्रताप लाल से कत्थक नृत्य के साथ-साथ दादरा और ठुमरी भी सीखी। मां से उन्होंने त्यागराज की कृतियों का गायन और कीर्तन सीखा। नृत्य से सांस पर जोर पड़ता है, ऐसा सोचकर उनकी मां अम्बाबाई ने उनका नृत्याभ्यास बंद करवा दिया। उन्होंने गंगूबाई को सप्तकों का रियाज कराया और पले सिखाए। हिन्दुस्तानी संगीत में पारंगत होने की अदम्य इच्छा उन्हें हुबली ले आई। वहां रहकर वे सवाई गंधर्व से विधिवत संगीत की शिक्षा लेने लगीं। सवाई गंधर्व ने उनमें संगीत के अनुशासन का पाठ पढ़ाया और उन्हें हिन्दुस्तानी संगीत की सारी बारीकियां बताईं।

1932 ई. में गंगूबाई की मां अम्बाबाई की मृत्यु हो गई। मां की मृत्यु से गंगूबाई को इतना दुःख हुआ कि कुछ दिनों के लिए उन्होंने गाना भी छोड़ दिया। उनके मामा रामण्णा ऐनदत्तापंत देसाई ने उनमें पुनः गायन की अभिरुचि जगायी और वे पुनः गाने लगीं। गंगूबाई का पहला ग्रामोफोन रिकार्ड मां की मृत्यु के बाद निकला। इसके बाद उन्हें चार सौ रुपए मिले थे। इस रिकार्ड में उनके शास्त्रीय गायन, मामा बेरेरकर का कुछ मराठी पद, ठुमरियां तथा कर्नाटक संगीत की कृतियां शामिल हैं।

1933 ई. में मुंबई के स्बर्बन म्यूजिकल हॉल में उन्होंने श्रोताओं के सम्मुख अपना सर्व प्रथम शास्त्रीय गायन प्रस्तुत किया। गायन में तानों और बोलतानों की प्रभावकारी प्रस्तुति से प्रभावित होकर त्रिपुरा के महाराजा ने उन्हें स्वर्ण-पदक देकर सम्मानित किया। 1924 ई. में बेलगांव के कांग्रेस अधिवेशन में गंगूबाई ने स्वागत गान गाया था। कालांतर में वे आकाशवाणी पर भी कार्यक्रम देने लगीं। इस समय की एक रोचक घटना का उल्लेख अनावश्यक नहीं होगा। कभी-कभी वे भातखंडे जी की पुस्तकों से कोई राग ले लेती थीं और उसे रेडियो पर गाती थीं। एक बार ट्रेन में उनके गुरु सवाई गंधर्व मिल गए। उन्होंने गंगूबाई से कहा—तुम रेडियो पर जो राग विभास गा रही थीं, वह गलत था। तुमने जो मेघ मल्हार गाया, वह भी गलत था। मुझसे तुम पूछ क्यों नहीं लेती हो। इस पर गंगूबाई झेंप गई।

पद्मभूषण उपाधि से सम्मानित गंगूबाई को संगीत-नाटक अकादमी की ओर से भी सम्मानित किया गया था। 1995 ई. में त्यागराज ट्रस्ट की ओर से 'सप्तगिरि संगीत विद्वानमणि' और 1996 में 'शंकरदेव सम्मान' से भी उन्हें विभूषित किया गया। किराना घराने की वे एकमात्र अधिकारी गायिका हैं। गंगूबाई की गायन गरिमा उनकी तानों, आलाप और बोलतानों में स्पष्ट झलकती है।

संगीत साधना के विषय में गंगूबाई हंगल का विचार है कि गायन के लिए मानसिक शांति अति आवश्यक है। संगीत साधकों में सीखने की लगन, कठोर परिश्रम की क्षमता और इच्छा होनी चाहिए।

गायक

उस्ताद फैयाज खां

आगरा घराने की सदाबहार गायकी का रिश्ता उस्ताद फैयाज खां साहब से जुड़ा हुआ है। इनका जन्म आगरा के पास सिसंदरा में 1886 ई. में हुआ था। आप मोहम्मद अली खां के पौत्र और सफदर हुसैन खां के पुत्र थे। मगर शैशवकाल के कुछ क्षणों को छोड़कर पिता का स्नेह नहीं पा सके। अतः इनके नाना गुलाम अब्बास खां ने इन्हें पाला-पोसा और संगीत की शिक्षा भी दी। बचपन से लेकर पचीस वर्षों तक आगरा घराने की तमाम बारीकियों और खूबियों से फैयाज खां को अवगत कराने वाले गुलाम अब्बास खां ने रियाज को ही सफलता का एकमात्र रास्ता नहीं माना और हमेशा महफिलों की कसौटियों पर कसकर उसका आकलन करने पर जोर दिया। फैयाज खां को भी उन्होंने इसी पद्धति से शिक्षा दी, जिसका परिणाम था कि शुरुआती दौर से ही फैयाज खां बड़ी-बड़ी महफिलों में गाने लगे। आकर्षक एवं स्निग्ध गायकी फैयाज खां की जन्मजात विशेषता थी। सुरीला और बुलंद कंठ तो जैसे उन्हें ईश्वरीय प्रसाद के रूप में प्राप्त हुआ, जिसे गुलाम अब्बास खां ने अपनी बारीक नजरों से और भी करीने से तराशा।

आगरा घराने की संगीत परंपरा का आधार हाजी सुजान खां की धमार शैली पर आधारित था। उनके अनुयायियों श्यामरंग, घग्घे खब्दरबख्श और गुलाम अब्बास ने भी आलाप, ध्रुपद और धमार को ही अपनी गायकी की विशेषताएं बनायीं और उन्हीं से प्रसाद-रूप में फैयाज खां ने भी शुरू से आलाप, ध्रुपद और धमार शैलियों को ही साधा। फैयाज खां ने ढेर सारे उस्तादों से तो तालीम हासिल नहीं की, पर जिन उस्तादों के संरक्षण में रहने का उन्हें सुअवसर मिला, उनकी गायकी की बारीक से बारीक विशेषताओं को वे खुद की गायकी में समावेशित करते रहे। शायद यही वजह है कि उनकी गायकी बहुरंगी एवं अट्टालिकाओं की तरह दृढ़ दिखती है।

इसे उस्तादों की तालीम का असर कहें या ईश्वर की ओर से दिया गया वरदान कि फैयाज़ खां जिस गायन-शैली को अपने कंठ, अपने अंदाज और अपनी गायकी पर स्पर्श मात्र दे देते, उसकी खूबसूरती और सौंदर्य श्रोताओं को मदहोश

कर जाती। उन्हें आलाप, होरी, धमार, ख्याल, टप्पा इत्यादि में तो सिद्धता थी ही, गजल, ठुमरी, दादरा जैसी शैलियों की गायकी में भी उसका कोई जवाबं नहीं था। हिन्दुस्तानी संगीत की तमाम शैलियों में अपनी दिलकश गायकी की छाप छोड़ने वाले फैयाज खां भारत के उन गिने-चुने गायकों में से एक थे, जिन्हें ध्रुपद गाने में उतना ही कमाल हासिल था, जितना कि ख्याल या ठुमरी गाने में।

फैयाज खां साहब मूल रूप से आगरा के निवासी थे, परंतु बड़ौदा की नौकरी के पहले आप मैसूर में थे। सन् 1906 में दरबार से उन्हें एक मैडल ऑफ, 1911 में 'आफ्ताबे-मौसिकी' उपाधि प्राप्त हुई। इसी वर्ष सयाजी राव महाराज की वर्षगांठ के अवसर पर खां साहब बड़ौदा आए, जहां महाराज ने आपके प्रभावपूर्ण गायन को सुनकर आपको बड़ौदा दरबार का राजगायक नियुक्त कर लिया, साथ ही ज्ञानरत्न की उपाधि से सम्मानित किया। सन् 1935 में अखिल भारतीय बंगाल संगीत परिषद् तथा इलाहाबाद विश्वविद्यालय द्वारा भी आपको प्रशंसापत्र देकर सम्मानित किया गया।

राग तोड़ी, ज्याजावन्ती, पूरिया, सिदुंरा, ललित, दरबारी, परज, सुधराई, खट आदि राग डॉ. फैयाज खां साहब के प्रिय राग थे। हिन्दुस्तानी रिकार्ड कंपनियों ने आपके गायन के कई रिकार्ड बनाए, जिसमें "झन-झन-झन पायल बाजे" की रिकार्ड तोड़ बिक्री हुई थी। आपको संगीत के साथ ही साथ कविता का भी शौक था। लगभग दौ-सौ, ढाई-सौ चीजों की वंदिशें आपने 'प्रेमपिया' उपनाम से की थी।

आपकी शिष्य परंपरा अत्यन्त विस्तृत है। आपके कुछ शिष्यों में पं० दिलीप चन्द्र वेदी, उस्ताद निसार हुसैन खां, अजमत हुसैन, प्रसिद्ध संगीतशास्त्री डॉ. एस.एन. रतोन्जनकर, उस्ताद वसीर खां, अता हुसैन, महताब हुसैन, मल्लिका जान आदि हैं।

आगरा घराने की गायकी में सरलता, संयम और सीमा रहित कल्पना का अद्‌भुत समन्वय मिलता है। उस्ताद फैयाज खां की गायकी गंभीरता, भावुकता, संयम और रोचकता का उचित सम्मिश्रण था। वह अपने गायन में कल्पना की उड़ानें तो भरते थे, लेकिन उन उड़ानों पर अपना पूरा अधिकार रखते थे। इसी प्रकार उनके संगीत में संयम अवश्य था, लेकिन शुष्क संयम नहीं था। वह इस घराने के एकमात्र गायक थे, जिसने अपने घराने की शैली पर अपने व्यक्तित्व की मुहर लगाई। संयम, संतुलन, कल्पना, भावुकता, गांभीर्य, माधुर्य, लालित्य और राग तथा बंदिश का कलात्मक संश्लेषण उनकी गायन कला की विशेषताएं थीं, जिनका प्रयोग वह अपनी प्रतिभा के इशारे पर करते थे,

ख्याल शैली के अद्वितीय गायक होने के साथ उस्ताद फैयाज खां आलाप और होरी-धमार में भी अपना सानी नहीं रखते थे। उनका आलाप रूखा और नीरस नहीं, अपितु रोचक और भावुक होता था। उन्हें होरी-धमार पर भी असाधारण अधिकार प्राप्त था। जब वह आलाप लेते, तो लगता कि राग की जीती-जागती मूर्ति आंखों के समक्ष नाच रही हो और उनके आलाप की शब्दहीन भाषा जीते-जागते भावों की भाषा बन जाती थी। यह निस्संदेह कहा जा सकता है कि इस युग मे उस्ताद फैयाज खां ही ऐसे प्रतिम गायक थे, जिन्होंने आलाप और धमार की कठिन शैली को इतना लोकप्रिय एवं रोचक बनाया।

फैयाज खां साहब एक बहुरंगी गायकी के सरताज थे। उनकी गायकी निस्संदेह हिन्दुस्तानी संगीत की तमाम गायकियों से अलग एक पृथक् पहचान रखती है। छह फीट का हृष्ट-पुष्ट शरीर, बड़ी छल्लेदार मूंछें, कड़क साफा एवं इत्र से भीगी शेरवानी पहनकर फैयाज खां अपने दल-बल के साथ मंच पर पहुंचते, तो मंच की शोभा देखते ही बनती थी। रईसाना अंदाज में बैठकर पान की डिबिया से पान निकालकर मुंह में डालना और फिर एक हसीन एवं दिलकश गायकी की भव्य शुरुआत। फैयाज खां के लगभग सभी कार्यक्रमों में यही दृश्य उपस्थित होता। तमाम श्रोता एकाग्रचित्त होकर महफिल में जमे रहते। उनका गायन खत्म होने पर ही उठते थे।

एक बार मुंबई में कोमल आसावरी का उनका आलाप सुनकर उस्ताद अल्लादिया खां रो पड़े थे। ठुमरी, दादरा, टप्पा भी वह उतना ही कमाल का गाते। वह मलका जान की भैरवी की बहुत तारीफ करते थे। वही मलका जान जब कोलकाता में बुढ़ापा काट रही थीं, तो उन्होंने एक सज्जन को फोन करके कहा कि कोलकाता संगीत सम्मेलन में वह उनके लिए सीट का इंतजाम कर दें, ताकि वह फैयाज खां को फिर सुन सकें।

वे महान व्यक्ति थे। उन्होंने वर्षों अपने शिष्यों का भरण-पोषण किया। किसी का दिल नहीं दुखाया। 64-65 वर्ष की आयु में 5 नवंबर, 1950 ई. को उनका निधन हो गया। सन् 1911 ई. में मैसूर रियासत द्वारा उन्हें दी गई ''आफताबे मौसिकी'' का आफताब उनकी मृत्यु के साथ ही अस्त हो गया। वे चले गए, पर अपने पीछे आगरा घराने की गायकी की तमाम शैलियों पर अपनी कभी न मिटने वाली छाप दे गए।

शास्त्रीय गायन के महान पुरोधा

कुमार गंधर्व

कुमार गंधर्व भारतीय शास्त्रीय संगीत के पुरोधा माने जाते हैं। उनके गायन में कई ऐसी विशेषताएं हैं, जो उन्हें अन्य गायकों से अलग, एक विशिष्ट गायक के रूप में प्रतिष्ठित करती है।

कुमार गंधर्व का जन्म 8 अप्रैल, 1924 ई. को बेलगाम कर्नाटक के सुलेभावी गांव में हुआ था। इनके पिता सिद्रामप्पा कोमकली एक कुशल गायक थे। उन्होंने बचपन में ही शास्त्रीय संगीत में इनकी गहरी रुचि और क्षमता को देखते हुए संगीत की विधिवत् शिक्षा के लिए इन्हें स्वर्गीय विष्णु दिगंबर पलुस्कर के शिष्य प्रो. वी.आर. देवधर के पास भेज दिया। कुमार गंधर्व नें प्रो. देवधर के अलावा अंजनिबाई मालेयकर से भी संगीत की शिक्षा ली थी।

कुमार के जन्मस्थान ग्राम सुलेभावी में लिंगायत संप्रदाय के एक मठ "कौमकाली मठ" के श्रीगुरु मठकल स्वामी के समक्ष जब कुमार गाने लगे, तो उनकी आवाज से मंत्रमुग्ध हो गए। सहसा उनके मुंह से निकल पड़ा—'अरे, यह तो कोई गंधर्व का अवतार लगता है।' उस समय उनकी उम्र केवल सात साल की थी।

कुमार की विलक्षण प्रतिभा का परिचय बाल्यकाल से ही मिलने लगा था। वह केवल सात साल की उम्र में उस्ताद फैयाज खां, पं० ओंकारनाथ ठाकुर, अब्दुल करीम खां, अल्लादिया खां आदि महान गायकों का गायन सुनकर उनके गायन को ज्यों का त्यों अपने स्वर में उतार देते थे।

1946 से 1952 ई. तक वे तपेदिक नामक बीमारी से पीड़ित रहे। डॉक्टरों के अनुसार गाने की सख्त मनाही थी। इतने दिनों तक वे गाने को जैसे तरसते रहे। अंततः मालवा की सुखद जलवायु, मनोरम प्राकृतिक दृश्य और स्वास्थ्यवर्धक वायु ने उनको रोगमुक्त कर दिया। 1948 ई. में कर्नाटक से आने के बाद मध्य प्रदेश में, इंदौर के समीप वे वेरोवास चले आए। अंत तक वहीं रहे। रोग से मुक्ति पाने के बाद कुमार गंधर्व को एक और आघात झेलना पड़ा।

कुमार गंधर्व को लोकसंगीत में शास्त्रीय संगीत के मूलतत्व दिखाई पड़ते थे। उनका मानना था कि लोकसंगीत में अनेक रागिनियों का उद्‌गम है। उन्होंने लोकसंगीत अंतर्निहित रागों को मौलिक स्पर्श दिया। लोकसंगीत में छिपे रागों को वे चुन लेते थे, पकड़ लेते थे। उनकी यह खोज भारतीय शास्त्रीय संगीत को एक बहुमूल्य देन है।

वे लोकगीत गाने वाले ग्रामीणों के साथ कभी-कभी कुछ देर रहते, कभी उन्हें अपने घर बुलाते। उनके गाने के सुर को वे पकड़ लेते थे। उनकी धुनों को इकट्ठा करते थे। इस प्रकार लोक संगीत को शास्त्रीय संगीत में स्थान देकर उन्होंने अपने गायन को एक नई शैली दी।

बहुमुखी प्रतिभा के धनी कुमार गंधर्व ने अनेक नए राग-रागिनियों की रचना की जिनमें राग अनूप, विलास, लगन गांधार, सोहनी भटियार तथा मालवती के साथ-साथ गांधी मल्हार प्रमुख है। गांधी मल्हार की रचना उन्होंने गांधी शताब्दी वर्ष के अंतर्गत किया था। इस राग में कोमल गांधार के प्रयोग के विषय में इनका कहना था कि कोमल गांधार गांधीजी के व्यक्तित्व के अनुरूप करुणा उत्पन्न करती है। उनकी स्वरचित बंदिशों और राग रागिनियों की पुस्तक "अनूप राग विलास" प्रकाशित हो चुकी है।

कुमार गंधर्व को डॉक्टर ऑफ म्यूजिक, महाराष्ट्र समाज देवास तथा देवास नगरपालिका द्वारा मानपत्र, विक्रम विश्वविद्यालय, उज्जैन द्वारा डॉक्टर आफ लेटर्स, मध्य प्रदेश सरकार द्वारा राजकीय कालिदास सम्मान, संगीत नाटक अकादमी पुरस्कार, कर्नाटक संघ इंदौर द्वारा सम्मान, उस्ताद हाफिज अली खां सम्मान और भारत सरकार द्वारा पद्‌मविभूषण से विभूषित किया जा चुका है।

कुमार गंधर्व ने सूर, तुलसी, मीरा, तुकाराम आदि संत कवियों के पद गाकर अपने गायन को गौरवान्वित किया, किंतु सबसे अधिक कबीर के पदों ने उन्हें प्रभावित किया। कुछ लोग उन्हें संगीत का कबीर भी कहते हैं।

कुमार गंधर्व की गंभीर और दमदार आवाज में एक चमत्कार था। उनकी पारे की तरह चपल गायकी को पकड़ पाना आसान नहीं था। वे गायन में व्याकरण और अलंकरण की जगह वातावरण की सृष्टि बंदिशों पर विशेष ध्यान देते थे। उनके गायन में राग की बढ़त में निश्चित अनुशासन और तारतम्य नहीं रहता था। कभी उनका स्वर एकदम ऊंची पिच से उतरता हुआ विस्फोटक हो जाता है और कभी अंतराल के साथ एक शून्य उत्पन्न कर देता है।

कुमार गंधर्व ने शास्त्रीय संगीत की परंपरागत घरानेदार गायकी की रूढ़ियों को तोड़कर अपने लिए एक नए मार्ग का निर्माण किया व अपनी एक नवीन, मौलिक संरचना की।

कुछ संगीत मर्मज्ञों का कहना है कि कुमार गंधर्व गायक नहीं, एक स्वर थे, जिसमें पीड़ा की पराकाष्ठा थी। उस लोकपीड़ा की जिसमें दुःख अपने आकस्मिक रूप को छोड़कर समय और समाज के विरोधाभासों का साक्ष्य बन जाता है। उनकी आवाज में गम की एक मर्मभेदी त्वरा थी, जिससे संगीत के कठोर अनुशासन हाशिए पर चले जाते थे। कुमार शास्त्रीय गायकी की सभी सीमाओं और दायरों को पार कर चुके थे।

उनके गायन की अनेक विशेषताओं में विविधता का एकमात्र आधार था—नादात्मक लचीलापन। वे परंपराओं के विद्रोह के साथ-साथ शास्त्रीय मानदंडों का उल्लंघन करते थे। किसी राब के वादी-संवादी स्वरों की परंपरागत स्थिति का पूर्ण रूप से निर्वाह नहीं करते थे, बल्कि मनचाही स्वतंत्रता के साथ उड़ान भरते थे।

12 जनवरी, 1992 ई. को भारतीय शास्त्रीय संगीत का वह पुरोधा चला गया और शांत हो गया अनाहत नाद। आपके यशस्वी पुत्र श्री मुकुल शिवपुत्र होनहार, उदीयमान गायक हैं, जो आपकी परंपरा को आगे बढ़ा रहे हैं।

कंठ संगीत के सिरमौर

पं० भीमसेन जोशी

पं० भीमसेन जोशी प्रयोगवादी कलाकार हैं। अपनी गायकी में नित नवीनता का उनका प्रयास सराहनीय रहा है। पं० जोशी ने अनेक अवसरों पर कहा है कि जहां जिस घराने में जो कुछ मुझे अच्छा लगा, मैंने उसे अपनी गायकी में शामिल कर लिया। आज लोग घराने के पीछे बुरी तरह पड़े हैं, पर मैं समझता हूं कि किसी भी घराने एवं गुरु की गायकी के अतिरिक्त कलाकार में अपना भी कुछ होना चाहिए। यदि ऐसा नहीं हुआ, तो गायकी टिकाऊ नहीं बन सकती और वह सभी बातें किसी एक घराने की गायकी से संभव नहीं है।

कोमल हृदय, भावुक, सहजता एवं सरलता के प्रतिमूर्ति पं० भीमसेन जोशी का जन्म कर्नाटक राज्य के धारवाड़ जिले के गांव में 4 फरवरी, 1922 ई. को हुआ। इनके पिता गुरुराज जोशी जाने-माने शिक्षाविद् थे। उनका कन्नड़-अंग्रेजी शब्दकोश आज भी श्रेष्ठ माना जाता है। उनके बाबा भीमाचार्य जाने-माने संगीतज्ञ थे, लेकिन जोशी जी को संगीत के प्रति आरंभिक लगाव अपनी मां के कारण हुआ, जो अकसर भजन गाया करती थीं।

पं० भीमसेन जोशी के पिता की इच्छा थी कि उनका बेटा शिक्षाविद् बने, लेकिन ऐसा नहीं हुआ। 3 वर्ष की अवस्था में भीमसेन शहनाई वादकों, शादी के बैंड वादकों और भजन गायकों से प्रभावित होने लगे थे। यही कारण था कि वे इस छोटी उम्र में भी उनके पीछे चल पड़ते थे। उनके इस लगाव के कारण उनके घर वाले उनके कपड़ों पर नाम-पते की चिट लगाकर रखते थे, ताकि उनका लाडला कहीं खो न जाए।

कालांतर में पं० जोशी गुरु की तालाश में पुणे-मुंबई के पड़ाव के बाद शास्त्रीय संगीत के सम्राट मियां तानसेन की नगरी ग्वालियर पहुंच गए। यहां पर उन्होंने प्रसिद्ध सरोदवादक अमजद अली खान के पिता एवं गुरु उस्ताद हाफिज अली खान के यहां शरण ली। पं० भीमसेन ने ग्वालियर घराने के जाने माने गायक कृष्णराव शंकर पंडित और राजा भैया पूछवाले के साथ रहकर शास्त्रीय संगीत के कुछ गुर सीखे, लेकिन उनका मन भरा नहीं। शायद जिस मंजिल की उन्हें तलाश थी, वह

कहीं और थी। अंततः जालंधर शहर के एक संगीत समारोह के अवसर पर इनकी मुलाकात ग्वालियर घराने के जाने-माने गायक पं० विनायक राव पटवर्धन से हुई, जिन्होंने उन्हें घर लौटने और वहीं उस्ताद अब्दुल करीम खान के बेहतरीन शिष्य सवाई गंधर्व की शागिर्द भी पाने की सलाह दी। पं० जोशी जी कुंडगांव पहुंचकर सवाई गंधर्व की सेवा में लग गए। वहां इन्हें कठिन परीक्षा के दौर से गुजरना पड़ा था। लंबी साधना के बाद युवा भीमसेन जी का अपने गुरु के साथ संगीत समारोहों में जाने का सिलसिला शुरू हुआ।

पं० भीमसेन जोशी शास्त्रीय गायन के मूलमंत्र को प्रतिपादित करते हुए अकसर कहते हैं—'आलाप तो गायन की जान है, उसका आधार है। केवल आलाप ही कलाकार के व्यक्तित्व की पहचान होती है। यदि कलाकार शांत है, गंभीर है, तो उस्ताद अमीर खां की तरह उसका आलाप उसकी आत्मा का प्रतिबिंब प्रस्तुत कर देगा।'

महान गायक डी.वी. पलुस्कर के निधन के बाद, पं० भीमसेन जोशी उनका स्थान लेने के साथ खुद को प्रसिद्धि के चरम शिखर पर पहुंचाने में कामयाब हो चुके हैं। एक ओर जहां इनके गीतों के सैकड़ों रिकार्डों और कैसेटों ने शास्त्रीय संगीत प्रेमियों के दिलों को जीत लिया है, वहीं वह खुद अनेक लब्ध प्रतिष्ठित पुरस्कारों से विभूषित होकर गायन की दुनिया में द्रोणाचार्य बन चुके हैं।

आपके प्रिय शास्त्रीय रागों में मियां मल्हार, तोड़ी आदि हैं। आपने कुछ फिल्मों में भी गाकर उस फिल्म को अमर बना दिया —जैसे "वसंत बहार" फिल्म में केतकी गुलाब जूही, चंपक बन फूले आदि। इनकी आवाज में एक विलक्षण जादू है, जो श्रोताओं को आत्मविभोर कर देता है।

आपका विवाह 1944 में हुआ। जो संगीत का पोषक तो नहीं था, पर उनके तारुण्य मन के लिए आवश्यक अवश्य था। अर्थात् पंडित जी की संगीत निष्ठा बढ़ गई थी। एक बार हुबली के जलसे में आपके गुरु पं० सवाई गंधर्व ने आपके विषय में कहा था कि भीमसेन ही उनकी परंपरा निभा रहा है।

पं० भीमसेन जोशी जी आज के सर्वाधिक लोकप्रिय गायक हैं और किराना घराने का प्रतिनिधित्व कर रहे हैं। आपने गायन के क्षेत्र में अपनी गायकी को अनोखा स्वरूप प्रदान किया है। आपको अनेक उपाधियों व सम्मानों से विभूषित किया गया है, जिनमें "पद्मविभूषण, संगीत नाटक अकादमी, मैसूर संगीत नाटक अकादमी पुरस्कार, तानसेन व कालिदास सम्मान", आदि अनेकों सम्मान हैं। आपके देश-विदेश में प्रस्तुत असंख्य कार्यक्रम भी श्रोताओं द्वारा सराहे गए हैं। आपके अनेक ग्रामोफोन रिकार्ड व कैसेट प्रचलित हैं।

पंडितजी अस्सी की अवस्था पार कर चुके हैं, लेकिन उनकी मनमोहिनी आवाज का जादू आज भी बरकरार है। शास्त्रीय संगीत उनकी आत्मा है और जब वह गायिकी में तल्लीन होते हैं, तो मानो वह परमात्मा से यही विनती कर रहे होते हैं—मिले सुर मेरा तुम्हारा।

वस्तुतः पंडितजी की आवाज में हिमालय की उंचाइयां, सागर की गहराइयां, धरती की तरह अचलता, झरनों की चंचलता, कल्पनाओं की उड़ान, तानों की गंभीरता एवं स्वरों का ठहराव सब कुछ विलक्षण तथा ईश्वरीय है।

भाव प्रणव गायक

पं० श्यामदास मिश्र

शास्त्रीय संगीत के गायक पं० श्यामदास मिश्र एक अंतर्राष्ट्रीय ख्याति प्राप्त संगीत साधक हैं। इन्होंने संगीत के माध्यम से न केवल संगीत का ही प्रचार-प्रसार किया है, बल्कि देश की एकता, अखंडता को कायम रखने में भरपूर सहयोग और जगह-जगह संगीत के माध्यम से जनमानस को प्रेरित भी किया है।

पं० मिश्र एक प्रख्यात शास्त्रीय संगीतज्ञ के साथ-साथ तबला, गिटार और सितार वादक भी हैं। जलतरंग बजाने की कला में भी ये सिद्धहस्त हैं।

पं० श्यामदासजी प्रसिद्ध तबलावादक बड़हिया घराने के संस्थापक पं० बच्चा मिश्र के सुपुत्र हैं। आपने अपनी प्रारंभिक शिक्षा अपने जन्मस्थान बड़हिया में पाई। उच्च शिक्षा बनारस में रहकर प्राप्त की। इन्होंने देश के अनेक विश्वविद्यालयों से कई डिग्रियां प्राप्त की हैं। वे संगीत, जलतरंग और तबला में एम.ए. हैं तथा गायन में संगीताचार्य (पी.एच.डी.) की उपाधि प्राप्त की है। आप प्रयाग संगीत-समिति, इलाहाबाद से संगीत प्रवीण हैं। आपने मेरिस कॉलेज, लखनऊ से संगीत विशारद तथा सुरसिंगार संसद मुंबई से सुरमणि एवं तालमणि (ख्याल और ध्रुपद) और तबला में उपाधियां प्राप्त की हैं। आप मानते हैं कि समस्त कलाओं में संगीत ही सर्वश्रेष्ठ कला है। यह तो सामवेद है।

संगीत के प्रति इनके रुझान का श्रेय इनके पारिवारिक परिवेश को जाता है। संगीत की प्रारंभिक शिक्षा इन्हें सर्वप्रथम अपनी मां की गोद में और फिर पिता से मिली। तदंतर रामनगर (काशी) के पं० रामसेवक मिश्र "सजीले" ने इन्हें संगीत की टप्पा एवं तराना गायन शैली की विधिवत् शिक्षा दी। इनके पिता ने ग्वालियर घराने के संगीत मार्तंड पं० ओंकारनाथ ठाकुर से इन्हें दीक्षा लेने का सुझाव दिया था, अतः अंतिम गुरु के प्रति भजन "मैया मोरी मैं नहिं माखन खायो" गायन की हू-ब-हू प्रस्तुति करके स्वर्गीय पंडित जी का स्मरण करा देते हैं।

बचपन से ही पं० लक्ष्मण राव सरीखे प्रख्यात कलाकारों से इनका संपर्क रहा है। पं० राव हैदराबाद के निजाम के प्रमुख कोटि के कलाकार थे। इनके पिता

स्व. राव के शिष्य थे। पं० राव को तबला और मृदंग में महारत हासिल थी। पं० बच्चा मिश्र ने शास्त्रीय संगीत के प्रचार-प्रसार में अतुलनीय योगदान दिया था। उन्होंने बड़हिया घराना को समृद्ध बनाया।

पं० मिश्र ने शास्त्रीय संगीत की दुरूह पद्धति को सामान्य जनता के लिए सहज एवं बोधगम्य बनाने के लिए उसकी गति धीमी और मध्यम बनाई। उनका स्वर गाते समय हर पल संगीतात्मक होता है, जो श्रोताओं को केवल आकर्षित ही नहीं करता, बल्कि सामान्य लोगों के लिए काफी मनोरंजक भी होता है। आप लंबे और थकाऊ आलाप के विरुद्ध हैं। सरल और सुबोध लय को अधिक पसंद करते हैं, जो श्रोताओं को सहज ही मोहित कर सके। संगीत की रचना करते समय आप सामान्य श्रोताओं की भावना का भी ख्याल रखते हैं, यही वजह है कि उनके श्रोतागण मंत्रमुग्ध होकर इनकी गायन शैली का रसास्वादन किया करते हैं। मिश्र जी स्वयं गायन करते समय आत्मविभोर हो जाते हैं।

यह सही है कि इन्हें संगीत-साधना के मार्ग में अनेक कठिनाइयों का सामना करना पड़ा, किन्तु लगन के कारण आप अपने साधना पथ को प्रशस्त करते रहे हैं। आज मिश्रजी की ख्याति राज्य भर में शास्त्रीय संगीत के मार्गदर्शक के रूप में है और देश भर में संगीत के हजारों मंच-प्रदर्शन कर, चार वर्ष पूर्व इन्होंने यूरोपीय देशों का भ्रमण किया। वहां भारतीय संगीत कला से लोगों को परिचित कराया। सन् 1994 इन्हें अमेरिका के अंतर्राष्ट्रीय विश्वविद्यालय, आइओवा में भारतीय संगीत पर व्याख्यान देने के लिए आमंत्रित किया गया था।

वहां इन्होंने अमेरिकी छात्र-छात्राओं के बीच भारतीय संगीत के विविध पक्षों पर अपने विचार प्रस्तुत किए। विदेशी विद्यार्थियों के मन में भारतीय संगीत (विशेषकर शास्त्रीय संगीत) के प्रति रुचि उत्पन्न हुई। वहां विश्वविद्यालय के छात्र-छात्राओं में भारतीय संगीत सीखने की इतनी अभिलाषा जगी कि उन्होंने मिश्र जी से तबला और जलतरंग वादन सिखाने का आग्रह किया। परिणामस्वरूप उन्हें पैंतालिस दिनों तक अमेरिका में रुक जाना पड़ा। इस अवधि में अनेक छात्र-छात्राओं ने तबला एवं गीति रचना की दीक्षा ली।

कैलिफोर्निया विश्वविद्यालय अमेरिका ने पं० श्यामदास मिश्र को स्थायी रूप से संगीत विभाग संभालने के लिए आमंत्रण दिया, जिसमें सारी सुविधाओं के अलावा लाखों रुपए प्रति माह आकर्षक वेतन देने का प्रस्ताव भी था, किन्तु श्री मिश्रजी ने अपने देश में ही रहने की इच्छा जताते हुए स्पष्ट कहा कि भारतीय बच्चों में संगीत के संस्कार डालकर मुझे ज्यादा खुशी होगी।

संगीत विषयक इनकी लिखी कई पुस्तकें हैं—यथा नाद ब्रह्म संगीत, आधुनिक माध्यमिक संगीतांजलि, रागांजलि, राग ताल-तुलना, प्रभाकर संगीत, संगीत परिभाषा ग्रंथ और स्वरांजलि, संगीतमालिका, नृत्यांजली, तालांजली, निबंधांजली आदि। इनके अतिरिक्त इनके संगीत विषयक हजारों लेख देश के प्रतिष्ठित पत्र-पत्रिकाओं में प्रकाशित हो चुके हैं।

भारत सरकार एवं कई प्रदेशों की सरकारें इन्हें पुरस्कृत-सम्मानित कर चुकी हैं। इन्हें भारत के राष्ट्रपति द्वारा तीन बार सम्मानित किया जा चुका है। अमेरिकन बायग्राफिकल इंस्टीच्यूट अमेरिका द्वारा प्रेसिडेंसियल ऑनर-2000 द्वारा सम्मानित किया गया है। निश्चय ही पं० मिश्र एक तपस्वी संगीत-साधक और देश के गौरव-पुरुष हैं। विश्व के चालीस देशों में पं० मिश्र ने अपने कुशल प्रदर्शन से भारतीय संगीत को गौरवान्वित किया है।

स्वर साधक

पं० जसराज

भावपूर्ण गायकी के प्रतीक माने जाने वाले पं० जसराज के गायन में कुछ ऐसी विशेषताएं हैं, जो श्रोताओं को भावविभोर कर देती हैं। उनके आलाप से श्रोता जैसे स्वर-समाधि में चले जाते हैं, उन्हें आध्यात्मिक आनंद की अनुभुति होती है। इनके गायन की विशेषताओं ने विख्यात गायकों के बीच इन्हें एक अलग पहचान दी है।

पं० जसराज का जन्म 20 जनवरी, 1930 ई. को हिसार में हुआ था। इनके पिता पं० मोतीराम कश्मीर राज दरबार में राज गायक थे। पंडित जसराज के दो भाई थे, पं० मणिराम और पं० प्रताप नारायण। आपने उनसे ही गायन व तबले की शिक्षा ली। आरंभ में जसराज ने तबला वादन की ही शिक्षा ली, बाद में शास्त्रीय गायन में उनकी रुचि जगी। यह शायद कुछ लोगों को पता नहीं है कि पं० जसराज ने तबला वादन में भी पारंगत हैं। उन्होंने प्रसिद्ध सितार वादक रविशंकर जी के साथ तबले पर भी संगत की है।

पं० जसराज मेवाती घराने के प्रसिद्ध गायक हैं। राजस्थान के गग्गे खां इस घराने के प्रवर्तक माने जाते हैं। मेवाती घराने के अलावा ग्वालियर, पटियाला और इंदौर घराने की भी छाप जसराज जी की गायकी पर पड़ी है।

शास्त्रीय रागों, वल्लभ संप्रदाय के लीला गीतों और गीत गोविन्द के पदों के गायन में पं० जसराज की भावपूर्ण गायन शैली श्रोताओं को मुग्ध कर देती है। रागों की शुद्धता के साथ-साथ राग और शब्दों में निहित भावों की अभिव्यक्ति इनके गायन की विशेषता है।

14वीं शताब्दी में पूर्णतः भक्ति पर आधारित हवेली संगीत का प्रचलन आरंभ हुआ। यह कहना गलत न होगा कि पं० जसराज जिस हवेली संगीत को फिर से लोकप्रिय बनाने के लिए प्रयत्नशील हैं, उसे पूर्णरूप से संकीर्तन ही कहा जा सकता है। इसमें केवल राग की शुद्धता, शास्त्रीयता तथा वादी-संवादी न्यास (राग बढ़त) पर ही ध्यान नहीं दिया। इसमें भक्तिभाव की ही प्रधानता रहती है। हवेली संगीत में सहज, शांत भाव में ईश्वर के साथ तादात्म्य पर विशेष ध्यान दिया जाता है। पं० जसराज पुरानी हवेली संगीत के अन्यतम संवाहक हैं, इसीलिए इनके गायन में

भैरव, विहाग, सुघराई, सौरठ, मल्हार, नट, पूर्वी, भीमपलासी, धनाश्री तथा मानव जैसे रागों को प्राथमिकता दी जाती है। लगभग पांच सौ वर्ष पुराने हवेली संगीत पर पं० जसराज अनुसंधान करते रहे। इसके बाद उन्होंने एक रिकार्ड तैयार किया, जिसमें ध्रुपद-धमार शैली में संत वल्लभाचार्य की कृतियों के अलावा वृंदावन, नाथ द्वारा और पोरबंदर के मंदिरों में एकत्र कृतियों का संकलन है। इन पदों को सुनने में अलौकिक आनंद की अनुभूति होती है।

आपका प्रथम सार्वजनिक कार्यक्रम सन् 1952 में महाराजा त्रिभुवन वीर विक्रम के समक्ष नेपाल में हुआ। भारत में प्रथम कार्यक्रम 1954 में मुंबई में हुआ। पुनः 'स्वामी हरिदास संगीत सम्मेलन', 'सदारंग संगीत सम्मेलन', में कार्यक्रम प्रस्तुत करने के अतिरिक्त, अनेक वर्षों तक अपने बड़े भाई पं० मणिराम के साथ जुगलबंदी कार्यक्रम प्रस्तुत करते रहे, जिसका प्रसारण अनेकों बार आकाशवाणी व दूरदर्शन के राष्ट्रीय कार्यक्रमों में भी किया गया। बाद में दोनों भाई साणन्द के महाराजा जयवंत सिंह के पास दरबारी गायक रहे। दोनों भाई महाराज की वंदिशें गाते, जिसमें राग अड़ाना में निबद्ध—माता कालिका, महाकाली, महारानी, जगज्जननी भवानी काफी जनप्रिय हैं। आप सही अर्थों में सुरीले गायक हैं, क्योंकि स्वर का लगाव ही उनकी साधना एवं व्यक्तित्व को प्रकट कर, जनमानस को द्रवित कर देता है।

22 वर्ष की उम्र में पहली बार पंडित जसराज ने सार्वजनिक मंच से अपने लंबे आलाप से श्रोताओं को मंत्रमुग्ध कर दिया था। रस प्रवाहित पं० जसराज जब गायन आरंभ करते हैं, तो उनके गान से निःसृत भक्तिरस से श्रोता सराबोर होने लगते हैं। पं० जसराज के गाए भक्ति गीतों के कई रिकार्ड और कैसेट उपलब्ध हैं।

पं० जसराज अपने देश के अलावा विदेशों में भी अपने गायन से लोगों को मंत्रमुग्ध कर चुके हैं। अमेरिका तथा ब्रिटेन में भी इनकी स्वर लहरी में निमग्न होकर श्रोता भाव-विभोर हो गए थे।

पं० जसराज को स्वामी हरिदास संगीतरत्न, हरियाणा सरकार द्वारा 'संगीत मार्तंड' तथा भारत सरकार द्वारा 'पद्मश्री', 'पद्मविभूषण', संगीत नाटक अकादमी पुरस्कार, तथा प. बंगाल के विश्व उन्नयन संसद द्वारा डॉक्टरेट की उपाधि से सम्मानित किया जा चुका है।

संगीत के प्रशिक्षार्थियों के लिए उनके संदेश बड़े महत्त्वपूर्ण और प्रेरणाप्रद हैं–

'एक अच्छा कलाकार बनने के लिए संवेदना, समर्पण, स्मरण एवं अच्छी सूझबूझ बहुत आवश्यक है। इसके अतिरिक्त गुरु के प्रति अटूट श्रद्धा, संगीत से सच्चा प्यार और नियमित कठोर साधना भी आवश्यक है।'

गजल और ठुमरी सम्राज्ञी

बेगम अख्तर

ठुमरी, दादरा, गजल की चर्चा मात्र चलते ही स्व. बेगम अख्तर की याद सहसा ताजा हो जाती है। वे मलिका-ए-गजल तो थीं ही, ठुमरी-दादरा पर भी उनका गज़ब का अधिकार था। देश भर में उनकी गायकी को लोग पसंद करते थे और रस लेकर सुना करते थे।

यही अख्तिरीबाई थी, जिसे बिब्बी (बचपन का नाम) कहा जाता था। आगे चलकर संगीत जगत में बेगम अख्तर के नाम से प्रसिद्ध हुईं।

बेगम अख्तर का जन्म 7 अक्टूबर सन् 1914 ई. में उत्तर प्रदेश के फैजाबाद जिले के एक संपन्न मुस्लिम परिवार में हुआ था। बचपन से ही संगीत की ओर इनका अनोखा रुझान था। हालांकि इनके पिता इस चीज को पसंद नहीं करते थे कि उनकी बेटी संगीत सीखकर गायिका बने। यूं भी मुस्लिम परिवारों में इस्लाम की ओर से महिलाओं के लिए संगीत (मौसिकी) का पेशा वर्जित माना गया है। किन्तु, मां की इच्छा ने उन्हें संगीत के क्षेत्र में बढ़ने को प्रेरित किया। उन्होंने अपनी प्रारंभिक शिक्षा पटना के सुप्रसिद्ध सारंगी वादक उस्ताद इमदाद खां से पाई, जो पहले आगरा की मलका जान और फिर कोलकाता की गौहर जान के सारंगीवादक रह चुके थे। बाद में वह गया के उस्ताद गुलाम मुहम्मद खां के पास आईं। पर, इसी बीच भातखंडे संगीत विद्यालय लखनऊ के उस्ताद सखावत हुसैन, जो अख्तरी बाई के पारिवारिक मित्रों में से थे, उनकी प्रतिभा से इतने प्रभावित हुए कि उन्होंने उनको पटियाला के उस्ताद अली मुहम्मद खां की शिष्या बनने का अग्रह किया। बेगम अख्तर ने आजीवन अपने इस गुरु से प्राप्त ज्ञान और प्यार भरे मशविरों को कभी नहीं भुलाया।

अपने इन्हीं उस्ताद और मां के साथ वह कोलकाता चली आईं। मां की इच्छा के विरुद्ध आर्थिक स्थिति प्रतिकूल होने पर विवश होकर उन्हें कोलकाता की मेगाफोन रिकार्ड कंपनी में अपनी एक गजल देने को राजी होना पड़ा। उनका पहला रिकार्ड काफी लोकप्रिय हुआ। इसके बाद एक-एक करके ठुमरी, दादरा एवं गजल के अनुबंध पत्र उन्हें मिलने लगे। इस तरह इस क्षेत्र में शोहरत मिलने लगी। चाहने

वालों की संख्या, दिन प्रतिदिन बढ़ती गई। हाल ये हुआ गोया-बादल से आ रहे हैं-मजनूं हमारे आगे।

कहा जाता है कि कोलकाता में एक पारसी थियेट्रिकल कंपनी के नाटकों में गाते समय अचानक उन्हें गजलों का शौक हुआ था। उसी क्रम में उन्होंने मिर्जा गालिब, मीरा, जौक को पढ़ा, फिर शकील बदायूंनी, जिगर, फैज और हसरत जयपुरी की गजलों को गाना शुरू किया। फिर तो सिलसिला ऐसा चला कि वे गाती रहीं गाती रहीं। श्रोता अघाते नहीं थे। आज भी इतने साल गुजर गये, किन्तु उनकी गाई गजलों-ठुमरियों की पंक्तियां कानों में गूंजती हैं—दीवाना बनाना है तो दीवाना बना दे, छा रही काली घटा, अंखिया नींद न आये, कोयलिया मत कर पुकार, ऐ मोहब्बत तेरे अंजाम पे रोना आया, हमारी अटरिया आवो सजन सारा झगड़ा खतम हो जाए, बलम परदेसिया, सैंया छोड़ि द नौकरिया। सचमुच बेगम अख्तर की आवाज में दर्द था, भावों में अदाकारी की सादगी श्रोताओं के मर्म को स्पर्श करती थी और दिल से ''वाह'' की जगह ''आह'' निकला करती थी। वकील उस्ताद गालिब की ये पंक्तियां-

हज़ारों ख़्वाहिशें ऐसी कि हर ख़्वाहिश पे दम निकले,
बहुत निकले मेरे अरमां, मगर फिर भी कम निकले।

भाव और स्वर के रसिक श्रोतागण किसी संगीत मंच पर औसत कव्वाली मक्खन-सी गोरी, रतनारे नयन, पतले अधरोष्ठ और पान खाती हुई किसी नारी रूप को देखते ही समझ जाते थे कि यह कोई नहीं, साक्षात् संगीत की देवी बेगम अख्तर हैं।

इनके जीवन में एक नाटकीय मोड़ तब आया, जब उन्हें लखनऊ के मशहूर बैरिस्टर श्री इश्तियाक अहमद अब्बासी से निकाह होने के बाद संगीत से संन्यास लेना पड़ा। इस खबर से संगीत प्रेमियों में जैसे गहरी उदासी छा गई। लगभग पांच वर्षों तक यह अंतराल चला। इस बीच बेगम की मां का देहांत हो गया। वे इस सदमे को बरदाश्त नहीं कर सकीं और कुछ बीमारियों से भी घिर गईं।

डॉक्टरों ने उनके पति को सलाह दी कि बेगम साहिब को पुनः संगीत क्षेत्र में आने दिया जाए। परिस्थितिवश अब्बासी साहब मान गये। जब वे लखनऊ रेडियो स्टेशन पर पुनः अपने गीत रिकार्ड कराने गईं, तो अपने ही रिकार्ड किए हुए गीतों को सुनकर एकदम फूट-फूट कर रोने लगीं। देखने वालों की आंखें गीली हो गईं। ऐसा लगा कि मानों किसी मां को पांच वर्ष के अलगाव के बाद अपना खोया हुआ बच्चा मिल गया हो। बेगम को कुछ ऐसा ही महसूस हुआ।

भारत सरकार ने उनकी संगीत-साधना को देखते हुए सन् 1968 ई. में "पद्मश्री" से सम्मानित किया। बेगम अख्तर ने देश-विदेश जाकर शास्त्रीय संगीत को प्रस्तुत किया। वे अफगानिस्तान तथा पाकिस्तान भी गईं। ठुमरी, दादरा, गजलों के अलावा कजरी, चैती जैसी लोक शैलियों को भी उन्होंने पूरे मनप्राण से अपनाकर रसीला और आकर्षक बनाया।

उन्हें भारत सरकार ने पुनः सन् 1972 में संगीत-नाटक अकादमी के पुरस्कार से सम्मानित किया। जीवन के उत्तरार्ध में वे अस्वस्थ-सी रहने लगी थीं।

डॉक्टरों एवं उनके शुभचिंतकों ने उन्हें आराम करने की सलाह दी। किन्तु, वे उन सलाहों की भला कब परवाह करने वाली थीं। अहमदाबाद के एक संगीत-समारोह (30 अक्टूबर, 1974 ई.) में वहीं पर उनकी तबीयत ऐसी बिगड़ी कि तमाम प्रयासों के बावजूद उन्हें बचाया नहीं जा सका। वे खुदा को प्यारी हो गईं व संगीत जगत् को रोता-बिलखता छोड़ गईं। वह कट्टर धर्मपरायण थीं और दिन में पांच बार नमाज अदा करतीं थीं। उन्होंने दो बार हज भी किया था।

एक बार उन्होंने कहा था—यदि गाते-गाते ही मेरी मौत आ जाए, तो इससे बढ़कर खुशकिस्मती और क्या होगी। बेगम साहिबा की बात सच हो गई।

आज भी संगीत की महफिल जमती है, तो वहां श्रोता उनके अभाव को महसूस करते हैं। उनके शौहर जनाब अब्बासी साहब ने अपनी मृत्यु के कुछ दिन पहले आंखों में आंसू भरकर कहा था—

मुहब्बत करने वाले कम न होंगे
तेरी महफिल में लेकिन हम न होंगे।

और, अंत में यही कहकर संतोष करना पड़ता है कि उनका यह गीत आज लाखों सुलझे हुए संगीत श्रोताओं के दिलों में बसा हुआ है और बसा रहेगा—'सइयां छोड़ि द नौकरिया।'

अपनी बेपनाह मुहब्बत को इस कदर जाहिर करने वाली (मल्लिका-ए-तरन्नुम) चली गई और इस गीत के माध्यम से कठोर प्रियतम के कलेजे पर अपनी ओर से विरह-विदग्ध नायिका की नाजुक-कोमल-प्यारी हथेलियां रखती गईं। संगीत जगत के प्रियतम नौकरी छोड़कर पिया के पास रहें या न रहें, मगर प्रियतमा की आवाज अब भी गूंज रही है।

ध्रुपद-धमार के विभूति

पद्मश्री पं० सियाराम तिवारी

सन् 1926 ई.। दरभंगा का एक छोटा सा गांव अमला। सात वर्ष का एक बालक प्रातः चार बजे उठता है। वह अपना तानपूरा उठाता है और राग भैरवी में बंदिश के साथ अभ्यास करता है— ''उठो भोर....।'' यही उस बालक की दिनचर्या है। उसके पिता जो स्वयं एक प्रसिद्ध एवं सर्वोच्च गायक हैं, उसके बगल में बैठकर सुंदर राग का अभ्यास कराते हैं। यह क्रम घंटों चलता है।

वर्ष 1941 ई.। गया रेलवे का संगीत संस्थान-समारोह। वहां पर देश के बड़े-बड़े प्रसिद्ध कलाकार जैसे ओंकारनाथ ठाकुर, फैयाज खां, कृष्ण राव, शंकर पंडित, ब्रह्मानंद गोस्वामी और हाफिज अली खां उपस्थित थे। वह सात वर्ष का बालक जो अब बीस वर्ष का सुंदर युवक हो गया था, उसे भी अपने गायन के लिए मात्र बीस मिनट का समय दिया गया। वह युवा कलाकार जो राग मालकोंस में ध्रुपद रचना में अधूरा ही था, फिर भी श्रोतागण उसके मधुर राग, प्रभावशाली गमक, प्रवाहपूर्ण सुर, ताल और लय से इतने विमुग्ध हो गए, मानों बीस मिनट का समय उन्हें अनंत में ले डूबा हो। जैसे ही वह युवक मंच से नीचे उतरा, पं० ओंकारनाथ ठाकुर ने अपनी बांहों में उसे समेट लिया और कहा—''एक दिन तुम अपने देश के लिए गौरव सिद्ध होगे।'' ठीक पचास वर्षों के बाद पं० सियाराम तिवारी की कामयाबी ने रंग लाया और पद्मश्री से विभूषित हुए। सचमुच में आज कुछ ही संगीतज्ञ ऐसे हैं, जिन्होंने देश को गौरवान्वित किया है।

सन् 1919 में दरभंगा के अमता ग्राम में पं० सियाराम तिवारी का जन्म एक परंपरागत संगीत परिवार में हुआ था। उन्होंने अपना पहला पाठ गया घराना के अपने स्व. पिता पं० बलदेव तिवारी से सीखा। वे स्वयं श्री जानकीवल्लभ, स्नेहलता और उस्ताद महताब खां के शिष्य थे। पुन: वे विशेष प्रशिक्षण हेतु दरभंगा घराना के अपने दादा स्व. आचार्य भीष्मदेव पाठक के पास गए। यही कारण है कि पंडित तिवारी की गायिकी में गया और दरभंगा दोनों घरानों का सम्मिश्रण पाते हैं। सबसे बड़ी बात तो यह थी कि उनमें पारिवारिक संबंध से अधिक गुरु-शिष्य परंपरा कायम थी।

पं० सियाराम तिवारी में कलाकारिता की पूर्ण परिपक्वता तभी आई, जब वे आरा के ठाकुर शत्रुरंजन प्रसाद सिंह के बंगले पर ठहरे थे। श्री प्रसाद स्वयं पखावज के एक सिद्धहस्त विशेषज्ञ थे और उभरते हुए संगीतज्ञों के बड़े संरक्षक थे। वे वहां सन् 1943 से 1950 तक ठहरे। इस अवधि में उन्होंने अपने प्रारंभिक जीवन में कला को उजागर किया।

पं० तिवारी ने ध्रुपद धमार को अपने संगीत की मुख्य धारा से जोड़ा, क्योंकि ख्याल और ठुमरी की अपेक्षा लोगों के बीच वह कम लोकप्रिय था। वे गायन को उचित दर्जा देना चाहते थे और अपने लक्ष्य की प्राप्ति के लिए भरसक प्रयत्न करते थे।

आज भी हमारे देश में दो ही मुख्य ध्रुपद-धमार घराने हैं। वे हैं— गया घराना और डागर घराना।

पं० तिवारी अपने संगीत का प्रदर्शन आकाशवाणी पटना की स्थापना सन् 1948 के समय से ही कर रहे थे। उन्होंने देश के हरेक अच्छे-अच्छे सम्मानित समारोह में शरीक हो, अपने सुमधुर संगीत द्वारा श्रोताओं पर जादू-सा असर डाल दिया।

क्या पंडित तिवारी ने हिन्दी फिल्म-संगीत को सराहा है? इस विषय में वे दबी हुई हंसी के बीच कहा करते थे—'क्या कोई कानन देवी, यूथिका राय, के.एल. सहगल, लता मंगेशकर और मन्ना डे की याददाश्त को मिटा सकता है। लेकिन वर्तमान युग का संगीत हमें भयभीत कर पीछे की ओर धकेल देता है। फिर भी जमाने से भिन्न किशोरकुमार सरीखे आभिजात्य वर्ग के कुछ सर्वोच्च गायक हैं, जिन्हें तिवारी जी मानते थे, क्योंकि बिना किसी औपचारिक प्रशिक्षण के स्वर पर उनका अस्वाभाविक प्रभुत्व है।

पं० सियाराम तिवारी उच्च कोटि के कलाकार थे। संगीत-कला के क्षेत्र में उनकी प्रशंसा देश-विदेश में होती है। वे अनेक पुरस्कारों से अलंकृत भी किए गए। पारितोषिक के संबंध में उनका अनुभव था कि यह आवश्यक नहीं कि वह किसी कलाकार की योग्यता का मापक हो। यद्यपि उन्होंने स्वयं देश-विदेश में अनेक महत्वपूर्ण पारितोषिक प्राप्त किया। सन् 1950 ई. में बिहार के तत्कालीन राज्यपाल डॉ. जाकिर हुसैन ने उन्हें प्रथम पुरस्कार से सम्मानित किया। पुनः 1954 में स्वर्णपदक तथा 1985 ई. में "पद्मश्री" से सम्मानित किए गए। तदुपरांत वे दिल्ली संगीत नाटक अकादमी पुरस्कार और 1989 ई. में "बिहार-रत्न" से पुरस्कृत हुए।

पं० तिवारी की ख्याति विदेशों में भी काफी हुई। उन्होंने सर्वप्रथम 1970 में लंका का भ्रमण किया। दूसरी बार वे 1973 में विदेश गए और दो जर्मनों को ध्रुपद

संगीत की शिक्षा दी। थैचर और गौडबोल दोनों उनसे संगीत की विशेष शिक्षा प्राप्त करने के लिए भारत आए थे।

वे नम्रता तथा व्यवहार कुशलता के कारण सर्वप्रिय थे। ध्रुपद और धमार की उन्नति के प्रति उनका उत्साह सदैव बना रहा। अस्वस्थता के बावजूद वे यदाकदा दिल्ली, इंदौर आदि स्थानों की सैर किया करते थे। उनके हृदय में ध्रुपद गायकी की लोकप्रियता के लिए अपार स्नेह और SPLIMALY की तरह स्वयंसेवी संस्थाओं से बराबर उन्हें आमंत्रण-पत्र आते रहते थे। इसके अलावा ध्रुपद, धमार गायिकी को अधिक से अधिक सरल और मनोरंजक बनाने के लिए बराबर अनुसंधानात्मक अध्ययन में व्यस्त रहते थे। इसके लिए वे लयकारी की नीन प्रक्रिया द्वारा तथा संगीत में लय और बोल को भी बेहतर बनाने के लिए नित नवीन प्रयोग में लिप्त रहते थे। आज आपके न रहने से ध्रुपद गायकी का एक पक्ष सूना हो गया है।

'संगीत मार्तंड'

उस्ताद चांद खां

श्रोताओं की रुचि और स्मृति अल्पकालिक होती है। कलाकार की सामाजिक पहचान तभी तक बनी रहती है जब तक उसके कला की युवावस्था रहती है, बाद में धीरे-धीरे वह भुला दिया जाता है। पर कुछ ऐसे कलाकार हुए हैं, जिन्हें आज भी श्रोतागण व सुधीजन भूल नहीं पाये हैं, बल्कि कुछ महान कलाकारों ने ऐसे मापदंड स्थापित किए हैं, जो अविस्मरणीय रहेंगे। ऐसे महान कलाकारों में एक नाम दिल्ली घराने के विख्यात गायक, संगीत चिंतक उस्ताद चांद खां साहब का आता है, जिन्होंने अपना संपूर्ण जीवन संगीत को ही समर्पित कर दिया। खां साहब का कहना था कि संगीत की सफलता के लिए बहुत आवश्यक है कि तमाम कठिन अभ्यास एवं सुर की अग्नि में हम अपने को होम कर दें।

विशिष्ट गायक व संगीत कलाविद् उस्ताद चांद खां का दिल्ली के सांस्कृतिक जीवन में बहुत ही महत्वपूर्ण स्थान है। आप उस्ताद मम्मन खां साहब के सबसे बड़े पुत्र थे। 'होनहार बिरवान के होत चीकने पात' कहावत आप पर पूर्णत: चरितार्थ हुई। आपकी अवस्था पांच वर्ष की भी न हो पाई थी कि आपको गान विद्या सीखने की प्रबल इच्छा हुई, संगीत के प्रति रुचि, मधुर व दोष रहित आवाज इत्यादि गुण विरले ही भाग्यशाली व्यक्तियों में पाये जाते हैं। आप नियमित रूप से अध्ययन करने लगे और सात वर्ष की अवस्था में ही आप गायन समारोहों में भाग लेने के साथ-साथ अपने पिता के साथ अनेक प्रसिद्ध रियासतों में आमंत्रित होने लगे और 1911 ई० में ही दिल्ली दरबार के उपलक्ष्य में आयोजित संगीत सम्मेलन में गायन कला के लिए पुरस्कार प्राप्त किया। सन् 1913 में आप पटियाला राज दरबार में 'गायक' पद पर नियुक्त हुए, पर कुछ समयोपरान्त आप दिल्ली लौट आये और दिल्ली में ही स्थायी रूप से रहकर संगीत की सेवा में लग गये।

बचपन में आपसे एक बार आपके दादा 'संगी खां साहब' ने पूछा था कि आप गाना गाएंगे या सारंगी बजाएंगे? तो आपने स्पष्ट उत्तर दिया कि हमें तो बस गाने का शौक है, किसी साज-वाज का नहीं। अत: दिल्ली घराने में कुछ पूर्व कलाकारों द्वारा 'सारंगी' व 'सुरसागर' बजाने के कारण गायन में जो थोड़े समय हेतु शिथिलता आ गई थी, वह आपके गायन से दूर हो गई।'

आपकी शादी 'नूरा खां साहब' व 'मुहम्मद हुसैन खां' के पुत्र की पुत्री रमजानो बेग़म से हुई। आपकी तीन लड़कियों में क्रमशः महफ़ूजा बेग़म, नफीज़ा बेग़म व अख़्तर बेग़म हैं जिनकी शादी बाद में आपके ही तीनों भतीजे, जो क्रमशः बाद में दामाद बने — हिलाल अहमद खां, जहूर अहमद खां (वायलिन) व उ० जफ़र अहमद खां (सितार) से हुई। यद्यपि आपके दो पुत्र भी हुए थे, पर दुर्भाग्यवश दोनों की मृत्यु बाल्यावस्था में ही हो गई। अतः आपने अपनी दूसरी पुत्री के पुत्र व अपने नाती इक़बाल अहमद खां (उ० जहूर अहमद खां के पुत्र) को गोद लेकर, अपने बाद दिल्ली घराने का 'खलीफा' मनोनीत किया। आपने, अनेक स्थानों-रियासतों के सामाजिक उत्सवों व संगीत सम्मेलनों में भाग लिया व समय-समय पर आपको अखिल भारतीय संस्थाओं तथा विश्वविद्यालयों द्वारा प्रमाण-पत्र व विभिन्न उपाधियों से विभूषित किया गया, आप तीन-चार बार प्रथम श्रेणी के गायक घोषित किए गए व संगीत परिषदों के वार्षिक अधिवेशनों में 'स्वर्ण-पदक' से भी कई बार सम्मानित हुए थे। आपका 26 दिसंबर 1980 ई० को दिल्ली में स्वर्गवास हो गया। आपके देहावसान से हुई सांगीतिक हानि को पूरा करना संभव नहीं है।

1. सन् 1911 ई० में आपको ऑल इंडिया रेडियो द्वारा "उस्ताद" की उपाधि से विभूषित करके 1945 में आकाशवाणी दिल्ली में ही संगीत निरीक्षक के रूप में नियुक्त किया गया।
2. आपको सन् 1963 में भारतीय संगीत कला विद्यापीठ द्वारा "संगीत-मार्तंड" की उपाधि से सम्मानित किया गया था।
3. सन् 1970 में आपको आंध्रप्रदेश सरकार द्वारा शास्त्रीय संगीत की सेवा हेतु "विशेष पुरस्कार" प्रदान किया गया।
4. सन् 1975 में आपको संगीत संस्थाओं द्वारा "संगीतरत्न", "संगीत प्रवीण" व "गायनाचार्य" जैसी उपाधियों से नवाजा गया।
5. सन् 1969 में खां साहब को दिल्ली सरकार द्वारा "साहित्य कला परिषद्" प्रथम पुरस्कार से सम्मानित किया गया।

संगीत मार्तंड उ० चांद खां साहब के गाने में जितना प्रभावशाली विलंबित गायन था, उतना ही प्रभावशाली द्रुत लय का गायन भी था। दिल्ली घराने में गाये जाने वाले विशेष प्रकार के ख्याल, जैसे—टप ख्याल (टप्पा अंग के ख्याल), तान-बंधान के ख्याल, सवारी के ख्याल, मध्य व दुत लय के ख्याल आदि गाने में आपको विशेष निपुणता प्राप्त थी। साथ ही आप द्रुत लय के गायन प्रस्तुत करने में कुछ विशेष तानों, जैसे—उड़ान तान, उखाड़ तान, लहक की तान, फैलाव तान, उचूक तान, सपाट तान, लडी, बंदे की तान, शेर दहाड़ तान आदि तानों का प्रयोग

भी करते थे। आप गायन प्रस्तुतीकरण में शब्दों व उसके भावों को बड़ा महत्व देते थे, इनकी लगभग सभी बंदिशें कलापूर्ण होती थीं। आप गायन में सुंदर स्वरों का मेल करके कलात्मक विशेषताओं का प्रदर्शन करते थे, आपके द्रुत लयों की चीजों के प्रस्तुतीकरण में भाव के अंदाज के साथ लय और ताल पर गजब का अधिकार देखने को मिलता। साथ ही द्रुत लयों में ही विभिन्न प्रकार की तानों को बतलाकर, बारी-बारी कहने का अनोखा अंदाज खां साहब की व्यक्तिगत विशेषता थी। खां साहब अपने गायन की खासूसियत में सर्वप्रथम स्थायी अंतरे को भरते थे। पुनः एक-एक सुरों की बढ़त, सुरों का भरपूर लगाव करते हुए सूत में लड़ाव-जुड़ाव का काम दिखाते, उसके पश्चात् सरगमों के काम पर आते, जहां पर 'छूट की सरगमों', फिरत की सरगमों को कहने में महारत दिखाते थे। तानों के काम के अंतर्गत सपाट तान, बलपेंच तान, तलवार काट तान, लहक तान, शेर दहाड़ तानें कहकर सबका ध्यान आकर्षित करते हुए चमत्कार उत्पन्न करते थे। खां साहब का यही अंदाज मध्य लय के अतिरिक्त द्रुत ख्याल में भी देखने को मिलता था। आप 'ख्याल' अंग के गायन के अतिरिक्त ठुमरी, गजल आदि भी बड़ी तन्मयता से प्रस्तुत करते थे।

यूं तो चांद खां साहब प्रचलित सभी रागों को भली भांति गाते थे। किंतु कुछ राग, जैसे—मियां की टोड़ी, ललित, रामकली, भटियार, चंद्रकौंस, दरबारी, केदार, पूरिया, पूरिया धनाश्री, मारूबिहाग आदि राग बड़ी तन्मयता से गाते थे। चूंकि खां साहब स्वयं सफल रचनाकार थे, जिसके अंतर्गत इन्होंने स्वयं बहुत-से रागों में अनूठी बंदिशें बनाईं व अपना उपनाम 'चांदपिया' देते थे।

1. दिल्ली स्थित आल इंडिया रेडियो की स्थापना के समय से ही आप यहां के संगीत कार्यक्रमों में भाग लेते हुए भिन्न-भिन्न व्याख्यानों पर वार्ता प्रसारित करते व श्रोताओं व रसिकों की सराहना पाते थे।
2. आपने उर्दू की "जौहर-ए-मौसिकी" नामक उर्दू मासिक पत्रिका, 1918 में रि०सु० पत्रिका का प्रकाशन किया।
3. आपके विभिन्न विषयों पर समय-समय पर लेख, देश के सभी सम्मानित पत्र-पत्रिकाओं में पिछले पचास-साठ वर्षों से प्रकाशित होते रहे हैं।
4. आपने देश के विभिन्न स्थानों पर अपने गायन के आकर्षक प्रदर्शनों एवं विवेचनात्मक संप्रयोग भाषणों द्वारा अपनी प्रतिभा को प्रमाणित करते हुए प्रचार-प्रसार द्वारा अमूल्य योगदान दिया।
5. आपने शास्त्रीय संगीत पर बहुत-सी पुस्तकें लिखकर युवा जगत को नई दिशा दी—

क. 'मोसिकी-ए-हजरत अमीर खुसरो'

ख. 'प्राचीन शास्त्रीय संगीत'

ग. 'विवादास्पद राग'

घ. 'संगीत का शब्दकोश'

ङ 'इकसामी रागों के प्रकार'

च. 'प्राचीन गायकों की बंदिशें'

6. अपने लंबे काल में खां साहब, विभिन्न संस्थाओं से जुड़े रहे हैं। जिनमें आकाशवाणी ऑडिशन बोर्ड, उर्दू अकादमी, हज़रत अमीर खुसरो सोसाइटी आदि संस्थाओं के विभिन्न समिति के सदस्य के रूप में आपने महत्वपूर्ण सेवा की।

उस्ताद चांद खां साहब ने प्रशिक्षण देने में अपने पिता के समान ही विशाल हृदयता और उदारता का परिचय दिया है। उनके शिष्य-शिष्याओं के कुछ नाम इस प्रकार से हैं—

1. "तान सम्राट" उ० नसीर अहमद खां *(भतीजे व शास्त्रीय गायक)*
2. "संगीताचार्य" प्रो० हिलाल अहमद खां *(भतीजे व शास्त्रीय गायक)*
3. "कलारत्न" उ० जहूर अहमद खां *(भतीजे व वायलिन वादक)*
4. उ० बुलंद इकबाल व शाहिद अहमद देहलवी *(शास्त्रीय गायक व संगीत निदेशक-पाकिस्तान)*
5. उ० निजाम अहमद खां व अमीर अहमद खां *(शास्त्रीय गायक, पाकिस्तान)*
6. उ० उमराव बुन्दू खां *(सारंगी व गायक, पाकिस्तान)*
7. इकबाल बानो *(गजल-पाकिस्तान)*
8. शंकर-शंभू कव्वाल *(कव्वाल गायक, मुंबई)*
9. डॉ० कृष्ण बिष्ट और भारती चक्रवर्ती *(शास्त्रीय गायन-दिल्ली विश्वविद्यालय)*
10. कमल सहगल व कविता सहगल *(शास्त्रीय गायन-दिल्ली)*
11. सतीश प्रकाश, जगदीश प्रसाद व महावीर प्रसाद कंवर *(शहनाई वादक-दिल्ली आकाशवाणी)*
12. उ० इकबाल अहमद खां *(गायक व खलीफा-दिल्ली घराना)*
13. उ० जफ़र अहमद खान *(सितारवादक-दिल्ली घराना)*
14. ए०पी० घोष बाबू व मिन्टू बाबू *(गायन-रांची)*
15. पं० भगवतशरण शर्मा *(प्रसिद्ध संगीत शास्त्री)*
16. मुहम्मद अली खां व रोशन लाल *(सुरसागर नवाज, संगीत निर्देशक-मुंबई)*

आगरा घराने के उस्ताद विलायत हुसैन खां साहब, चांद खां के विषय में लिखते हैं—''ये प्रसिद्ध सारंगिये उस्ताद मम्मन खां के सुपुत्र हैं। इन्होंने संगीत शिक्षा अपने पिता व अन्य खानदानी बुजुर्गों से ली है। यह अस्थायी ख्याल, तराना सभी चीजें अच्छी तरह गाते हैं व संगत भी बहुत अच्छी करते हैं। इन्हें संगीत शास्त्र की बहुत गहरी जानकारी है। यह आजकल दिल्ली में ही रहते हैं व इनके बहुत से शिष्य हैं।''

शास्त्रीय संगीत की बांसुरी

श्रीमती गिरिजा देवी

भारतीय संगीत की सुप्रसिद्ध आचार्या, बनारस घराने की जानी-मानी हस्ती—ख्याल, ठुमरी, दादरा, टप्पा, कजरी, चैती विभिन्न आंचलिक लोकगीत की गायनशैली और भजन में प्रवीण श्रीमती गिरिजा देवी के स्वर की तुलना बांसुरी और शहनाई से की जाती है। पांच वर्ष की उम्र में ही इन्होंने बनारस के जाने-माने संगीतज्ञ पं० सरयू प्रसाद मिश्र "दादाजी" की छत्रछाया में संगीत का प्रथम पाठ प्रारंभ किया। कबीर चौरा की संकरी गली सन् 1930 ई. में कत्थक नृत्य, सारंगी-वादन, तबले की ठनक और घुंघरुओं की खनक से सदा गुलजार रहती थी। गिरिजा देवी की रुचि विद्यालय शिक्षा की ओर नहीं थी। अतएव उन्होंने चतुर्थ वर्ग तक ही शिक्षा प्राप्त की। संगीत के प्रति उनकी स्वाभाविक अभिरुचि थी। उनके लिए संगीत एक धुन था।

दूसरे गुरु थे पं० श्रीचंद्र मिश्र, जिनका गहरा प्रभाव इनकी गायन साधना पर पड़ा। श्रीचंद्रजी ने इन्हें ध्रुपद और धमार की शिक्षा दी। श्रीचंद्र जी स्वयं दरगाह जी के शिष्य थे, जो काशी नरेश के दरबारी संगीतज्ञ थे।

बेहद मिलनसार और सहज स्वभाव वाली गिरिजा देवी की बोली में शुद्ध बनारसीपन की अद्‌भुत मिठास है। अद्‌भुत रस को शक्तिशाली मानती हैं। उसमें बालसुलभ उत्सुकता है, जो उसे आकर्षित करती है। उनके संजयनगर आवास पर हजारों लोगों के आकर्षण का केन्द्र है—खिलौनों और गुड़ियों का भंडार। वहां संसार के प्रायः सभी देशों के सैकड़ों बड़ी-छोटी गुड़िया संगृहीत हैं। गिरिजा जी को लोग "आपा जी" के नाम से भी जानते हैं। आज वे पचहत्तर से अधिक वसंत देख चुकी हैं और प्रत्येक वर्ष अपने जन्मदिन के अवसर पर परिवार एवं मित्रों से उपहारस्वरूप गुड़िया प्राप्त करती हैं।

श्रीमती गिरिजा देवी का मत है कि भारतीय संगीत के प्रति उनके जीवन में अचानक खिंचाव सन् 1951 ई. में आरा (बिहार) में आयोजित समारोह के अवसर पर हुआ। इस शुभ मुहूर्त में उन्हें अपनी कला के प्रदर्शन का अवसर मिला और अपने गुरु पं० श्रीचंद्र मिश्र की आंखों में अपनी दृढ़ता का आभास मिला। इसी घटना

के बाद उन्होंने ''गंडा'' उत्सव की दीक्षा ली। वस्तुतः यही उत्सव गुरु-शिष्य की परंपरा के अंतर्गत गुरु अपने शिष्य को अर्पित करता है। यद्यपि यह एक साधारण सा समारोह है, फिर भी यह शिष्य को जांचने की सच्ची कसौटी है।

आरा में आयोजित वह संगीत समारोह वस्तुतः एक महान उत्सव था। इस अवसर पर मशहूर कत्थक नृत्यांगना दमयंती जोशी, नायिका-भेद की मशहूर गायिका के साथ-साथ श्री डी.वी. पलुस्कर और पं० ओंकारनाथ ठाकुर जटिल तान के गायक थे। उस समारोह की सबसे बड़ी विशेषता यह थी कि इसमें नए-नए कलाकारों को भी अपनी कला प्रदर्शित करने का मौका दिया गया था। ब्राह्म मुहूर्त में श्रीमती गिरिजा देवी ने राग देशी टोडी गाया, जिसने सभी को मोह लिया। ट्रेन लेट होने के कारण इसी बीच सूचना मिली कि पं० ओंकारनाथ ठाकुर समारोह में समय पर नहीं पहुंच सकेंगे। लेकिन इसका प्रभाव उस भीड़ पर कुछ नहीं पड़ा, अपितु भीड़ और उमड़ती चली आई। परिमाणतः बनारस की अनजान युवती गायिका गिरिजा के स्वर ने दादरा, होली और ठुमरी के द्वारा श्रोताओं को मंत्र-मुग्ध कर दिया। उनका संगीत साढ़े तीन घंटे तक चलता रहा। विशेषकर, ''बाबुल मेरा नैहर छूटा जाए'' की अंतिम संगीत लहरी ने उन्हें देखने के लिए श्रोताओं को विवश कर दिया। अंत में एक साड़ी द्वारा उन्हें सम्मानित किया गया और सभी ने एक स्वर से स्वीकार किया कि सचमुच आज आरा में एक महान गायिका और अभिनेत्री ने जन्म लिया है।

इनका मानना है कि संगीत का प्रशिक्षण एक साधना है, जिसकी बुनियाद मजबूत होनी चाहिए। नए कलाकारों के बारे में इनका कथन है कि यदि कोई कलाकार मंच पर अपनी पकड़, चालीस-पचास वर्षों तक कायम रखता है, तो अपनी इसी परिपक्वता के कारण श्रोतागण उसकी ओर सहज रूप से आकर्षित होते हैं।

इन्होंने अपने अथक परिश्रम एवं सच्ची लगन के द्वारा शास्त्रीय संगीत पर भी पकड़ बनाई है। उनके बनारस आवास के दीवाल पर सुशोभित पद्मभूषण, पद्मश्री एवं संगीत नाटक अकादमी के पट उनके सम्मान को प्रदर्शित करते हैं। वे बारह वर्षों तक आई.टी.सी. संगीत रिसर्च अकादमी में कार्यरत रहीं।

अपने जीवन के इतने वर्षो में गिरिजा देवी ने अनेक सफलताएं हासिल की हैं। साथ ही, बनारस घराने की अवनति भी देखी है। एक समय था, जब इसी बनारस में सिद्धेश्वरी देवी, रसूलन बाई और हीरादेवी मिश्रा ने गायिका के रूप में राष्ट्रीय स्तर की प्रसिद्धि पाई। आज वे ही एकमात्र इस घराने की मशहूर गयिका रह गई हैं। उनकी प्रबल इच्छा है कि गंगा के तट पर सही रूपों में गुरु-शिष्य परंपरा का

निर्वाह करते हुए शिष्यों को प्रशिक्षित कर पैतृक संपत्ति की रक्षा की जाए। इस मृतप्राय घराने को वे अपने गुरु से प्राप्त छंद-प्रबंध के द्वारा जीवित रखना चाहती हैं।

अपने पारिवारिक जीवन के बारे में कहती हैं कि वे एक साधारण ग्रामीण परिवार से आती हैं। उनकी मां सदा एक लंबा घूंघट काढ़ती थीं। उनके नौ बच्चों में वह भी एक हैं। उनके पिता श्री रामदास राय एक किसान थे। परिवार में संगीत के नाम पर पिता केवल हारमोनियम बजाना जानते थे। उनके गांव की औरतें कई मील चलकर गंगास्नान करने आती थीं। वे राग और स्वर से अनभिज्ञ थीं। लेकिन जो गीत वे गाती थीं, वे शुद्ध थे।

इनकी लोकप्रियता धीरे-धीरे संगीत जगत् में बढ़ती गई। उनके बनारस आवास पर प्रत्येक रविवार को संगीत-शायरी का आयोजन किया जाता था। इसमें अमीर खां और हीराबाई सरीखे चोटी के गायक शरीक होकर युवा संगीतज्ञों को अपनी कला एवं विचारों से लाभान्वित करते थे। श्रीमती गिरिजा देवी का अपना विचार था कि संगीत को शब्द विधियों के माध्यम से अधिक से अधिक सशक्त बनाया जाए। उनका कहना है: दस ही राग गाओ, मगर ठीक गाओ। उन्होंने श्रोताओं के बीच कम से कम समय में सुमधुर गीतों द्वारा संगीतज्ञों को रिझाने की कला अपनाने का सुझाव दिया, न कि क्लिष्ट तथा उबाऊ रागों द्वारा अधिक समय तक को घेरने का। हां, यदि इतनी लियाकत हो कि एक ही राग को चार-पांच घंटे तक सुगमता से प्रस्तुत किया जा सके, तो इस विशेषता को भी नकारा नहीं जा सकता।

गंगा-यमुना संस्कृति की एक और अनमोल धरोहर गिरिजा जी ने विविधतापूर्ण गायिकी से श्रोताओं के दिलो-दिमाग पर एक अमिट छाप छोड़ी है। वे संगीत जगत की एक विभूति हैं।

"तान सम्राट" गायक

उस्ताद नसीर अहमद खां

गले में मिठास, गायन प्रस्तुतीकरण में निराला अंदाज तथा शब्दों के भावनाओं की अभिव्यक्ति इन तीनों का समन्वय महफिल में नया रंग ला देता है और विख्यात गायक "तान सम्राट" उस्ताद स्व० नसीर अहमद खां साहब को इस समन्वित रूप का प्रतीक माना जाता रहा है। खां साहब का विचार था कि गणित गाना, शास्त्र गाना ही शास्त्रीय संगीत नहीं है, सही मायने में संगीत वह विद्या है, जो मन को झकझोर कर रख दे, कानों में स्वरों का रस घोल दे और श्रोताओं को "वाह" नहीं, "आह" कहने पर मजबूर कर दे। खां साहब की आवाज में वही जादू था जो "आह" कहने पर मजबूर कर देता था। वह जिस सरलता से शास्त्रीय संगीत पेश करते थे, उसी सरलता से सुगम संगीत गाने में भी दक्ष थे।

आपका जन्म 1930 ई० में दिल्ली में ही हुआ था। आप चार वर्ष की अवस्था से ही अपने पिता उ० उस्मान खां व ताऊ चांद खां साहब से शिक्षा पाते रहे। आप उस्ताद मम्मन खां (प्रसिद्ध सारंगिये) साहब के पौत्र हैं। वह प्रसिद्ध गायक उ० चांद खां साहब के भतीजे हैं। आपके तीन पुत्र क्रमशः तनवीर, इमरान खां, कामरान अहमद खां हैं, जो वर्तमान में गायन कला की पारंगतता की ओर तेजी से बढ़ रहे हैं। आपने सुरीली, मीठी व कलात्मक आवाज के बल पर कम समय में प्रसिद्धि प्राप्त कर ली थी व किशोरावस्था में ही अखिल भारतीय स्तर के कलाकार बन गये। आपने कई बार विदेश यात्राएं कीं और जगह-जगह पर कार्यक्रमों के दौरान अपने घराने की विशेषताओं का उल्लेख करते हुए व्याख्यान भी प्रस्तुत किए थे। खां साहब तर्क सुनना पसंद करते थे। वे परंपरावादी जरूर थे, पर रूढ़िवादी नहीं। परंपरा को मर्यादाओं में रखते हुए भी उनका अपना विशिष्ट व्यक्तित्व था।

आपने देश-विदेश में होने वाले संगीत सम्मेलनों में भारत के उच्चकोटि के गायकों तथा वादकों के साथ अपनी कला का प्रदर्शन करके भूरि-भूरि प्रशंसा अर्जित की है। साथ ही दिल्ली में जब भी कोई बड़ा संगीतज्ञ आता तो इनके यहां दावत जरूरत होती, संगीत बैठक भी जमती, जहां पर खां साहब बचपन से ही अपनी सुरीली तानों का प्रदर्शन करके सबके मन को मोह लेते थे व उनकी दुआ पाते थे।

सन् 1954 में हिंदुस्तान व पाकिस्तान के कलाकारों द्वारा एक संगीत समारोह का आयोजन दिल्ली में ही किया गया, जहां पर गायकों में उ० बड़े गुलाम अली खां, उ० बरकत अली, उ० फैयाज खां, उ० चांद खां व पं० ओंकारनाथ ठाकुर जैसे मूर्धन्य गायक भाग ले रहे थे— ऐसे ही सम्मेलन में गायन के बाद सबके समक्ष खां साहब नसीर अहमद को अच्छे गायक के रूप में स्वीकार करते हुए 'स्वर्ण पदक' द्वारा सम्मानित किया गया था। उ० नसीर अहमद खां साहब का प्रथम सार्वजनिक संगीत कार्यक्रम 1944 ई० के अंतर्गत दिल्ली में हुआ। उसी वर्ष उन्होंने मुंबई में स्वामी हरिदास संगीत सम्मेलन, कोलकाता में सदारंग संगीत सम्मेलन व पं० विष्णु दिगंबर जयंती समारोह में भाग लिया, जिसमें अपने गायन का उत्कृष्ट प्रदर्शन करके खां साहब ने संगीत जीवियों व रसिकों से श्रेष्ठ गायक के रूप में अपने को मनोनीत करा लिया। आप अपने बड़े भाई उस्ताद हिलाल अहमद खां साहब के साथ कई वर्षों तक 'जुगलबंदी' कार्यक्रम पेश करते रहे, जो काफी लोकप्रिय रहा। परंतु बाद में स्वतंत्र गायकी में ही अपना स्थान बनाने में सफल हुए। आप कुछ समय तक मुंबई में रहे, जहां पर कई संगीत निदेशकों ने आपके गायन कला से प्रभावित होकर संगीत शिक्षा ग्रहण की। परंतु कुछ समयोपरांत मन न लगने के कारण आप पुनः जन्म स्थान दिल्ली आ गये व जीवनपर्यन्त यहीं रहे। आपके बड़े भाई उ० हिलाल अहमद खां गायक व छोटे भाई ज़फ़र अहमद खां सितार वादक हैं। अपनी विदेश यात्राओं के दौरान सन् 1985 में अमेरिका, कनाडा आदि देशों के विभिन्न शहरों में अपने अनगिनत कार्यक्रम प्रस्तुत करके दिल्ली घराने की गायकी से प्रबुद्ध श्रोताओं को परिचित कराया। स्वदेश लौटने पर 'सुरसागर सोसाइटी' द्वारा अपने सम्मान में आयोजित कार्यक्रम के पश्चात् एक दिन अस्वस्थता के कारण 22 अगस्त, 1986 को घर पर ही अचानक खां साहब का देहांत हो गया।

आपने देश के प्रथम श्रेणी के गायक होने के साथ-साथ कई बार आकाशवाणी, दूरदर्शन के राष्ट्रीय कार्यक्रमों व संगीत सम्मेलनों आदि में अपने गायन का प्रसारण किया था। आपके कई ग्रामोफोन रिकार्ड, ई०पी० और एल०पी०, एच.एम.वी. बन चुके हैं। मुंबई की वीनस कंपनी द्वारा आपके गायन के ऑडियो कैसेट भी जारी हो चुके हैं। आपके तीनों पुत्र व शिष्य दिल्ली घराने की गायकी को बढ़ाने में नित नई सफलता प्राप्त कर रहे हैं।

1. उ० नसीर अहमद खां साहब का ऐसा मानना था कि गायकी में लकीर के फकीर को कोई पसंद नहीं करता। 'ख्याल' का तो नाम ही कल्पना है, अतः नई बातें तो होनी ही चाहिए।

2. आपको दिल्ली के अतिरिक्त कौन-कौन से घराने पसंद हैं। इसके उत्तर में खां साहब ने कहा कि मुझे लगभग सभी घराने पसंद हैं और उनकी विशेषताओं का भी मैं कद्रदान हूं। गायन के प्रगतिशील दृष्टिकोण अपनाते हुए नसीर साहब ने कहा कि पहले से तो ख्याल गायन में तरक्की ही हुई है। मधुरता व खूबसूरती की तरफ लोगों का ध्यान अधिक जाने लगा है, क्योंकि आवाज़ का मधुर होना ख्याल गायन के लिए अति आवश्यक है। कानफोड़ आवाज कोई संगीत नहीं होता।

उ० नसीर अहमद खां साहब अपने परंपरागत गायकी की खूबियों को जहां अति आकर्षक ढंग से प्रस्तुत करते थे, वहीं आपकी गायकी मौलिकता व सृजनशीलता से भी भरपूर थी। आप 'ख्याल' गायकी के अतिरिक्त ठुमरी (पंजाबी अंग), तराना व गजल आदि भी बखूबी गाते थे। पंजाबी अंग के ठुमरियों के गायन में आपकी कल्पना शक्ति और मौलिकता का प्रचुर मात्रा में परिचय मिलता था। सौंदर्य की अनुभूति कराना ही तो कलाकार की वास्तविक विशेषता होती है, इस भावना के उड़ान के साथ-साथ छोटी-छोटी हरकतों से सजाने का खां साहब का निराला अंदाज अपने अलग ढंग का होता था। आप अपने गायन में शब्दों और उसके रस भाव को बड़ा ही महत्त्व देते थे। साथ ही सुंदर स्वरों का मेल करके कलात्मक विशेषताओं का सुंदरतापूर्वक प्रयोग करते थे। आप अपने गायन में अस्थायी अंतरे को भरते हुए, सुरों का भरपूर लगाव करते हुए सूत में लड़ाव-जुड़ाव का काम दिखाते, तत्पश्चात् सरगमों के काम दिखाते, जिसके अंदर 'छूट की सरगम', फिरत की सरगम, तीनों सप्तकों की सपाट सरगम का काम ठाह, दुगुन व चौगुन लयों में दिखाकर, छोटी सपाट तानों की तिहाई लेते हुए हर बार अलग-अलग ढंग से मुखड़ा पकड़ते थे। यह इनके स्वयं के मुखड़ा पकड़ने का अलग अंदाज था, जो दिल्ली घराने की खास विशेषता रही है। इसके बाद तानों के कामों के अंतर्गत ये— सम्राट तान, बलपेंचतान, शेर दहाड़ तान, मुंहबंद तान, लहक की तान, फिरकी तान आदि तानें कहकर, अकसर प्रत्येक का सरगम भी साथ में ही करते व चमत्कार उत्पन्न करते थे।

इनके विषय में शायर ''बेदिल हाथरसी'' लिखते हैं—

जो बेमिसाल है, उसका मिसाल क्या होगा।
तेरे जमाल का सानी, जमाल क्या होगा॥
तेरे तलाश में बढ़कर, तलाश क्या होगी।
तेरे ख्याल से बेहतर, ख्याल क्या होगा॥

1. 1962 ई० में संगीत-मित्र-मंडल जबलपुर द्वारा नसीर अहमद खां साहब को "तान सम्राट" की उपाधि से विभूषित किया गया।
2. वर्ष 1962 ई० में ही संगीत सदन कलकत्ते द्वारा खां साहब को "तान कप्तान" की उपाधि दी गई।
3. सन् 1980 में इनकी गायकी से प्रभावित होकर विख्यात संस्थान प्राचीन कला केंद्र, चंडीगढ़ ने इन्हें "संगीत सम्राट" की उपाधि व प्रशंसा-पत्र से विभूषित किया।
4. 1980 में ही मुंबई में संगीत रसिकों द्वारा इन्हें "बीसवीं सदी का तानसेन" कहकर मानपत्र भेंट किया गया।
5. 1968 ई० में आपको भारतीय संगीत तथा ललित कला विद्यापीठ, कानपुर के दीक्षांत समारोह में "संगीताचार्य" की उपाधि प्रदान की गयी।

आप जहां एक अच्छे कलाकार थे, वहीं एक अच्छे गुरु भी थे। अपने शिष्यों को बड़े प्यार से सिखाते व अपने घर के सदस्यों की तरह व्यवहार करते थे। खां साहब की शिष्य परंपरा इस प्रकार है—

1. नाज़मा परवीन अहमद *(संकाय प्रमुख-दिल्ली विश्वविद्यालय)*
2. अंजली मित्तल *(रीडर संगीत विभाग-दिल्ली विश्वविद्यालय)*
3. सलाउद्दीन अहमद, अनवर *(गज़ल गायक, प्लेबैक सिंगर-मुंबई)*
4. श्रीमती तृप्ति घोष *(गया-बिहार)*
5. चांद परदेशी *(म्यूजिक डायरेक्टर-मुंबई)*
6. उ० महमूद धौलपुरी *(प्रसिद्ध हारमोनियम वादक-दिल्ली घराना)*
7. सुश्री मधु रानी *(प्रसिद्ध गज़ल गायिका-मुंबई)*
8. श्री रमेश मिश्र *(गायक व प्राध्यापक-दिल्ली घराना)*
9. श्री इंदू प्रकाश *(गायक-दिल्ली घराना)*
10. श्रीमती पुलमा दास जोशी *(गायिका-दिल्ली घराना)*
11. उ० रोशन जमील व साहिब *(गज़ल गायक-दिल्ली घराना)*
12. सतीश प्रकाश कमर *(शहनाई वादक-आकाशवाणी, दिल्ली)*

1. उ० नसीर अहमद खां साहब ने सर्वप्रथम दिल्ली घराने की गायकी को अपने व्यक्तिगत प्रतिभा के बल पर नया रूप व नया अंदाज दिया। सुरों के लगाव, भावों के प्रदर्शन में अनोखे ढंग का विकास करके, कई अप्रचलित रागों की रचना करके उनको प्रचारित किया।

2. खां साहब ने अपने जीवनकाल में जितना विकास दिल्ली घराने के शास्त्रीय पक्ष को दिया, उतना ही प्रचार उपशास्त्रीय गायन (ग़ज़ल, भजन, ठुमरी) आदि का भी किया।

3. पंजाबी ठुमरी की गायकी में भावों को व्यक्त करते समय छोटी-छोटी सपाट तानों, हरकतों व ठुमरी में ही शेरो-शायरी कहने के नये अंदाज के विकास से सर्वप्रथम लोगों को परिचित किया।

4. खां साहब ने आकाशवाणी व दूरदर्शन के राष्ट्रीय कार्यक्रमों में भाग लेते हुए अनेक रचनाओं को संगीतबद्ध किया व कई नाटकों के संगीत निर्देशन से भी जुड़े रहे।

5. एच०एम०वी० द्वारा बनाये गये एल०पी०, ई०पी० ग्रामोफोन रिकार्ड व कैसेट बहुत ही प्रचलित हुए। इसके साथ ही दूरदर्शन सीरियल में उपशास्त्रीय गायन कर अपने को इस दिशा में भी प्रमाणित किया।

6. आपने देश व विदेश (अमेरिका, कनाडा, पाकिस्तान) में समय-समय पर अपनी यात्राओं के दौरान आकर्षक प्रदर्शनों व भाषणों के द्वारा जन-जन में दिल्ली घराने की गायकी को प्रचारित किया है। अनेकानेक तानों की तरफ लोगों का ध्यान आकर्षित किया।

ध्रुपद व ख़्याल गायकी के साधक

पं० चंद्रप्रकाश मिश्र

श्रीराम जन्मभूमि (अयोध्या) के प्रसिद्ध गायक पं० चंद्रप्रकाश मिश्र प्रख्यात गायक हैं। आप एक कुशल शिक्षक, परीक्षक व श्रेष्ठ रचनाकार भी हैं। आप जहां (ध्रुपद व ख़्याल) दोनों ही शैलियों के गायन में समान अधिकार रखते हैं, वहीं उपशास्त्रीय गायन में ठुमरी, दादरा, भजन, चैती, कजरी आदि गायन में भी पारंगत हैं। आपको अनेक पुरस्कारों व मानपत्रों का प्राप्त होना आपके श्रेष्ठ 'कला-आचार्य' होने का प्रमाण भी है।

संगीत, विशेषकर कंठ संगीत के क्षितिज पर विभिन्न आयामों को छूते हुए इस साधक कलाकार ने कितना कुछ हासिल कर लिया था, इसके बावजूद भी उन्होंने कभी अपने को प्रचारित-प्रसारित करने में रुचि नहीं दिखायी। वे एक अंतर्मुखी साधक व गायक थे, जो हमेशा मन ही मन गुनगुनाया करते थे। आपकी संगीत साधना करीब-करीब दिन भर चला करती थी व पांच--छह घंटे का अभ्यास तो दैनिक दिनचर्या थी। विलक्षण प्रतिभा के धनी पं० मिश्र जी स्वरों पर साधिकार पकड़ के साथ एक सुर पर ठहरकर बोल-बांट के नाना उपज पैदा करते। खासकर उनकी गायकी की विविधता तब सामान्य श्रोताओं को स्पष्ट होती थी, जब वे अपने अनुज अंतर्राष्ट्रीय नर्तक पं० ओमप्रकाश मिश्र के साथ होते थे। विशेषकर तब, जब ओमप्रकाश महाराज भाव प्रदर्शन का कार्य करते थे। जहां भाव की सृष्टि का साक्षात् दर्शन ओमप्रकाश जी कराते थे वहीं उसे सुरों से सजाने का काम चंद्रप्रकाश जी के जिम्मे होता था।

किसी भी कंठ संगीतज्ञ का स्वरों पर ऐसा अधिकार सहज ही देखने को नहीं मिलता। अकसर वे श्रोताओं का मन टटोलकर उन्हें प्रस्तुत गायन-वादन की बारीकियां भी समझाते जाते थे। ऐसा मणिकांचन योग अन्यत्र दुर्लभ है।

31 जुलाई, 1953 में सुविख्यात तबला-वादक पं० दयाशंकर मिश्र जी के पुत्र रूप में श्रीराम नगरी अयोध्या में जन्मे मिश्र को संगीत कला पैतृक रूप में प्राप्त हुई। माता श्रीमती चंद्रावती मिश्रा स्वयं आदर्श शिक्षिका एवं संगीत साधिका थीं। आपने अल्प आयु से ही अपने माता-पिता, चाचा पं० केशरीप्रसाद व पं० श्याम नारायण

मिश्र से ख्याल गायन की शिक्षा, पं० राजकुमार मिश्र (वापीजी) व पं० कांताशरण (झांसी) से, 'टप्पा गायन', पं० महावीर दास, गायनाचार्य पं० गौरीशंकर दासजी से 'ध्रुपद' गायन की शिक्षा प्राप्त की। कुछ समयोपरांत, आपने संगीताचार्य श्री लाल जी 'भाई जी' से संगीत के विभिन्न विधाओं के ज्ञान की जानकारी प्राप्त की।

आपने अवध विश्वविद्यालय 'फैजाबाद' से स्नातक परीक्षा उत्तीर्ण करके, इ०क०स० विश्वविद्यालय खैरागढ़ (म०प्र०) से एम०ए० (गायन) व प्रयाग संगीत समिति इलाहाबाद से संगीत प्रवीण (गायन), संगीत प्रभाकर (वादन) की परीक्षाएं उत्तीर्ण कीं। आप कई विश्वविद्यालय व प्रयाग संगीत समिति के मान्य परीक्षक भी थे।

अपने सांगीतिक भ्रमण के अंतर्गत आपने देश के प्रमुख संगीत सम्मेलनों के अतिरिक्त, भारत महोत्सव (मास्को), नेपाल (काठमांडू) तथा अन्य देशों की यात्राएं करके भारतीय संगीत के प्रस्तुतिकरण में लोगों से प्रशंसा पाई है व भारतीय संगीत के गौरव को बढ़ाया है। आपको 'संगीत रत्न' व 'संगीत प्रवीण' के पुरस्कार से विभूषित किया गया था।

आपका कहना था कि 'विशिष्ट घराने वाले लोग ही किसी विशेष कला को प्रस्तुत कर सकते हैं, यह कहना अनुचित है। क्योंकि कला तो ईश्वरीय देन है, साधना से इसे सभी पा सकते हैं, बशर्ते उनमें कला के प्रति श्रद्धा, भक्ति व लगन हो।'

उच्चकोटि के कला मर्मज्ञ होने के साथ-साथ आप स्वभाव से गंभीर, मधुर व मृदुभाषी थे। शायद यही कारण था कि अनेक संगीतज्ञ पंडित चंद्रप्रकाश जी के घर संगीत सुनने और सुनाने हेतु आया-जाया करते थे, जिससे घर में संगीत का माहौल बन रहा था। आपके क्रमशः दो अनुज हैं। जहां पं० ओमप्रकाश महाराज कत्थक नृत्य के अंतर्राष्ट्रीय ख्याति प्राप्त नर्तक हैं, वहीं डॉ० रमेश मिश्र 'सुरमणि' ख्याति प्राप्त 'गायक' हैं।

पं० मिश्र का संगीत के क्रियात्मक व सैद्धान्तिक दोनों ही पक्षों पर अच्छा अधिकार रहा है। विभिन्न संगीत समारोहों, संगीत परिचर्चाओं, विविध विषयों पर व्याख्यान के अतिरिक्त, संगीत विषयक पत्र-पत्रिकाओं में आपके लेख प्रकाशित होते रहते हैं। शिक्षक, परीक्षक व गायक होने के अतिरिक्त आपने भारतीय संगीत की ध्रुपद-धमार, ख्याल, तराना आदि गायन शैलियों का भी गहन अध्ययन, अभ्यास, मनन व चिंतन किया है। आपकी लिखित पुस्तकें व कुछ रचनाएं इस प्रकार हैं:

1. संगीत दिग्दर्शिका (भाग 1, 2, 3)
2. संगीत पथदर्शिका (गायन+वादन हेतु)
3. संगीत निबंधावली (दसवीं से एम०ए० स्तर तक)

आपको संगीत मित्र मंडल (बरेली) द्वारा 'संगीत शिरोमणि', सुरशृंगार अकादमी मुंबई द्वारा ''सुरमणि'' व ललित कला अकादमी जमशेदपुर द्वारा 'संगीत नायक' की उपाधि से विभूषित किया गया है। 15 नवंबर 2000 को आपका देहावसान अयोध्या (उ.प्र.) में हुआ।

चंद्रप्रकाश जी का घराने की गायकी के विषय में कहना था— मैं हमेशा सभी घराने की खूबियों का प्रशंसक रहा हूं और जहां जो कुछ मिला, उसे अपने गायकी में शामिल कर लिया। आज लोग 'घराने' के पीछे बुरी तरह से पड़े हैं, पर मैं समझता हूं कि किसी भी घराने व गुरु की गायकी के अतिरिक्त कलाकार में अपना भी कुछ होना चाहिए। यदि ऐसा नहीं हुआ, तो गायकी टिकाऊ नहीं बन सकती और वह सभी बातें किसी एक घराने की गायकी से संभव नहीं है। अतः गुरु-शिष्य दोनों को ही खुले विचार रखकर अपने घरानों के अतिरिक्त और भी घरानों से जो कुछ मिले, ले लेना चाहिए, तभी गायकी व घराने का विकास संभव है।

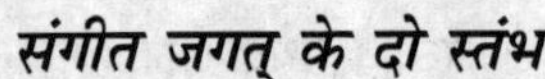

संगीत जगत् के दो स्तंभ

पं० राजन-साजन मिश्र

शास्त्रीय गायन में युगलबंदी की चर्चा जब होती है, तो विशेष रूप से ध्रुपद गायक डागर बंधु अली (नजाकत अली–सलामत अली), अहमद बंधु (नियाज अहमद-फैयाज अहमद), अमानत अली–फतेह अली, सईद खां–रसीद खां और सिंह बंधु के नाम लिए जाते हैं। यूं ख्याल गायन में युगलबंदी की शुरुआत अदारंग–सदारंग से ही मानी जाती है। इसी क्रम में बनारस घराने के प्रमुख गायक राजन मिश्र–साजन मिश्र (मिश्र बंधु) के नाम भी स्मरण हो आते हैं। ये दोनों सहोदर भाई बनारस के सुविख्यात गायक रामदास जी के गंडाबंद शिष्य हैं। दोनों भाइयों का जन्म बनारस में हुआ। राजन मिश्र, साजन से पांच वर्ष बड़े हैं। राजन मिश्र का जन्म 1951 और साजन मिश्र का जन्म 1956 ई. में हुआ। राजन मिश्र स्नातक हैं।

संगीत, दोनों भाइयों को विरासत में मिला। पिता पं० हनुमान मिश्र एवं चाचा स्व. गोपाल मिश्र विख्यात सारंगी वादक थे। इन्होंने संगीत की शिक्षा चाचा पं० गोपाल मिश्र से ली। गोपाल मिश्र इन्हें आरंभ में सितार सिखाने लगे, किन्तु ये गायन की ओर मुखातिब हुए और फिर पीछे मुड़कर नहीं देखा। गायन की ओर इनकी स्वाभाविक रुचि देखकर पिताजी और चाचा जी ने इन्हें गायन में ही महारत हासिल करने के लिए प्रोत्साहित किया।

राजन मिश्र के अनुसार बनारस घराना ही एक ऐसा घराना है, जिसमें ख्याल, ध्रुपद, ठुमरी, धमार, टप्पा, तराने आदि संगीत के सभी अंगों और रूपों का समावेश है। साथ ही शब्दों के उच्चारण और स्वर के साथ लय पर भी विशेष ध्यान दिया जाता है। इनके पिता पं० हनुमान मिश्र ने संगीत सिखाते समय इन्हें बताया था कि ख्याल की जननी ध्रुपद है। आलाप में ध्रुपद अंग से भराव आता है, गायन और समृद्ध होता है इसलिए वाद्य संगीत और ध्रुपद, दोनों का हमारे गायन पर प्रभाव है। सारंगी वादक के लिए आरंभ में गायन की शिक्षा आवश्यक है।

दोनों भाइयों ने 'सुर संगम' नामक फिल्म में एक गीत दिया है—साध रे मन, सुर को साध रे। वसंत देसाई द्वारा लिखित और लक्ष्मीकांत प्यारे लाल द्वारा निर्देशित यह गीत आज भी लोकप्रिय है।

राजन मिश्र और साजन मिश्र के गायन में कुछ विशेषताएं हैं, जो कम गायकों के सुर गायन में पाई जाती हैं, जैसे रागों का अलग-अलग प्रस्तुतिकरण, शास्त्रसम्मत शब्दों का सही उच्चारण, इस प्रकार कि आम श्रोता आसानी से समझ ले। वे अपने गायन में भावनात्मक तथा आध्यात्मिक अंश को जोड़ने का सफल प्रयास भी करते हैं।

राजन मिश्र का मंद्र सप्तक में ठहराव श्रोताओं को चमत्कृत कर देता है, वहीं साजन मिश्र की तार सप्तक की चपल तानें मंत्रमुग्ध कर देती हैं। दोनों भाई स्वीकार करते हैं कि उनकी गायकी उस्ताद अमीर खां, बड़े गुलाम अली खां और पंडित ओंकारनाथ ठाकुर की गायन शैली से प्रभावित है।

राजन मिश्र और साज़न मिश्र की गायन में युगलबंदी की एक महत्त्वपूर्ण विशेषता यह है कि गायन के क्रम में दोनों भाइयों द्वारा प्रत्येक राग को दिए जा रहे महत्व को श्रोता अलग-अलग अनुभव करने लगते हैं। युगलबंदी में भी दोनों गायकों की मौलिकता को अलग-अलग महसूस कर सकते हैं।

1979 ई. में भारत के तत्कालीन प्रधानमंत्री ने 'संस्कृति पुरस्कार', चंडीगढ़ के प्राचीन कलाकेन्द्र ने 'संगीत नायक', इलाहाबाद की एक संस्था ने 'संगीतरत्न' वाराणसी के संगीतप्रेमियों ने उन्हें 'संगीत भूषण' व मध्य प्रदेश के पं० कुमार गंधर्व सम्मान से सम्मानित किया है। 2007 में आपको 'पद्मभूषण' पुरस्कार से भी सम्मानित किया गया है।

दोनों भाइयों ने विदेशों में भी अपने गायन से वहां के निवासियों को मंत्रमुग्ध किया है और ख्याति अर्जित की है। रायल अलबर्ट हॉल, लंदन में उनका गायन एक यादगार कार्यक्रम है। 1994-95 ई. में बी.बी.सी. द्वारा आयोजित इस कार्यक्रम में 7500 श्रोताओं के सम्मुख मिश्र बंधुओं ने अपना कार्यक्रम प्रस्तुत किया, जिसे सबने जी खोलकर सराहा।

1973 ई. में मिश्रबंधु अपने चाचा गुरु सुविख्यात सारंगीवादक पं० गोपाल मिश्र के साथ दिल्ली चले आए और अब यहीं रह रहे हैं। इन्होंने देहरादून में संगीत ग्राम'' स्थापित करने का निश्चय किया है। जहां गुरु-शिष्य परंपरा पद्धति से संगीत विद्यार्थियों को शिक्षित किया जाएगा।

संगीत सीखने की इच्छा रखने वालों के लिए राजन मिश्र का यह कथन ध्यान देने योग्य है—कोई भी संगीत सीखने के लिए गुरुकुल परंपरा ही सर्वोत्तम है, चाहे वह कंठ संगीत हो या वाद्य संगीत। गुरु के साथ रहकर उनकी सेवा करके एवं गुरुकुल संस्कृति और परंपरा का निर्वाह करते हुए संगीत सीखना चाहिए। यही आदर्श तरीका रहा है और है भी।

गायक

उस्ताद इकबाल अहमद खां

आपका जन्म दिल्ली के प्रतिष्ठित घराने में सन् 1956 को हुआ। आप उस्ताद चांद खां, उ० उस्मान खां, उ० जहान खां साहब के पौत्र, उ० नसीर अहमद खां व हिलाल अहमद खां (गायक) के भतीजे व 'संगीतशिरोमणि' उ० जहूर अहमद खां (वायलिन) के पुत्र हैं। आप छः भाई हैं। आपकी रुचि प्रारंभ से ही संगीत के प्रति हो गई, अतः चार वर्ष की अवस्था में ही उ० चांद खां साहब से शिक्षा लेनी प्रारंभ कर दी। चांद खां साहब इन्हें बहुत दुलार से सिखाते व अपने भावी उत्तराधिकारी के रूप में देखते। शिक्षा लेते समय इन्होंने कठिन परिश्रम व श्रद्धा का परिचय दिया, उसका परिणाम यह हुआ कि कम समय व कम उम्र में ही इन्हें अखिल भारतीय प्रसिद्धि मिल गई।

आपको चांद खां साहब, 'तान सम्राट' नसीर अहमद खां साहब व उ० हिलाल अहमद खां जैसे कलाकारों के साथ देश की सम्माननीय संगीत सभाओं में गायन में साथ देने का सुअवसर बचपन से ही प्राप्त हुआ है। आपकी गायकी में 'दिल्ली घराने' की समस्त विशेषताओं का समावेश है। परंपरागत खूबियों को इकबाल अहमद खां, जहां पर उत्तम ढंग से प्रस्तुत करते हैं, वहीं आपकी गायकी में मौलिक सृजनशीलता स्पष्ट नजर आती है। आप 'ख़्याल शैली' की गायकी के अतिरिक्त उसी अंदाज में गजल, भजन, ठुमरी, दादरा आदि शैली की गायकी प्रस्तुत करने में भी माहिर हैं। आप उच्चकोटि के कलाकार होने के साथ-साथ श्रेष्ठ गुरु (शिक्षक), परीक्षक, संगीत निर्देशक व अनुसंधानकर्ता भी हैं।

आपने देश-विदेश के अनेक संगीत सम्मेलनों व संगीत सभाओं में शास्त्रीय, उपशास्त्रीय, गायन, संगीत परिसंवादों को प्रस्तुत कर संगीत को लोकप्रिय बनाने में अहम् भूमिका निभायी है। मूलतः आपकी गायकी पर स्व० रमजान खां, उ० चांद खां साहब के गायकी व बाद की छाप स्पष्ट दिखाई देती है, जिनके आप शिष्य भी हैं। आप दिल्ली विश्वविद्यालय से ग्रेजुएट होने के साथ आकाशवाणी, दूरदर्शन के टॉप (उच्च श्रेणी) के कलाकार भी हैं। आकाशवाणी, दूरदर्शन के राष्ट्रीय कार्यक्रमों, 'रेडियो संगीत सम्मेलनों' में कई बार शिरकत कर चुके हैं। आपके पास

दिल्ली घराने की गायकी के अतिरिक्त अनेक कलात्मक बंदिशों का अपार भंडार है। आपने अनेकों बार अमेरिका, इंग्लैंड, पाकिस्तान, कनाडा, जर्मनी, ईरान, सोवियत लैंड की यात्रा के दौरान वहां के विभिन्न शहरों में गायन प्रस्तुत करके प्रबुद्ध श्रोताओं से भरपूर प्रशंसा प्राप्त की है। आप अनेकों मान-सम्मान पत्रों में 'संगीत रत्न', 'संगीत नायक', 'संगीत प्रवीण' की उपाधि से अलंकृत किए गए हैं।

उ० इकबाल खां साहब गुरु-शिष्य परंपरा के अंतर्गत शिक्षा देने में सदा ही आदर्श व खुले विचारों के अनुयायी हैं व शिष्यों को योग्यतानुसार खुले मन से शिक्षित करते हैं। चूंकि उ० चांद खां साहब द्वारा 'दत्तक पुत्र', स्वीकार कर लिए जाने पर दिल्ली घराने के 'खलीफा' का दायित्व भी उ० इकबाल खां पर है, अत: इन्होंने हमेशा इस घराने के शिष्यों व गायकी का हृदय से सम्मान व प्रेम देने में कोई कसर नहीं छोड़ी, जिससे लोगों में दिल्ली घराने के प्रति श्रद्धा व विश्वास जागा है।

आप प्रतिवर्ष उ० चांद खां साहब व बुजुर्गों द्वारा स्थापित संस्था 'सुर-सागर-सोसाइटी,' जिसके आप प्रमुख भी हैं। एक वृहत् संगीत-सम्मेलन का आयोजन करते हैं, जिनमें आमंत्रित कलाकारों में योग्यतानुसार 'उ० चांद खां' पुरस्कार देने की घोषणा करके सम्मानित भी करते हैं, जो किसी भी घराने के लिए सराहनीय कदम है।

आपने शास्त्रीय-गायन के अतिरिक्त, अनेकों "दूरदर्शन-सीरियलों", नाटकों व उपशास्त्रीय गायन हेतु बने ऑडियो कैसेट का संगीत निर्देशन भी किया है।

आकाशवाणी, दूरदर्शन के 'राष्ट्रीय कार्यक्रमों' व 'रेडियो संगीत सम्मेलन' में भाग लेने के अतिरिक्त आपके 'शास्त्रीय गायन' के कुछ ऑडियो कैसेट व 'कम्पैक्ट डिस्क' भी निकल चुके हैं।

आपकी शिष्य परंपरा विशाल है, जिनमें कुछ के नाम इस प्रकार हैं—

1. तनवीर व इमरान अहमद खां।
2. नजमा परवीन व अंजली मित्तल।
3. अनीस अहमद व मुजम्मिल हिलाल।
4. डॉ. रमेश मिश्र व इन्दू प्रकाश।
5. सुश्री इसरत जहां व पपीहा मलिक।
6. डॉ. उज्जवला शर्मा व इन्द्रा मिश्रा।

स्वर साधक

पन्नालाल मिश्र

अगस्त 8, 1930 को कलाकारों के गढ़ ग्राम-हरिहरपुर, जिला आजमगढ़ (उ०प्र०) में जन्मे पं० पन्नालाल मिश्र जी के संबंध में यह बात कही जाती है कि बनारसी अंग की ठुमरी-दादरा, पूर्वी, होली, कजरी आदि गायन के साथ ही, शास्त्रीय गायन में भी आपको असाधारण अधिकार प्राप्त था। आप जिस लोच-बोल-बनाव व सुंदर ढंग से ठुमरी प्रस्तुत करते थे, वही बनारसी अंग की विशेषता मानी जाती है। साथ ही ध्रुपद-धमार, ख्याल, तराना गायन के साथ ही भावपूर्ण प्रदर्शन आपकी व्यक्तिगत विशेषता थी।

मिश्र जी की वंश परंपरा बनारस घराने के गायक-वादकों से संबंधित है। आपके पूर्वज (दादा-परदादा) भी अच्छे संगीतकार थे। आपके पिता व गुरु पं० वासुदेव मिश्र जी अपने समय के ख्याति प्राप्त श्रेष्ठ गायक थे व माता श्रीमती ज्वाला देवी एक संगीत साधिका के रूप में चर्चित थीं। आपके दो भाई पं० रविलाल मिश्र व पं० संतलाल मिश्र, तबला वादन व गायन के प्रतिष्ठित कलाकार हैं। आपकी पुत्री श्रीमती प्रेमलता मिश्रा ने भी आपके उपशास्त्रीय गायन शैली का अनुसरण किया है व भजन, गीत, ठुमरी-दादरा सहित अन्य लोक परंपराओं के गायन शैलियों में दक्ष हैं। पं० जी ने गायन की शिक्षा अपने दादा व पिता पं० वासुदेव मिश्र से प्राप्त की। आप अपने अभिभावकों के कठिन प्रयत्नों के बावजूद भी बचपन में स्कूली शिक्षा से दूर भागते रहे। गाने का शौक तो इन्हें बचपन से था ही। अत: पाठशाला व रास्ते में भी आप तान मारते-फिरते रहते थे। इससे खिन्न होकर अध्यापक ने इनकी मां से कहा था—इसे आप गाना ही सिखाइये, पाठशाला भेजने से कोई लाभ नहीं है।

अत: 6 वर्ष की अल्पायु से ही आपने अपने पिता व चाचा जी से गायन की शिक्षा लेना प्रारंभ कर दिया। प्रतिभाशाली व परिश्रमी होने के कारण आप द्रुत गति से गायन कला के विभिन्न शैलियों पर अधिकार करने लगे। आपके ख्याति का प्रारंभ सर्वप्रथम 'प्रयाग संगीत समिति' के वार्षिक समारोह से हुआ। 1967 में हुए इस समारोह में भारत के उच्चकोटि के संगीतज्ञ उपस्थित थे, जहां पं० पन्नालाल

जी ने अपने मधुर व प्रभावपूर्ण गायन से उपस्थित श्रोताओं को मंत्रमुग्ध कर दिया था। तभी से आपको लगभग सभी उच्चस्तरीय संगीत सम्मेलनों में निमंत्रित किया जाने लगा था। आप अपने सांगीतिक यात्रा में जहां भी गए वहां श्रोताओं के हृदय पटल पर अपनी मधुर स्मृतियों के चित्र अंकित कर आए।

आपको 1966 में रेडियो सीलोन के निमंत्रण पर रेडियो सीलोन भी जाना पड़ा, जहां आपने "सेन्ट्रल म्यूजिक ऑडीशन" के उपसभापति के रूप में कलाकारों को विभिन्न श्रेणियों में विभाजित करने का कार्य किया साथ ही साथ ग्रामोफोन व रेडियो कार्यक्रम में भी भाग लेते रहे। आप आकाशवाणी व दूरदर्शन के उच्च श्रेणी के कलाकार के रूप में मनोनीत थे। आपको अनेक मानपत्रों, प्रशस्तिपत्रों व पुरस्कारों द्वारा समय-समय पर विभूषित किया गया था, जिसमें कुछ इस प्रकार हैं—

1. "प्रयाग-संगीत समिति" इलाहाबाद द्वारा (संगीत प्रवीण व संगीताचार्य) की उपाधि।
2. "संगीत परिषद्" कानपुर द्वारा (संगीत रत्न) की उपाधि।
3. "संगीत परिषद् मंच" जालंधर द्वारा (दो बार प्रथम श्रेणी के गायक घोषित)
4. "संगीत मित्र मंडल" जबलपुर द्वारा (संगीत शिरोमणि) की उपाधि।
5. "सुर-शृंगार-संसद अकादमी" मुंबई द्वारा (सुरमणि) की उपाधि।
6. "अभिनव कला समाज" भोपाल द्वारा (अभिनव सम्मान) की उपाधि।
7. "मंजुश्री संगीत समारोह" काठमांडु नेपाल द्वारा (स्वर-साधक) की उपाधि।

सरल स्वभाव व साधारण जीवन व्यतीत करने वाले पं० मिश्र जी अनुशासन प्रिय, संगीत साधक व सच्चे गुरु थे। आपको राग मालकौंस, दुर्गा, गौड, सारंग, वागेश्री, टोड़ी, रागेश्वरी व मेघ राग अधिक प्रिय थे। आप प्रचलित रागों के साथ-साथ कुछ अप्रचलित रागों को भी बड़ी कुशलता से गाते थे। आपके गायन में दोष रहित आवाज, शब्दों का स्पष्ट उच्चारण, भावपूर्ण प्रदर्शन व अत्यधिक तैयारी कुछ ऐसी बातें थीं, जो श्रोताओं को बरबस आकर्षित करती थीं।

सन् 1963 का समय, जब पं० पन्नालाल जी का संगीत शबाब पर था, आप दशहरे के मौके पर एक संगीत समारोह में भाग लेने पटना गए थे। वहां अन्य संगीतकारों के साथ ही विख्यात गायक पं० विनायक राव पटवर्धन जी ने अपना गायन पहले संपन्न कर लिया, क्योंकि उन्हें दूसरे कार्यक्रम में भी शामिल होना था। पं० पन्नालाल जी का गायन शुरू हुआ—आपने चुन-चुनकर एक से एक कलात्मक

बंदिशें पेश कीं, और तीन घंटे का समय पलक झपकते कब गुज़र गया, पता ही न चल पाया। पुनः मंच से उठकर नीचे आने के लिए पन्ना जी पलटे, तो उन्होंने देखा कि पं० पटवर्धन जी आंखें मूंदे तन्मय सुध-बुध खोए बैठे हैं। "अरे आप गये नहीं? आपको तो कार्यक्रम में जाना था, उन्होंने पं० जी से पूछा। पंडित पटवर्धन जी ने आंखें खोलीं व मुस्कराकर कहा—"जाता कैसे? आपने बांध जो लिया था।" अतः पं० पन्नालाल जी के गायन क्षमता का इससे बड़ा प्रमाण और क्या हो सकता है?

सन् 1960 में पं० मिश्र जी ने भारत के प्रमुख नगरों का भ्रमण करते हुए, अनेक अखिल भारतीय स्तर के सार्वजनिक संगीत सम्मेलनों में सक्रिय रूप से भाग लिया, परंतु अंत में कलकत्ते को ही अपनी कर्मभूमि बनाया व 35 वर्ष की अवस्था में आजमगढ़ (उ०प्र०) से कलकत्ते जा बसे। पुनः स्वयं द्वारा स्थापित संगीत संस्था जिसके आप निदेशक भी रहे थे, उसी के माध्यम से गुरु-शिष्य परंपरा का निर्वाह करते हुए अनेकों शिष्यों को तैयार करते रहे। जीवनपर्यन्त कलकत्ते में रहते हुए व संगीत साधना करते हुए आप 7 दिसंबर, 1944 को परलोक वासी हुए। आपके पुत्र श्री जीतेन्द्र मिश्र होनहार संगीतज्ञ हैं।

अपने संगीत शिक्षा के विषय में पं० पन्नालाल जी का कहना था कि "मैं ऐसे प्रतिभाशाली व लगनशील विद्यार्थियों को ही अपना शिष्य बनाता हूं, जिनके पास साधना होते हुए, समय व धैर्य दोनों हो, क्योंकि ऐसे विद्यार्थियों को शिक्षा देने में संतोष मिलता है, जो संगीत परंपरा को कामयाबी की ओर ले जा सकें। संगीत अर्थसाध्य ही हो, ऐसी बात नहीं। संगीत तो आत्मा की वस्तु है, उसकी ही पुकार है।"

शास्त्र-सम्मत गायिका

शुभा मुद्गल

जिन गायिकाओं ने अपने गायन से भारतीय शास्त्रीय संगीत को देश-विदेश में प्रतिष्ठा दिलाई है और जन समाज में लोकप्रिय बनाया है, उनमें शुभा मुद्गल का नाम भी उल्लेखनीय है। शास्त्रीय संगीत के साथ-साथ शुभा जी ने पाप संगीत में भी लोकप्रियता अर्जित की है। यह उनकी विलक्षण प्रतिभा का परिचायक है। संगीत में नए-नए प्रयोगों में इनकी आरंभ से ही विशेष रुचि रही है। 1966 ई. से उन्होंने पॉप गाना शुरू किया। पॉप संगीत के उनके 4-5 अलबम प्रसारित हुए हैं।

शुभा मुद्गल का जन्म 1959 ई. में इलाहाबाद में हुआ। उनके माता-पिता इलाहाबाद में अध्यापक थे। पिता स्कंदगुप्त अंग्रेजी व्याख्याता के अलावा क्रिकेट के कमेंटेटर भी थे। दादा प्रकाशचंद्र गुप्त हिन्दी के प्रख्यात समीक्षक थे। मां की रुचि हिन्दी साहित्य में थी। उनके घर में सुमित्रानंदन पंत, महादेवी वर्मा और निराला जैसे मूर्धन्य कवि-साहित्यकारों का आना-जाना लगा रहता था।

शुभा जी ने इलाहाबाद में पं० रामाश्रय झा से प्रथम दीक्षा ली। उसके बाद वे दिल्ली आ गईं। वहां पंडित विजयचंद्र मुद्गल और बसंत ठाकुर से संगीत सीखने लगीं। उन्होंने पंडित जितेन्द्र अभिषेकी और श्रीमती नैना देवी से भी बहुत कुछ सीखा। शुभा जी कुमार गंधर्व के सान्निध्य में आईं और कुमार गंधर्व उनकी प्रेरणा के अक्षयस्रोत हो गए। कुमार गंधर्व के गायकी का उनकी गायन शैली पर विशेष प्रभाव है। कुमार गंधर्व के विषय में उनका कहना है कि कुमार साहब की स्वर यात्रा और कबीर की स्वर यात्रा के साम्य ने मुझे आकर्षित किया है।

शुभा मुद्गल को बचपन से ही गायन में ही रुचि थी, किन्तु सर्वप्रथम उन्होंने नृत्य की शिक्षा ली। बाद में उन्होंने सोनलमान सिंह, अदिति मंगलदास और प्रेरणा श्रीमाली जैसी चर्चित नर्तकियों के लिए संगीत कम्पोज करने के साथ-साथ मीरा, कृष्ण-कथा, परिक्रमा के बैले नृत्य के लिए अपना संगीत दिया।

शुभा मुद्गल ने पुष्टि मार्गी वैष्णव कवियों की रचनाओं के साथ-साथ कबीर, नामदेव एवं अमीर खुसरो तथा सूफी कवियों की रचनाओं को भी स्वर में पिरोया।

'सुरमणि', 'आधार शिला', 'कलाश्री' तथा 'पद्मश्री' से सम्मानित शुभा मुद्गल को मीरा दीवान के वृत्तचित्र 'अमृतबीज' के लिए राष्ट्रीय फिल्म समारोह में सर्वश्रेष्ठ संगीत निर्देशक का सम्मान मिल चुका है। राजन खौंसला की फिल्म 'डांस ऑफ विंड' और मीरा नायर द्वारा निर्देशित चर्चित फिल्म 'कामसूत्र' में भी उन्होंने संगीत दिया है। शुभा जी ने शास्त्रीय संगीत से हटकर जो गीत 'अलि मोरे अंगना' गाया, वह काफी चर्चित रहा। क्षेत्रीय लय पर आधारित यह गीत आज भी बहुतों की जुबान पर है। इसके समर्थन में 'प्यार के गीत सुना जा रे' और 'सीखो ना नैनों की भाषा पिया' भी बहुतों ने पसंद किया।

शुभा मुद्गल विलक्षण प्रतिभाशाली गायिका हैं। शास्त्रीय और पॉप संगीत के अलावा उन्होंने संस्कृत श्लोकों और महामंत्रों को भी सफलतापूर्वक स्वर में बांधा है। उनके द्वारा गाए गए श्लोकों और महामंत्रों का 'सूर्योपासना' नामक एक एलबम रिलीज हो चुका है।

संगीत सीखने के लिए उत्सुक युवक-युवतियों और छात्र-छात्राओं को अपने संदेश में शुभा मुद्गल ने जो कुछ कहा है, वह मार्गदर्शक और प्रेरणाप्रद है। 'जल्दी मंच पर आने और प्रसिद्ध हो जाने की ललक ने गुरु-शिष्य परंपरा पद्धति को अत्यंत हानि पहुंचाई है। मैं नए कलाकारों से कहना चाहती हूं कि पूरा ज्ञान प्राप्त किए बिना स्टेज पर कार्यक्रम न दें। लंबी दूरी का कलाकर बनना है, तो निरंतर सीखने की ललक बनाए रखें।'

संगीत कुमार नाहर

शास्त्रीय संगीत के लब्धप्रतिष्ठ गायकों में पं० प्रह्लाद प्रसाद मिश्र का नाम बड़े आदर से लिया जाता है। उन्होंने जीवनपर्यंत संगीत की साधना की। सौभाग्य की बात है कि उनके पुत्र, भतीजा, पोता-पोती आज संगीत साधना में रत होकर इसकी सुगंध चतुर्दिक बिखेर रहे हैं। स्व. मिश्र जी की उत्कट अभिलाषा थी कि संगीत के जिज्ञासु शास्त्रीय संगीत की गहराइयों को जानें और तदनुरूप संगीत के प्रचार-प्रसार में रुचि लें। वे प्रथमतः अपने शिष्यों को साधना के महत्त्व को समझाते और तदनुरूप उसका पालन कराते। जिज्ञासु और निर्धन छात्रों को निःशुल्क संगीत दान किया करते थे।

संगीत कुमार नाहर ने अपने पिता की इच्छा के अनुरूप संगीत का ज्ञान पाकर परिश्रम से अप्रतिम उपलब्धियां हासिल कीं। इनकी पुत्री शालिनी नाहर एक अच्छी गायिका हैं। इनके चाचा स्व. रामनरेश मिश्र लब्धप्रतिष्ठ गायक एवं तबला-मर्मज्ञ थे। इनके पुत्र गौरव और सौरभ नाहर संगीत से जुड़े हैं।

संगीत कुमार का जन्म और शिक्षा-दीक्षा पटना में हुई। इन्होंने संगीत की शिक्षा अपने पूज्य पिता से ग्रहण की। स्व. मिश्र जी ने इन्हें संगीत का केवल ज्ञान ही नहीं दिया, बल्कि आचार-विचारों पर भी सदैव नियंत्रण रखा।

संप्रति आप आकाशवाणी, पटना केन्द्र में संगीत रचनाकार हैं। संगीत विषयक ज्ञान के कारण कई जगहों पर सम्मानित हो चुके हैं। अब प्रस्तुत है, इनसे हुई बातचीत के कुछ महत्त्वपूर्ण अंश—

प्र० यों तो सभी संगीत गुरु आदर एवं श्रद्धा के पात्र होते हैं, लेकिन आप विशेषतः किस संगीत गुरु से प्रभावित हुए और क्यों?

उ० संगीत जगत् में गुरु-शिष्य परंपरा का महत्त्व है। बड़े संगीतकार अपने गुरु का नाम लेने से पहले अपना कान पकड़ते हैं। गुरु के प्रति श्रद्धा भाव लाज़मी है। मैं गुरु पिता पं० प्रह्लाद प्रसाद मिश्र से अत्यधिक प्रभावित रहा। उन्होंने मुझे संगीत ज्ञान के अलावा आचार-विचार की शिक्षा भी दी। उनकी ख्याल गायकी में

स्वर विस्तार, क्रमिक बढ़त एवं तानबाजी करने का ऐसा अनोखा ढंग था कि लोग व शिष्यगण उनसे प्रभावित हो जाया करते थे।

प्र० कुछ लोग कहा करते हैं कि जिस संगीतज्ञ ने राग काफी को साध लिया, उसने सभी रागों को साध लिया। आप इस कथन से कहां तक सहमत हैं?

उ० हर घराना के गुरुओं के सिखलाने का अलग-अलग ढंग होता है, परंतु हमारे हिसाब से संगीत में दस थाट होते हैं। उन दस थाटों, जिनमें संपूर्ण अर्थात् सातों स्वर लगने वाले राग बनते हों और उसका स्वर अभ्यास एवं पलटा अहंकार किया जाए, तो संगीत का कठिन मार्ग अपने आप ही सुगम हो जाएगा। जैसे— राग बिलावल, राग धमन एवं राग भैरव भैरवी आदि। इसमें काफी भी शामिल है।

प्र० शास्त्रीय संगीत गायन की दृष्टि से आकाशवाणी के श्रोताओं के बीच आप लोकप्रिय रहे हैं। आकाशवाणी से कब जुड़े?

उ० अगर मैं गायन में लोकप्रिय हूं, तो यह तो हमारे सुधि श्रोताओं का प्यार है। मैं बचपन से ही बालमंडली, युववाणी कार्यक्रमों से जुड़ा रहा हूं। सन् 1973 ई. में आकाशवाणी संगीत प्रतियोगिता में टप्पा गायन की विधा में मुझे पुरस्कृत एवं सम्मानित होने का अवसर मिला। मैं गत 5 नवंबर, 1976 ई. से आकाशवाणी की सेवा से जुड़ गया।

प्र० आपका सबसे प्रिय राग और शैली क्या है?

उ० सभी राग प्रिय हैं, किन्तु मेरी समझ में, हमारे संगीत में जो दस थाट हैं, उसी से हजारों-हजार रागों की उत्पत्ति हुई है और इसमें बड़े-बड़े गुरुओं एवं उस्तादों का बड़ा ही अनोखा कमाल हुआ है। वैसे मेरे प्रिय रागों में यमन, विहाग, अहीर, भैरव, नट भैरव, ललित, टोडी में तीनों प्रकार (गुर्जरी टोडी, शुद्ध टोडी तथा मियां टोडी) रागश्री, रागजोग कितने नाम गिनाऊं? उपरोक्त सभी राग मुझे अत्यंत प्रिय हैं।

प्र० आपको किस संगीतज्ञ ने सर्वाधिक प्रभावित किया?

उ० अपने घर के संगीतज्ञों से भी प्रभावित हुआ। उस्ताद अमीर खां साहब, उस्ताद बड़े गुलाम अली खां साहब, पं० भीमसेन जोशी, पं० जसराज, पं० राजन-साजन मिश्र के गायन पद्धति से मैं प्रभावित हूं।

प्र० हमारे देश में शास्त्रीय संगीत के कुछ ऐसे महान साधक हैं, जिनके पास शास्त्रीय संगीत के व्याकरण का ज्ञान तो अथाह है, किन्तु मंच पर गाने में, स्वर की दृष्टि से वे असफल माने जाते हैं। शास्त्रीय संगीत के प्रेमियों में से कुछ का कहना

है कि इन्हें मात्र संगीत शिक्षक बनकर अपना कर्तव्य निभाना चाहिए, मंच पर नहीं। आप खुले दिल से अपने विचार प्रकट कीजिए।

उ० ऐसे भी गुरु हैं, जिनका गायन मंच की दृष्टि से उपयुक्त है। फर्क इतना ही है कि उनकी प्रस्तुति में विद्वता की झलक स्पष्ट होती है। जो साधारण संगीत ज्ञान के श्रोताओं के लिए दुरूह होता है। फिर ऐसे भी गुरु हैं, जो शिष्यों को संगीत-ज्ञान अच्छा नहीं दे सकते और न सफल प्रस्तुति ही। वैसे गायन में जितनी भी विधाएं हैं—शास्त्रीय से लोकसंगीत तक, वे सबको तोड़-मरोड़ कर रख देते हैं। जब शास्त्रीय, सुगम और लोकसंगीत के अच्छे गायक वर्तमान में हैं, तब उन्हीं के गाए चीज़ों की असफल प्रस्तुति करने से क्या लाभ? बुजुर्गों ने कहा भी है—'एक साधे सब सधे...।'

प्र० अमीरबाई कर्नाटकी, काननबाला, कुंदनलाल सहगल, खुर्शीद, राजकुमारी आदि के गीतों के रिकार्ड आपने सुने होंगे। उनकी आवाज और गायकी के संबंध में आप कैसे ख्याल रखते हैं?

उ० वे सभी गायक-गायिकाएं अनूठे रहे हैं। जिस जमाने में थे, उस समय उन्हें गायन के साथ अभिनय भी करना पड़ता था। उन्हीं के ऊपर उनके गाने फिल्माये जाते थे। उस समय एक या दो माइक्रोफोन पर ही रिकार्डिंग हो जाया करती थी। स्व. कुंदनलाल सहगल जी की गायकी के क्या कहने। वे महान गायक सदा वंदनीय रहेंगे।

प्र० क्या आप अपने वर्तमान गायन स्तर से संतुष्ट हैं?

उ० शास्त्रीय संगीत का जहां कहीं भी स्तरीय कार्यक्रम होता है, वहां से मुझे आमंत्रित किया जाता है। उन स्थानों पर मेरे गायन स्तर की सराहना होती है। काफी सम्मान भी मिलता है। इससे मेरे मन में और भी मेहनत करने की लालसा जगती है।

प्र० शास्त्रीय संगीत शिक्षा में संलग्न युवापीढ़ी के बारे में आप कुछ कहना चाहेंगे?

उ० आज के युवापीढ़ी में धैर्य का सर्वथा अभाव दिखता है। वे थोड़े परिश्रम में ही उस्ताद या गुरु बनना चाहते हैं। उन्हें गुरु के पास रहकर पूरे मनोयोग से पहले संगीत की विधिवत् शिक्षा ग्रहण करनी चाहिए, तभी वे इस क्षेत्र में सफल हो सकेंगे। यह संतोष का विषय है कि युवक-युवतियां इस क्षेत्र में आगे आ रहे हैं।

उमा गर्ग

आज रंगमंच, आकाशवाणी और दूरदर्शन की जिन लोकप्रिय गायिकाओं का नामोल्लेख किया जाता है, उनमें उमा गर्ग भी एक चर्चित नाम है। उमा गर्ग के गायन की विशेषताओं में उनकी मधुर सुरीली आवाज और भावपूर्ण प्रस्तुति की विशेष रूप से प्रशंसा की जाती है। उनके गायन की एक मुख्य विशेषता यह है कि वे मंद सप्तक के गांधार से तार सप्तक के पंचम तक कुछ भी गाती हैं, तो कहीं व्यतिक्रम नहीं होता। छोटी-छोटी हरकतों के अलावा खटके-गुरकियों, स्वर के संकोच तथा विस्तार की प्रचुर सामर्थ्य उनमें है। उमा गर्ग गायन के क्षेत्र में अत्यंत विस्तृत हैं। वे ख्याल से लेकर उपशास्त्रीय, ठुमरी, दादरा, भजन और गजल गायन में भी समान रूप से पारंगत हैं।

उमा गर्ग को संगीत की प्रारंभिक शिक्षा अपनी माता श्रीमती आशा लता दास से मिली। बाद में उन्होंने स्व. एस.डी. आप्टे, डॉ. प्रेमप्रकाश जौहरी, उस्ताद हफीज अहमद खां एवं मणि प्रसाद जी जैसे प्रसिद्ध संगीतज्ञों से संगीत की विधिवत् शिक्षा ग्रहण की। इन स्वरसिद्ध संगीतज्ञों के निर्देशन में उमा जी ने अपने संगीत को एक नई दिशा और नई ऊंचाई देने में सफलता प्राप्त की।

उमा जी ने मेरठ विश्वविद्यालय से संगीत की परीक्षा में प्रथम स्थान प्राप्त किया। इसके बाद पद्मभूषण देबू चौधरी के कुशल निर्देशन में दिल्ली विश्वविद्यालय से हिन्दी फिल्मी गीतों के संगीत में सौंदर्यबोध विषय पर शोध किया। उन्होंने अनेक प्रादेशिक भाषाओं की अनेक फिल्मों को अपना स्वर देकर लोकप्रिय बनाया है।

उमाजी को उत्तरप्रदेश जर्नलिस्ट एसोसिएशन द्वारा 1984 की सर्वश्रेष्ठ पार्श्वगायिका का पुरस्कार प्राप्त हो चुका है। उन्हें शोभना अवार्ड से भी सम्मानित किया जा चुका है। उमाजी ने प्राकृत भाषा के जैन ग्रंथ 'समय-सार' का मुग्ध कर देने वाले स्वर में गायन किया है, जो पांच कैसेट में समाहित है। ये कैसेट काफी लोकप्रिय हैं। इसके अलावा वर्द्धमान महावीर के नाम से भगवान महावीर की 26वीं शतवार्षिकी पर जारी एक कैसेट और सी.डी. को भी श्रोताओं ने खूब सराहा है।

उमा गर्ग के गायन की अनेक विशेषताओं में एक उल्लेखनीय विशेषता यह है कि सौंदर्यबोध और रंजकता के साथ-साथ राग की शुद्धता पर भी पूरा ध्यान देती हैं।

फिरत की वक्तानों और कठिन उपजों के बीच भी रंजकता बनी रहती है। साथ ही वे राग के मार्मिक स्थलों को भी उभारती रहती हैं। उनका स्वर मधुर और सुरीला तो है ही, वह श्रोताओं के हृदय की गहराइयों तक बड़ी सहजता से उतर जाता है। तीनों सप्तकों में स्वच्छंद विचरण करता हुआ उनका स्वर श्रोताओं को भिन्न-भिन्न भावलोक में ले जाता है।

उनकी संगीत विषयक पुस्तक—'संगीत का सौन्दर्यबोध' अड़तालिसवें फिल्म पुरस्कार की विशेष उल्लेख कोटि में चर्चित हुई। उमा गर्ग दिल्ली विश्वविद्यालय के संगीत विभाग में प्रवक्ता के पद पर कार्यरत हैं। एक श्रेष्ठ प्रशिक्षक एवं गुरु के रूप में भी उनकी पहचान बन चुकी है।

संगीत के विषय में उमाजी के विचार ध्यान देने योग्य हैं। शास्त्रीय संगीत की वर्तमान स्थिति के विषय में वे कहती हैं कि शास्त्रीय संगीत को पापुलर संगीत नहीं कह सकते, लेकिन इसकी लोकप्रियता बढ़ी है। शास्त्रीय संगीत सुनने की समझ होना जरूरी है, तभी इसका रसपान किया जा सकता है।

''मैं संगीत को सिर्फ संगीत मानती हूं। स्वर, लय और शब्दों के संबंध हर गायन शैली में होते हैं। तकनीकी अंतर को थोड़ी कोशिश और सजगता से समझा जा सकता है।

समाशतः संगीत के आचार्य भातखंडे जी द्वारा आज से लगभग सौ वर्ष पूर्व देखे गए इस स्वप्न को कि एक अच्छा कलाकार अच्छा गुरु भी हो और एक योग्य गुरु में कला प्रदर्शन की पूर्ण क्षमता भी हो, को साकार करने में जुटी हैं डॉ. उमा गर्ग। एक श्रेष्ठ गुरु के रूप में बहुत कम समय में उन्होंने अपनी एक अच्छी पहचान बना ली है। संगीत-जगत इन्हें पाकर धन्य है।

'दासपिया' संगत वंदिश के रचयिता

आचार्य पं० प्रह्लाद मिश्र

प्रह्लाद जी ने पटना को अपना स्थायी निवास बना लिया था और अपने पितामह भ्रातृद्वय पं० हीरालाल मिश्र एवं पं० मुकुटलाल मिश्र ''रंगकवि'' के संरक्षण में संगीत-साधना करते रहे। सन् 1960 ई. में पटना विश्वविद्यालय के संगीत संस्थान में प्राध्यापक पद पर नियुक्त होकर आजीवन संगीत-साधना में लगे रहे। आकाशवाणी पटना से जुड़े रहे प्रह्लाद जी ने ''दासपिया'' उपनाम से कई बंदिशों और कई नए रागों की रचना की है।

एक बार की बात है—इनके बड़े सुपुत्र संगीत कुमार नाहर राग भूपाली में एक ताल में निबद्ध मिश्र जी की एक रचना गा रहे थे। इसमें स्वर, शब्द, लय तथा राग का इतना सुंदर और संतुलित प्रयोग हुआ था कि लोग वाह-वाह कर उठे। इसी प्रकार एक बार इनके अनुज पं० राम नरेश मिश्र राग अड़ाना बहार में एक रचना गाने लगे। उस रचना में भी स्वर, शब्द, राग और लय का इतना सुंदर प्रयोग हुआ था कि श्रोताओं में से एक पं० रामाश्रय झा ने पूछा—'यह किसकी रचना है? यह आज की पीढ़ी के किसी संगीतज्ञ की रचना नहीं हो सकती।' रामनरेश जी ने वहीं पर बैठे प्रह्लाद जी की ओर संकेत कर कहा—'इन्हीं की है।'

पं० प्रह्लाद मिश्र ने बिहार के अलावा देश के अनेक प्रमुख नगरों में अपने गायन से श्रोताओं को मंत्रमुग्ध किया, जिसके लिए वे पुरस्कृत भी किए गए। मिश्र जी यों तो ख्याल गायन शैली के मर्मज्ञ और रससिद्ध गायक थे, किन्तु ध्रुपद, धमार, ठुमरी और टप्पा भी बड़ी कुशलता और खूबसूरती के साथ गाते थे। जोरदार आवाज, तीनों सप्तकों में सहज भाव से कुशल शैलीगत प्रस्तुति, राग की शुद्धता आपके गायन की मुख्य विशेषता थी।

पं० प्रह्लाद मिश्र 1969 ई. में संगीत प्रवीण की परीक्षा देने प्रयाग संगीत-समिति, इलाहाबाद गए थे। परीक्षा देने बैठे, तो परीक्षक महोदय ने परीक्षा के अंत में उन्हें धमार गाने को कहा। मिश्र जी ने इस प्रकार धमार गायकी को प्रस्तुत किया कि लगा वे मुख्य रूप से कुशल एवं मर्मज्ञ धमार गायक ही हैं। इसके बाद जब

पौन घंटा तक पूरिया कल्याण में ख्याल गाने लगे, तो लगा कि वे मूल रूप से ख्याल के ही विशिष्ट गायक हैं। अंत में खमाज राग में एक ठुमरी प्रस्तुत कर उन्होंने सबको मंत्रमुग्ध कर दिया।

प्रह्लाद जी की संगीत-शिक्षक के रूप में संगीत सेवा भी कम महत्त्वपूर्ण नहीं थी। वे बड़े प्रेम से अपने शिष्यों को संगीत की शिक्षा देते थे। शिक्षा देने की उनकी शैली बहुत ही सरल, आकर्षक और ग्राह्य थी। उनके शिष्य हैं—श्री संगीतकुमार नाहर, (आकाशवाणी-सेवा), श्री शंकर नाहर (भागलपुर), पं० ओंकारेश्वर मल्लिक, इंटर कॉलेज, पिंडी (देवरिया), श्रीमती मंजुलिका मुखर्जी (मगध महिला कॉलेज, पटना), डॉ. ब्रजेश्वर साही (हथुआ नरेश), श्यामलाल मिश्र नाहर (केन्द्रीय विद्यालय, पटना) आदि।

प्रह्लाद जी का व्यक्तित्व बहुत ही आकर्षक एवं प्रभावशाली था—लंबा कद, गौर वर्ण, मृदुभाषी एवं व्यवहारकुशल। वे बहुत ही सरल स्वभाव के कलाकार थे। उनके पास बैठना, उनसे बातें करना तथा उन्हें सुनना एक आनंददायक अनुभव था।

हरिनारायण कपूर उर्फ बुलाकी बाबू

हरिनारायण कपूर उन संगीत साधकों में हैं, जिनकी साधना ने अनेक संगीत साधकों को सफलता की ऊंचाइयों तक पहुंचाया है। यह एक दुःखद अनुभूति है कि पटना के सांस्कृतिक इतिहास से जुड़े हरिनारायण जी को लोग भूल से गए हैं या भूलते जा रहे हैं, जिन्होंने संगीत को जनजीवन से जोड़ा ही नहीं, उसे सम्मानजनक स्थान दिलाया।

आज पटना में अनेकों सांस्कृतिक संस्थाएं हैं, जहां लड़कियों को गायन और नृत्य का प्रशिक्षण दिया जाता है। ऐसे कई संगीत विद्यालय खुल गए हैं, किन्तु एक जमाना ऐसा भी था, जब पटना में संगीत की शिक्षा सिर्फ तवायफों को ही दी जाती थी। अच्छे कुल, खानदान और शरीफ घराने की लड़कियों को नृत्य संगीत की शिक्षा देने की बात कोई सोच भी नहीं सकता था। ऐसे माहौल में जिन संगीत साधकों को नृत्य संगीत को घर-घर तक पहुंचाने का श्रेय दिया जाता है उनमें पं० मुकुटलाल मिश्र, लल्लूलाल गंधर्व, बाबू श्याम नारायण सिंह तथा हरिनारायण कपूर उर्फ बुलाकी बाबू प्रमुख हैं।

बुलाकी बाबू के नाम से लोकप्रिय कपूर जी का जन्म 1901 में पैतृक निवास स्थान मिर्जापुर (उत्तरप्रदेश) में हुआ था। 1926 में वे पटना चले आए और पटना सिटी में उस समय के प्रसिद्ध संगीतकार मुकुटलाल मिश्र से संगीत की शिक्षा लेने लगे। पटना जाने के पहले उन्होंने रायपुर के रायभूषण मिश्र, मिर्जापुर के लक्ष्मी राम द्विवेदी आदि कई संगीतकारों से संगीत की शिक्षा ली थी।

जब कपूर जी पटना आए, तो संगीत के क्षेत्र में बिहार की स्थिति बहुत ही दयनीय थी। उस समय संगीत नृत्य के शौकीनों को अच्छी नजर से नहीं देखा जाता था। ऐसे माहौल में कपूर जी ने संगीत के प्रचार-प्रसार को ही अपने जीवन का लक्ष्य बनाया। उस समय उनकी आर्थिक स्थिति बिल्कुल अच्छी नहीं थी, फिर भी वे संगीत-साधना में निरंतर लगे रहे। उस समय उनके आलोचकों और निंदकों की संख्या कम नहीं थी, इसलिए वे बंद कमरे में रियाज़ करने लगे।

आरंभ में हरिनारायण जी को काफी विरोध का सामना करना पड़ा। इसका कारण एक तो यह था कि उस समय लड़कियों का नाचना-गाना अच्छा नहीं माना जाता था, दूसरे वे स्वयं तवायफों को संगीत सिखाने उनके कोठे पर जाया करते थे। फिर भी वे अपने संकल्प से विचलित नहीं हुए। बड़ी आरजू-मिन्नत के बाद उनके मित्रों ने अपनी लड़कियों को संगीत की शिक्षा देने पर राजी हुए। आरंभ में कपूरजी हारमोनियम पर गायन सिखाते थे। उसके बाद तानपूरे पर सिखाने लगे। इससे लड़कियों में संगीत सीखने की उत्सुकता बढ़ने लगी। विरोधियों और आलोचकों की संख्या अधिक थी, किंतु कुछ ऐसे भी थे, जिन्होंने इन्हें इस दिशा में सक्रिय रहने और संगीत के प्रचार-प्रसार के लिए प्रोत्साहित किया। इन लोगों के प्रोत्साहन और सहयोग के फलस्वरूप हरिनारायण जी ने 2 दिसंबर, 1930 ई. को पटना सिटी में संगीत सदन की स्थापना की।

स्थापना के तीन वर्ष बाद संगीत सदन में छात्र-छात्राओं की संख्या दिन-प्रतिदिन बढ़ने लगी। 20 नवंबर, 1933 ई. को आपने छात्र-छात्राओं को लेकर एक समारोह किया, जिसकी अध्यक्षता सर सुल्तान अहमद साहब ने की थी।

इस समारोह की सफलता से पटना सिटी की जनता में एक जागृति आ गई और लोगों के मन में संगीत के प्रति अभिरुचि बढ़ी। इस समारोह का एक और सुखद परिणाम हुआ—निंदक और आलोचक भी उनके प्रशंसक और समर्थक बन गए। सभी पत्र-पत्रिकाओं ने संगीत सदन की प्रशंसा की और कपूर साहब के प्रयास की सराहना की। संगीत सदन को राय बहादुर गौरीशंकर राय, श्री भागवत प्रसाद जायसवाल, ब्रजमोहन लाल रस्तोगी राय साहब, पं० बालगोविन्द मालवीय, जैसे नगर के प्रतिष्ठित व्यक्तियों का सहयोग प्राप्त होने लगा।

'संगीत सदन' बिहार की एक आदर्श संगीत संस्था मानी जाने लगी। इस संस्था को सर सुल्तान अहमद, भूतपूर्व शिक्षामंत्री अब्दुल अजीज, डॉ. सच्चिदानंद सिन्हा, सर राजीव रंजन प्रसाद सिंह, लेडी इमाम, राज्यपाल श्री माधवहरि अणे, आचार्य बदरीनाथ वर्मा, रजधनधारी सिंह, गणेशदत्त सिंह, न्यायाधीश सर फजल अली, ख्वाजा मुहम्मद नूर आदि जाने-माने प्रतिष्ठित व्यक्तियों का सहयोग प्राप्त हुआ। कपूरजी की शिष्याओं को अपने विद्यालयों में संगीत प्रतियोगिता में पदक मिलने लगे, तो संगीत सीखने के लिए उनमें अधिक उत्साह जगा।

हरिनारायण जी ने केवल पटना को ही नहीं, पूरे देश को अनेकों गायक-गायिकाएं, नर्तकियां और नर्तक दिए। संगीत सदन के ही छात्र-छात्राओं द्वारा पटना आकाशवाणी केन्द्र का उद्घाटन संपन्न हुआ था। लड़कियां अधिक से अधिक

संख्या में संगीत की ओर अभिमुख हों, इसलिए कपूरजी ने अपनी पत्नी कमला देवी को भी संगीत की शिक्षा दी। इनकी शिष्या डॉ. शोभा माथुर उत्तरप्रदेश की प्रमुख संगीत विशेषज्ञा मानी जाती हैं। संप्रति वे झांसी के किसी महाविद्यालय में प्राध्यापिका हैं।

हरिनारायण जी भारतीय शास्त्रीय संगीत के विशेषज्ञ तो थे ही, तबला, हारमोनियम और तानपूरा का भी उन्हें भरपूर ज्ञान था। इतना ही नहीं, वे एक कुशल नर्तक भी थे। अपने शिष्य-शिष्याओं को वे गायन के साथ-साथ नृत्य की भी शिक्षा देते थे।

जनाब जाकिर हुसैन

वे औसत कद-काठी के पुरुष थे। उनकी बातचीत अथवा वेशभूषा से यह जान लेना कठिन था कि हमारे सामने खड़ा बातें कर रहा व्यक्ति साज और आवाज का धनी इनसान है। हां, उनकी आवाज में एक विशेषता थी। उनके सामान्य स्वर में भी एक सुरीलापन था। सुर साधन का संस्कार उनके संस्कार से जैसे उछला करता था।

मैं तब आकाशवाणी, पटना में एक साथ कार्यरत रहने के कारण जाकिर साहब को अपनी टेबल पर रजिस्टर भरते हुए तथा कभी स्टूडियो में संगीत की धुनें बनाते एवं कलाकारों की रिकार्डिंग कराते हुए देखा करता था। चाहे लोक संगीत हो, सुगम संगीत हो,अर्द्धशास्त्रीय अथवा शास्त्रीय संगीत, जाकिर साहब इन सभी संगीत रूपकों के कलाकारों द्वारा गाये जाने वाले गीतों की रिकार्डिंग बड़ी आत्मीयता के साथ कराते थे। रिकार्डिंग पूरी हो जाने पर कलाकारों से यह कहना नहीं भूलते थे— बहुत अच्छा गाया। परिचय हो जाने पर उनसे बातें होतीं तथा कभी-कभी मेरे कमरे मे आकर बैठते भी थे और कभी मैं उनके निकट चला जाता। यह सिलसिला वर्षों तक चलता रहा। वे आकाशवाणी से सेवा निवृत्त होने के बाद जब भी अपने संगीत की रिकार्डिंग कराने स्टूडियो आते, तो बड़े स्नेहपूर्वक मुझसे मिलकर ही जाते। उस समय थोड़ी चर्चा उनकी संगीत साधना तथा स्वास्थ्य पर भी होती थी। दिनों-दिन उनका स्वास्थ्य गिरता ही जा रहा था। इसमें कुछ दोष ढलती उम्र का था और अधिक दोष लंबी उम्र पाने की दृष्टि से सुविधाओं के अभाव का था। गुलाब जैसे रेगिस्तान में उग आया था।

जाकिर साहब संगीत कला के सुविज्ञ स्वर और तान पुरुष थे। हिन्दुस्तानी शास्त्रीय संगीत में उन्हें महारत हासिल थी। वे भजन, गजल, ठुमरी गाने में सिद्धस्त तो थे ही, ख्याल भी खूब शुद्ध गाते और आरोह से अवरोह तक ख्याल की खुशबू बिखेरते थे। अपनी संगीत साधना को वे जीवनपर्यंत कलासंगिनी बनाये रहे। उनकी गुनगुनाहट हमें रोमांचित कर देती थी।

ऐसे प्रतिभाशाली संगीतज्ञ का जन्म बिहार के बेतिया जिले में 5 मार्च, 1914 ई. को हुआ। विधि के विधान के अनुसार गुलाब खिला और कांटों में। बचपन से

अनेक मुसीबतें झेलने के कारण इनका जीवन संघर्षपूर्ण रहा। संगीत का ज्ञान इन्हें अपने पूर्वजों से उत्तराधिकार के रूप में प्राप्त हुआ। उनके पूर्वज 1857 ई. के गदर के पश्चात् लखनऊ से विस्थापित होकर पश्चिम, चंपारण के बेतिया राज के संरक्षण में बेतिया आ बसे। आपने संगीत का पहला पाठ अपने दादा मेंहदी हुसैन से पढ़ा था। बाद में आधुनिक बिहार के निर्माता सर सुल्तान अहमद के पिता सैयद हुसैन साहब के बुलावे पर ये पटना चले आए। लेकिन दुर्भाग्यवश पंद्रह वर्ष की आयु में ही इनके सभी पूर्वज एक-एक कर उन्हें अकेला छोड़कर चल बसे। तदुपरांत इन्होंने सुलतान पैलेस में ही पचास रुपये प्रतिमाह पर नौकरी कर ली। सन् 1940 ई. में इन्होंने उस्ताद काले खां से ध्रुपद, धमार आदि रागों का प्रशिक्षण प्राप्त किया। ठुमरी गायन की कला इन्हें पटना के बाबू उल्फत राय से प्राप्त हुई थी। आगे चलकर आप उस्ताद नज्जू खां से प्रशिक्षण पाने लगे।

सन् 1940 ई. में उन्हें आकाशवाणी, लखनऊ से अपने स्वर-परीक्षा का सुयोग प्राप्त हुआ और ये चुन लिए गए। ये लखनऊ चले गए। यहां इन्होंने शास्त्रीय संगीतज्ञ के रूप में ख्याति प्राप्त की। फिर ये एच.एम.वी. एवं मेगाफोन रिकार्ड कंपनी में ''म्यूजिक ट्यूनर'' के पद पर काम करने लगे। वहां उस्ताद जमी रउदी खां ही एकमात्र ऐसे व्यक्ति थे, जो संगीत रचना की व्यवस्था के साथ-साथ सभी प्रदर्शनों का आयोजन भी किया करते थे। वे इनसे इतने प्रभावित हुए कि इनसे ठुमरी का प्रशिक्षण लेने लगे। जाकिर साहब यहां तत्कालीन संगीतज्ञ अंगूरवाला, बिंदुवाला, मोतीलाल, बिसमादर चटर्जी एवं अन्य संगीतज्ञों के संपर्क में आए। जमी रउद्दीन साहब ने संगीत के प्रति इनके प्रेम और इनकी अपूर्व निष्ठा को देखकर उन्हें अपना सहायक नियुक्त कर लिया और प्रत्येक गीत के लिए पांच रुपये देना शुरू कर दिया। तभी से ये स्वयं गीतों की रचना करने लगे।

सर सुल्तान अहमद ने इन्हें 1942 ई. में ''नेशनल वार फ्रंट'' में शामिल होने के लिए पटना बुलाया। जाकिर साहब, जमील मजहरी, रामधारी सिंह 'दिनकर', आचार्य जानकीवल्लभ शास्त्री सरीखे कवियों की कविताओं को लोकप्रिय धुनों में बांधकर जनमन को प्रभावित करने योग्य रूप देने लगे।

अपनी पूरी जिन्दगी शास्त्रीय संगीत के प्रचार-प्रसार में अर्पण करके अविरल साधक और सेवक बने रहे। उन्होंने कुछेक फिल्मों में संगीत भी दिया। किन्तु, उनकी प्रतिभा और ज्ञान का यहां संतोषजनक सम्मान किया गया, ऐसा नहीं कहा जा सकता।

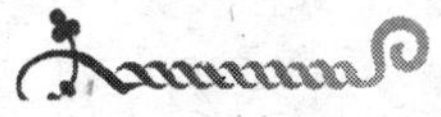

वादक

उस्ताद अलाउद्दीन खां ❖ पं० रविशंकर ❖ बिस्मिल्ला खां ❖ उस्ताद अली अकबर खां ❖ पं० बच्चा मिश्र ❖ वी.जी. जोग ❖ किशन महाराज ❖ उस्ताद अल्ला रक्खा ❖ पीरबख्श ❖ पंडित रामनारायण ❖ हरिप्रसाद चौरसिया ❖ उस्ताद अमजद अली खां ❖ डॉ. एन. राजम ❖ शरणरानी ❖ पं० विश्वमोहन भट्ट ❖ पं० रोनू मजुमदार ❖ डॉ. शिवनारायण सिंह ❖ पं० शिवकुमार शर्मा ❖ पं० बलराम दास मिश्र ❖ पं० दयाशंकर मिश्र ❖ उस्ताद जाकिर हुसैन ❖ पं० रंगनाथ मिश्र ❖ पं० सामता प्रसाद मिश्र ❖ सरदार महेन्द्र सिंह ❖ पहीमुल्लाह खां

अविस्मरणीय संगीत साधक

उस्ताद अलाउद्दीन खां

बहुमुखी प्रतिभा के धनी संगीत के अनन्य साधक उस्ताद अलाउद्दीन खां ने अपनी साधना से भारतीय शास्त्रीय संगीत को जो देन दी है, वह अविस्मरणीय है। उनकी संगीत-साधना से भारतीय संगीत समृद्ध हुआ है।

अलाउद्दीन खां, जिन्हें लोग आदर से बाबा कहा करते थे, बहुमुखी प्रतिभा के धनी थे। सितार, सरोद, सुर बहार, वीणा, बांसुरी, क्लाअरनेट, वायलिन, मृदंग, पखावज, इसराज, तबला, ढोलक, रबाब आदि अठारह वाद्यों पर उनका समान अधिकार था, किन्तु मूलतः वे अद्वितीय सरोद वादक के रूप में ही प्रख्यात थे।

वाद्यं संगीत के क्षेत्र में खां साहब नवीन क्रांति के जनक थे। उन्होंने एक नई शैली को जन्म दिया। उन्होंने सितार में उसकी बारीकियों और कोमलता की रक्षा करते हुए सरोद की तेजस्विता और गंभीरता का समावेश किया। आज तंत्र संगीत का जो उन्नत रूप उपलब्ध है, वह बाबा की ही देन है।

संगीत हमारी जाति और सुर हमारा गोत्र है—(संगीत आमार जाति ओ सुर आमार गोत्र)—खां साहब ने अपनी इस उक्ति को पूर्णतः अपने जीवन में चरितार्थ किया। वे धार्मिक अंधविश्वास और रूढ़िवादी लौकिक मान्यताओं को दरकिनार कर संगीत-साधना में लीन रहा करते थे।

खां साहब का जन्म कब और कहां हुआ था, इस संबंध में उनकी जीवनी लिखने वाले एकमत नहीं हैं। बाबा ने अपनी आत्मकथा संगीत विज्ञान प्रवेशिका में लिखा है—'मेरा जन्म त्रिपुरा के शिवपुरा गांव में हुआ था। मेरे पिता का नाम स्व. सबदार हुसैन (सद्र खां) था। मेरे पिता मुझे आलम कहा करते थे। उन्होंने अगरतला महाराज के उस्ताद कासिम अली खां से सितार सीखा था।' किन्तु देश पत्रिका' 1958, 27 अक्तूबर के अनुसार उनके पिता खेतीबाड़ी करते थे। संगीत से उन्हें लगाव नहीं था। अमृत पत्रिका के 26 अक्तूबर, 1962 के अंक में श्री पन्नालाल दत्त लिखते हैं—खां साहब का जन्म 1863 ई. में हुआ था। 10 फरवरी, 1985 के 'हिन्दुस्तान' में श्री एस.डी. शेख के अनुसार—1862 ई. में दुर्गाष्टमी के पुनीत पर्व पर पूर्वी बंगाल के त्रिपुरा राज्य के शिवपुरा ग्राम में उनका जन्म हुआ था।

इस प्रकार बाबा की जन्मतिथि और उम्र के विषय में अनेक भ्रांतियां हैं। इन भ्रांतियों का खंडन करते हुए बाबा के शिष्य तथा निजी सचिव ने ठोस प्रमाणों के आधार पर बाबा का जन्म-वर्ष 1881 ई. निश्चित किया है। बाबा के अग्रज फकीर हो गए थे। वे बांसुरी और दो तारों के अद्वितीय वादक थे।

कहा जाता है कि 8-10 वर्ष की उम्र में वे घर से, कुछ रुपए लेकर कोलकाता चले आए। वहां रहकर उन्होंने कोलकाता के ध्रुवदियों तुलो गोपाल से गायन की शिक्षा ली। स्वामी विवेकानंद के भाई हाबूदत्त से क्लारनेट, ईडेन गार्डेन के बैंड मास्टर लोबो साहब से वायलिन, मुक्तागाछा के जमींदार के यहां विख्यात सरोदवादक अहमद अली खां से सरोद और रामपुर के उस्ताद वज़ीर खां से दबाब, सुरसिंगार और वीणा वादन की शिक्षा ली।

महान संगीतज्ञ के रूप में बाबा की ख्याति से प्रभावित होकर संगीत प्रेमी महाराजा बृजनाथ सिंह ने बाबा को मैहर बुला लिया तथा उनके शिष्य हो गए। मैहर में रहते हुए बाबा ने जिस वाद्यवृन्द (ऑरकेस्ट्रा) का गठन किया, उसकी चर्चा और प्रशंसा आज भी की जाती है।

बाबा ने भारतीय संगीत को एक से एक संगीतरत्न दिए हैं, जिनसे भरतीय संगीत तो समृद्ध हुआ ही है, भारतीय संगीत को अंतर्राष्ट्रीय ख्याति और प्रशंसा भी प्राप्त हुई है। इनमें उस्ताद अली अक़बर खां (बाबा के सुपुत्र), प्रख्यात सितार वादक पं० रविशंक़र (बाबा के दामाद), निखिल बनर्जी, विख्यात बांसुरी वादक पन्नालाल घोष, सरोदवादिका शरण रानी, सरोदवादक बहादुर खां (बाबा के भ्रातृज), बांसुरी वादक श्री हरिप्रसाद चौरसिया के नाम विशेष रूप से उल्लेखनीय हैं। विश्वविख्यात नृत्यकार उदयशंकर ने भी बाबा से दिशा-निर्देश प्राप्त किया था।

बाबा को अनेक सम्मानोपाधियों से विभूषित किया जा चुका है। तानसेन संगीत समिति से तापताब-ए-हिन्द, कोलकाता में भारत-गौरव, भातखंडे संगीत विद्यालय, लखनऊ से संगीताचार्य, 1958 ई. में पद्मभूषण और 1971 ई. में पद्मविभूषण से सम्मानित किया गया।

बाबा अलाउद्दीन खां अत्यंत उदार, धर्म-निरपेक्ष और समन्वयवादी कलाकार थे। साम्प्रदायिकता, धार्मिक कट्टरता, जातिवाद आदि दुर्गुण उन्हें छू भी नहीं पाया था।

बाबा ने अपनी सुपुत्री का नाम अन्नपूर्णा रखा और उसका विवाह अपने शिष्य सुविख्यात सितारवादक पं० रविशंकर से कर दिया। अन्नपूर्णा जी प्रचार-प्रसार से दूर मौन स्वर साधिका हैं। सुरसिंगार, सरोद और सितारवादन में प्रवीण हैं। उनसे संगीत की शिक्षा प्राप्त करने के लिए अनेक जिज्ञासु उनके पास आते रहते हैं। विगत 6 सितंबर, 1972 ई. को बाबा का देहावसान हो गया।

सितार के पर्याय

पं० रविशंकर

सितार के साथ पं० रविशंकर का नाम इस प्रकार जुड़ गया है कि सितार की चर्चा चलते ही रविशंकर याद आ जाते हैं। जैसे दोनों एक दूसरे के पर्याय हैं। रेमन मैगसेसे जैसे अंतर्राष्ट्रीय और अनेक राष्ट्रीय पुरस्कारों तथा उपलब्धियों से सम्मानित रविशंकर बहुमुखी प्रतिभा के कलाकर हैं।

रविशंकर जी के सितारवादन की प्रमुख विशेषता यह है कि उन्होंने पश्चिमी संगीत से जुड़कर यहूदी मैनुहिन, जुविंत मेहता तथा आनटरेप्रोविन के साथ युगलबंदी प्रस्तुत की। पश्चिमी संगीत के साथ उन्होंने नए-नए प्रयोग किए, पश्चिमी संगीतकार वीटाम्स को अपना शिष्य बनाया, किन्तु भारतीय संगीत के शुद्ध शास्त्रीय तथा पारंपरिक रूप के साथ कोई छेड़छाड़ नहीं की। यह कहना सही है कि वे शुद्धतम पारंपरिक भारतीय संगीत के ही साधक हैं।

पं० रविशंकर का जन्म 7 अप्रैल, 1920 ई. को वाराणसी में हुआ। इनके पिता श्याम शंकर जी ने इंग्लैंड से वार-एट-ला और जेनेवा विश्वविद्यालय से राजनीति शास्त्र की उच्चतम शिक्षा ली थी। वे संस्कृत के प्रकांड विद्वान थे। कैलीफोर्निया विश्वविद्यालय में उन्होंने वेदांत दर्शन का अध्यापन किया। 1923 में पहली बार उन्होंने भारतीय नृत्य का प्रदर्शन किया।

रविशंकर जी दस वर्ष की उम्र से 18 वर्ष की उम्र तक अपने अग्रज विश्वविख्यात नर्तक उदयशंकर जी की नृत्यमंडली में एक नर्तक के रूप में विश्वभ्रमण करते रहे। विदेश यात्रा के क्रम में इनकी मुलाकात उस्ताद अलाउद्दीन खां से हुई। अलाउद्दीन खां इनके नृत्य कौशल से प्रभावित होकर इन्हें शास्त्रीय गायन और सितारवादन की शिक्षा देने लगे। रविशंकर नृत्यमंडली छोड़कर मैहर चले आए और वहां बाबा अलाउद्दीन खां से विधिवत् सितार वादन की शिक्षा ग्रहण करने लगे।

बाबा इनसे पुत्रवत स्नेह करते थे। 1941 ई. में बाबा ने अपनी पुत्री अन्नपूर्णा का विवाह रविशंकर के साथ कर दिया। अन्नपूर्णा सितार और सुरबहार वादन में

निपुण थी। एक समय था, जब रविशंकर और अन्नपूर्णा द्वारा प्रस्तुत सितार-सुरबहार की युगलबंदी से श्रोता मंत्रमुग्ध हो जाते थे। कालांतर में 69 वर्ष की उम्र में रविशंकर ने हैदराबाद में सुरम्य राजन नामक 38 वर्षीया एक महिला से विवाह कर लिया।

रविशंकर की सितारवादन की शैली उनकी अपनी शैली है। उसमें मौलिकता है। सितार पर बीन अंग का आलाप, दो-दो, तीन-तीन सुरों की छोटी-बड़ी मीड़ों के साथ मिजराज का प्रयोग, विलंबित से अतिद्रुत लय में उनके दोनों हाथों की उंगलियों का अद्‌भुत तालमेल उनके सितारवादन की अन्यतम विशेषता है। सितार वादन के क्रम में वे राग विशेष के मार्मिक तत्त्वों को उभारते हैं और उन तत्त्वों को लय-ताल के कलात्मक संयोजन में पिरोते हैं। यह विशेषता और किसी में नहीं पाई जाती है।

रविशंकर ने सितारवादन के साथ-साथ संगीत के क्षेत्र में महत्त्वपूर्ण और उल्लेखनीय कार्य किए हैं। भातखंडे स्वर लिपि में ही कुछ चीजें जोड़कर सितारवादन की शिक्षा देने के लिए उन्होंने जिस स्वरलिपि का विकास किया, वह सितार सीखने के लिए बहुत ही उपयोगी है। कृंतन, जमाजमा, मीड़ और गमक की जो संकेत पद्धति उन्होंने विकसित की, उसका विशेष महत्त्व है।

रविशंकर जी ने संगीत विषय पर कई पठनीय पुस्तकें लिखी हैं, जो संगीत के शिक्षार्थियों के लिए उपयोगी एवं महत्त्वपूर्ण हैं।

पं० रविशंकर शास्त्रीय संगीत के विश्वविख्यात कलाकार हैं। इन्होंने फिल्मों में भी संगीत दिया है— धरती के लाल, नाच नगर, अनुराधा, गोदान, मीरा जैसी हिन्दी फिल्मों में। इसके अलावा पाथेर पंचाली और काबुलीवाला जैसे बंगला फिल्मों में भी संगीत दिया है। उन्होंने कुछ अंग्रेजी फिल्मों में भी संगीत दिया है, जिनमें दि चेरिटेबल, दि फ्ल्यूट तथा ऐटेनबरो की फिल्म 'गांधी' प्रमुख हैं।

रविशंकर जी ने यहूदी-मेनुहिन, आंद्रे पेविन, जुवेन मेहता, जार्ज हैरिसन और दूसरी बीटल गायकों के साथ पश्चिमी शास्त्रीय और पॉप संगीत के साथ भारतीय संगीत सामंजस्य के अनेक प्रयोग किए।

रविशंकर जी ने परमेश्वरी, गोदावरी आदि कई नए रागों की रचना की। साथ ही कर्नाटक पद्धति के रागों को भारतीय संगीत पद्धति में आत्मसात् कर लिया है। इनमें उनके द्वारा निर्मित राग मलयामा रुलक प्रमुख हैं।

रविशंकर जब सितार बजाते हैं, तो मुंद्र सप्तक के आलाप में प्रकृति का गंभीर नाद और तार सप्तक में प्रकृति की जैसे कोमल पुकार सुनाई देती है। उनकी द्रुत बंदिशों में लगता है कि सितार की झंकार नृत्य की मुद्राओं से संवाद कर रही है।

विश्वविख्यात वायलिन वादक यहूदी मेनुहिन ने उनके सितारवादन के विषय में कहा था कि रविशंकर के सितारवादन में महान पश्चिमी कम्पोजर मोत्सार्ट के स्वर सुनाई देते हैं। मोत्सार्ट ने प्रकृति की ध्वनियों को अपनी रचनाओं में समाहित किया है।

रविशंकर ने युवावर्ग में बढ़ती हुई नशे की प्रवृत्ति पर आधारित नृत्य नाटिका घनश्याम की संरचना की, जिसकी व्यापक रूप में सराहना की गई।

भारत रत्न, कालिदास सम्मान तथा अंतर्राष्ट्रीय मैगसेसे पुरस्कार आदि अनेक पुरस्कारों और उपाधियों से सम्मानित पं० रविशंकर भारतीय शास्त्रीय संगीत के अन्यतम कलाकार और सितार के प्रतीक पुरुष हैं।

शहनाई वादक

बिस्मिल्ला खां

शादी-विवाह के अवसर पर और मंदिरों में बजाए जाने वाले लोकवाद्य शहनाई को केवल भारतीय शास्त्रीय संगीत में ही नहीं, विश्व संगीत में प्रमुख स्थान दिलाने का श्रेय यदि किसी को है, तो वह हैं उस्ताद बिस्मिल्ला खां। संगीत के क्षेत्र में उनका यह ऐतिहासिक योगदान है। उनके इस ऐतिहासिक योगदान के लिए भारत सरकार ने सर्वोच्च सम्मानोपाधि 'भारतरत्न' से उन्हें सम्मानित किया है। 'भारतरत्न' से पूर्व खां साहब पद्मश्री, पद्मभूषण और पद्मविभूषण से भी नवाजे जा चुके हैं। इन सम्मानोपाधियों के अलावा इन्हें तानसेन पुरस्कार, नेपाल अकादमी पुरस्कार, सोवियत नेहरू पुरस्कार तथा कला सरस्वती पुरस्कार से भी सम्मानित किया गया है।

उस्ताद बिस्मिल्ला खां का जन्म 21 मार्च, 1916 ई. को बिहार के डूमरांव (बक्सर) के बंधन पटवा मुहल्ले में हुआ था। उनका मूल नाम अमरुद्दीन खां है। बिस्मिल्ला साहब का जन्म शहनाई वादकों के खानदान में हुआ था। इसलिए शहनाई इन्हें विरासत में मिली थी। इनके पिता बचई मियां पैगम्बर खां अपने समय के अच्छे शहनाई वादक थे। पिता के अलावा दादा रसूल खां और परदादा हुसेन बक्स भोजपुर दरबार में दरबारी कलाकार थे। इनके दादाजी के दादाजी स्व. उस्ताद सलार हुसैन खां भी शहनाई वादक थे।

डुमरॉव महाराज के किले में स्थित बिहारीजी के मंदिर में बिस्मिल्ला साहब के मुंह से शहनाई छुआई गई थी। उस समय वे महज सात साल के थे। वे बचपन में बिहारीजी के मंदिर के सामने सुबह-शाम शहनाई बजाया करते थे। उन्हें राज्य से डेढ़ रुपए और रसद प्रतिमाह मिला करता था।

दस वर्ष की उम्र में बिस्मिल्ला साहब को उनके पिता ने ननिहाल बनारस (बेनियाबाग) भेज दिया। बिस्मिल्ला साहब के मामू अली बख्श उच्च कोटि के संगीतज्ञ और प्रख्यात शहनाई वादक थे। उन्हीं के संरक्षण में बिस्मिल्ला साहब शहनाई की बारीकियों का आत्मसात् करने लगे।

वाराणसी में गंगा के तट पर अवस्थित मंदिरों के शांत एवं आध्यात्मिक वातावरण में अपने गुरु मामू अलीबख्श के साथ बिस्मिल्ला साहब घंटों रियाज किया करते थे। मामू ने उन्हें पहले पलटों का अभ्यास कराया और बाद में रागदारी की शिक्षा दी। शहनाई वादन के साथ-साथ बिस्मिल्ला साहब ने लखनऊ के प्रसिद्ध उस्ताद मुहम्मद हुसैन खां से ख्याल, ठुमरी, धमार एवं ध्रुपद की विधिवत् शिक्षा ली। प्रभात वेला में ललित और सांध्य वेला में मधुवंती उनके प्रिय राग हैं। उन्होंने किराना घराने के अलावा आगरा और बनारस घराने की विशेषताओं का भी अपने वादन में समावेश किया है।

गंगातट पर अपनी स्वर-साधना की चर्चा करते हुए एक अवसर पर उन्होंने जो कहा है, वह हृदयंगम करने योग्य है—'हम गंगा नहाते थे और सीढ़ियां चढ़कर जाते थे, बालाजी के मंदिर में शहनाई बजाने। सुबह साढ़े चार बजे आरती होती थी, शंख बजता था, घंटा बजता था। हम वहीं सोते थे। जब आरती पूरी हो जाती थी, तो पुजारी मुझे जगाकर कहते थे, खां साहब, अब आप शहनाई बजाइए।'

कला पैसे खर्च करके नहीं आती। पैसा खर्च करने से देव प्रसन्न नहीं होते। लगन चाहिए, विश्वास चाहिए। हमारे मजहब में लिखा है, किसी देवता को बुरा मत कहो। पता नहीं, कब कौन किस रूप में आ जाए।

15 अगस्त, सन् 1947 ई. को लाल किले में प्रथम स्वाधीनता समारोह में खां साहब ने शहनाई बजाई थी। उस समय का अपना अनुभव, एक अवसर पर उन्होंने इस रूप में व्यक्त किया है—

'मैं खादी का कुर्ता-पाजामा और टोपी पहनकर शहनाई बजाता चल रहा था। मेरे आगे एक महिला कलश लेकर चल रही थी। मेरे पीछे राजेन्द्र बाबू और उनके पीछे नेहरूजी चल रहे थे। उस वक्त एक कलाकार के रूप में खुद को देश के शीर्षस्थ नेताओं से आगे पाकर मैं अपने आपको बहुत गौरवान्वित महसूस कर रहा था।'

प्रथम बार खां साहब ने 1930 ई. में इलाहाबाद में आयोजित अखिल भारतीय संगीत सम्मेलन में मंच पर अपना शहनाई वादन प्रस्तुत किया। उस समय वे सिर्फ 14 वर्ष के थे। उस संगीत सम्मेलन में नासिरुद्दीन खां, रियाजुद्दीन खां, वीरु मिश्र और फैयाज खां जैसे विख्यात गायक-वादक मौजूद थे। जब उनके नाम का एलान हुआ, तो उन्हें स्वभावत: बड़ी घबराहट होने लगी। वे पसीने-पसीने हो रहे थे। उन्होंने अपने मामू की ओर देखा, तो मामू अली बख्श ने कहा—जाओ बेटा, बुजुर्गों और अल्लाह को याद करके जाओ। बिस्मिल्ला साहब मंच पर आ गए और केदारा

की एक गत बजाई। कार्यक्रम समाप्त होने पर बुजुर्गों ने उनकी पीठ ठोकी, कहा— 'बड़ा होनहार है। संगीत और मुल्क का नाम रोशन करेगा।' खां साहब को कई तगमे भी मिले।

सार्वजनिक मंच पर लखनऊ संगीत सम्मेलन में शहनाई वादन प्रस्तुत करने पर बिस्मिल्ला साहब को स्वर्णपदक और 1937 ई. में कोलकाता में आयोजित संगीत-सम्मेलन में तीन स्वर्णपदक मिले। 18 वर्ष की आयु में उन्हें पहली बार अकेले शहनाई वादन प्रस्तुत करने का अवसर प्राप्त हुआ।

बिस्मिल्ला साहब ने फिल्मों में भी संगीत दिया है। जिनमें 'गूंज उठी शहनाई', इसके अलावा मद्रास के प्रोड्यूसर विक्रम श्रीनिवास की फिल्म 'सानाधी अपन्ना' में भी खां साहब ने संगीत निर्देशन किया। इनकी शहनाई फिल्म 'सेहरा' और 'एक दूजे के लिए' में भी गूंजी थी।

बिस्मिल्ला साहब के शहनाई वादन की अपनी विशेषता और अनूठी विशिष्टता ही है कि दाऊदयाल महाविद्यालय, फिरोजाबाद में संगीत विभाग की व्याख्याता सुश्री इला तिवारी इनके शहनाई वादन की शैली पर पी.एच.डी. कर रही हैं। श्री छिब्बा और श्री ज्ञान सेठ ने इन पर एक फिल्म बनाई है, जिसमें कमेंट्री लता मंगेसकर की है।

बिस्मिल्ला साहब इंग्लैंड, अमेरिका, रूस, फ्रांस, जर्मनी, जापान, सउदी अरब, ईरान, आस्ट्रेलिया आदि देशों के बड़े नगरों में शहनाई वादन प्रस्तुत कर चुके हैं। 1977 ई. में बर्लिन में आयोजित संगीत सम्मेलन और 1970 ई. में भारत महोत्सव में भी अपने शहनाई वादन से खां साहब ने लोगों को मंत्रमुग्ध किया। इस प्रकार सारे विश्व में बिस्मिल्ला साहब ने भारतीय संगीत को प्रतिष्ठा दिलाई।

संगीत के विषय में बिस्मिल्ला साहब की कुछ उक्तियां बहुत ही महत्त्वपूर्ण, सारगर्भित और प्रेरक हैं—

'गाने-बजाने वालों का मजहब संगीत है। उनकी जुबान संगीत है। संगीत के मजहब की दुनिया सबसे अलहदा है। यहां सब एकमत हैं—टकराव की कोई गुंजाइश नहीं।'

'संगीत ही सभी की भाषा है, जिसे एक दूसरे से अजनबी होते हुए भी हम समझ लेते हैं। अल्पगज शब्दों की इतनी अहमियत नहीं है, जितनी निचोड़ या भाव की।'

भारतीय संगीत की अमर विभूति

उस्ताद अली अकबर खां

भारतीय संगीत के उन्नायक एवं संगीत मर्मज्ञ, स्वर साधक उस्ताद अलाउद्दीन खां के सुपुत्र थे—अली अकबर खां। उस्ताद अली अकबर खां ने सरोद वादन को जिस ऊंचाई तक पहुंचाया था, उस ऊंचाई को अभी तक कोई नहीं छू पाया है। उनके स्वर वादन में सागर की गहराई थी, तो मंद-मंद प्रवाहित सरिता की कलकल ध्वनि भी। उनका वादन इतना कर्णप्रिय और हृदयस्पर्शी था कि श्रोता सुनते-सुनते किसी अमर लोक में पहुंच जाते और आत्मविस्मृत हो जाते थे।

उस्ताद अलाउद्दीन खां ने सरोद वादन की शिक्षा सेनिया घराने के उस्ताद वजीर खां से ली थी। अतः उनके पुत्र होने के नाते अली अकबर खां भी इसी घराने के प्रतिष्ठित कलाकार के रूप में विख्यात हैं।

उस्ताद अलाउद्दीन खां बड़े ही अनुशासनप्रिय थे। अपने शिष्यों से वे कठोर अभ्यास कराते थे। अतः उनके पुत्र अली अकबर खां अनुशासित ढंग से पिता के संरक्षण में निरंतर अभ्यास करते हुए सिद्ध स्वर साधक के रूप में संगीतप्रेमी जनता के बीच अत्यंत लोकप्रिय हो गए।

उस्ताद अलाउद्दीन खां मैहर मध्यप्रदेश महाराज के दरबार में रहकर महाराजा को संगीत की शिक्षा देते थे। अली अकबर खां महाराजा के दरबार में कुछ दिन रहे। वे जोधपुर महाराजा के दरबार में भी कुछ दिन रहे थे।

अलाउद्दीन खां ने पहले अली अकबर खां को ध्रुपद-धमार सिखाया। फिर कुछ दिनों बाद उन्हें सरोद वादन की शिक्षा देने लगे। अली अकबर खां के बड़े चाचा ने अली अकबर को ध्रुपद तथा ख्याल, तराना के अलावा तबला और पखावज वादन की शिक्षा भी दी थी। सरोद के पहले खां साहब ने सुरसिंगार और रबाब भी बजाया था। उन्होंने कई नए रागों की रचना भी की है, जिनमें चंद्रनंदन, जोगिया, कालेगंडा, गौरी मंजरी, लाजवंती आदि प्रमुख हैं।

अली अकबर खां का सरोदवादन सर्वप्रथम मुंबई आकाशवाणी केन्द्र से कुछ दिनों तक प्रसारित होता रहा। वे लंबे समय तक लखनऊ आकाशवाणी केन्द्र के

स्टॉप आर्टिस्ट भी रहे। उन्होंने देश के अनेक नगरों में, विभिन्न अवसरों तथा अखिल भारतीय सम्मेलनों में श्रोताओं को अपने सरोद वादन से मंत्रमुग्ध तो किया ही, अमेरिका, जर्मनी, लंदन, अफगानिस्तान, फ्रांस, बेल्जियम, हालैंड आदि देशों में भी अपने सरोदवादन से भारतीय संगीत को प्रतिष्ठा दिलायी। उन्होंने फिल्मों में भी संगीत दिया, जिनमें 'आंधियां' फिल्म में उनका संगीत-निर्देशन विशेष रूप से उल्लेखनीय है।

1955 ई. में इस शताब्दी के सर्वश्रेष्ठ वायलिन वादक यहूदी मैनुहिन ने अमेरिका में इनके सरोदवादन का आयोजन किया और स्वयं इनके कार्यक्रम की घोषणा की। मैनुहिन के अलावा महान कंडक्टर लियोफील्ड स्ट्रोकास्की एक बार अमेरिका में एक संगीत समारोह में अली अकबर खां के सरोदवादन से इतने प्रभावित हुए कि स्टेज से उतरते ही उन्होंने अली अकबर खां को गले लगा लिया।

संगीत नाटक अकादमी पुरस्कार से पुरस्कृत उस्ताद अली अकबर खां ने अमेरिका के सैन सफेल शहर में अली अकबर कॉलेज ऑफ म्यूजिक की स्थापना की। इसके पहले कोलकाता में अली अकबर कॉलेज ऑफ म्यूजिक की स्थापना की गई थी। अमेरिका में उस्ताद अली अकबर खां के सैकड़ों शिष्य हैं। भारत में उनके शिष्यों में—शरणरानी, डी.एल. काबरा, निखल बनर्जी तथा शिशिर कणाधर चौधरी के नाम विशेष रूप से उल्लेखनीय हैं।

अनुशासन और अनवरत साधना के द्वारा महान स्वरसाधक के रूप में संपूर्ण विश्व द्वारा समादृत उस्ताद अली अकबर खां के सरोदवादन की अपनी मौलिक विशेषताएं हैं। वे स्वर में नई-नई रचनाओं की सृष्टि करते हैं। उनकी लयकारी तो अतुलनीय है। थाप और ध्वनि से जिस संगीत का सृजन होता है, उसे श्रव्य करने से अतीन्द्रिय सुख की प्राप्ति होती है। उस्ताद अली अकबर खां का सरोद वादन हमें ऐसे भाव जगत में ले जाता है, जहां पहुंचकर हम आत्मविस्मृत हो जाते हैं।

पं० बच्चा मिश्र

बिहार में शास्त्रीय संगीत के चार प्रमुख घराने हैं—अमता घराना, बेतिया घराना, गया घराना और बड़हिया घराना। सभी घरानों की अपनी-अपनी विशेषताएं हैं। अपनी विशेषताओं और गायन-वादन में अपनी विशिष्ट शैली के कारण भारतीय शास्त्रीय संगीत में इन घरानों का विशेष स्थान है।

बड़हिया घराना बिहार का पुराना घराना है। इसके प्रवर्तक पं० चंडी शरण मिश्र और संस्थापक उनके पुत्र पं० बच्चा जी मिश्र माने जाते हैं। यह घराना विशेष रूप से कुश तबलावादन और लय के चमत्कार के लिए प्रसिद्ध है।

बड़हिया घराने की विशेषताएं : बड़हिया घराने के तबलावादन की अपनी विशेषताएं हैं, जिसके लिए यह घराना प्रसिद्ध है। पखावज शैली से तबला का खुला बाज, जिसमें पांचों उंगलियों का प्रयोग—यह इस घराने की विशेषता है। तबला वादन में बाएं को दबाकर गमक पैदा करना, विभिन्न लयकारियां, कठिन लयकारियों का चमत्कार इस घराने की अन्य विशेषताएं हैं। इस घर के बोल एक खास अंदाज से बोले जाते हैं, जिसमें अच्छे-अच्छों के ताल छूट जाते हैं। इस घर के वादक वीरासन में बैठते हैं। बड़हिया घराने में सर्वप्रथम आसन-शिक्षा दी जाती है।

अन्य प्रमुख विशेषताएं : इस घराने में वादक को बाएं उल्टा रखकर अर्थात् स्याही की ओर से बजाने की अनुमति नहीं है। दो मात्रे के बीच से तीन का स्थान बनाकर उठान लेना, लय पर समान अधिकार, कठिन-से-कठिन लयकारी की प्रस्तुति, नृत्य या वाद्य की कठिन से कठिन लयकारियों का तुरंत हू-ब-हू जवाब बड़हिया घराने की वादन शैली की विशेषताएं हैं।

ध्रुपद-धमार शैली की गायकी में संगीत के लिए बड़हिया घराना उपयुक्त घराना माना जाता है। पेचीदा लयकारी का जवाब इस घराने के पास सहज ही उपलब्ध रहता है। गायन में इस घराने के गायक लयकारियों का चमत्कार दिखाने में माहिर हैं। इस घराने के गायक कहीं भी, किसी भी मात्रा से छोटी-बड़ी तिहाहियां प्रस्तुत करते हैं।

बड़हिया घराना वस्तुत: लयप्रधान घराना है। इस घराने के प्रतिनिधि कलाकार के रूप में— सर्वश्री बलराम मिश्र, डॉ. ठाकुर प्र. सिंह, भागवत प्र. सिंह, चंद्रमौली सिंह, मदन बाबू, शत्रुघ्न सिंह, पं० श्यामदास मिश्र, मिथिलेश शर्मा, भगवान मिश्र, कुमार राजभूषण मिश्र, कुमार ललितभूषण मिश्र, गीता झा, रामनाथ सिंह, हरिनारायण सिंह आदि आज भी शास्त्रीय संगीत के गौरव को बढ़ा रहे हैं।

पं० बच्चा मिश्र : बड़हिया घराने के संस्थापक एवं विख्यात तबला पखावज वादक पं० बच्चा मिश्र का जन्म 10 अक्टूबर, 1905 ई. को मुंगेर जिले के बड़हिया ग्राम में हुआ था। इनके पिता पं० चंडीशरण मिश्र इस घराने के प्रवर्तक एवं सुविख्यात तबला, पखावज एवं कुशल मृदंगवादक के साथ-साथ प्रथम कोटि के गायक भी थे।

पं० बच्चा मिश्र ने गायन और तबलावादन की प्रारंभिक शिक्षा अपने पिता पं० चंडीशरण मिश्र से ली। इसके बाद श्रीनारायण नरसिंह सरस्वती से, जो एक सिद्ध संन्यासी थे। प्रमुख शिष्य पं० लक्ष्मण राव ने एक समारोह में आपकी लयकारिता पर मुग्ध होकर आपके पिता से आपको मांग लिया। उस समय आपकी उम्र केवल आठ वर्ष की थी। पं० लक्ष्मण राव जी के आश्रम में रहकर इन्होंने गायन, पखावज एवं तबलावादन की विधिवत् शिक्षा ली।

पं० बच्चा मिश्र अपने पिता पं० चंडी शरण मिश्र के साथ संगीत कार्यक्रमों में भाग लिया करते थे। चार वर्ष की आयु से ही आप मंचों पर बोल के साथ 10 मिनट तक अबाध गति से स्वतंत्र वादन प्रस्तुत कर श्रोताओं को मंत्रमुग्ध कर दिया करते थे।

पं० बच्चा मिश्र के तबलावादन में कई विशेषताएं थीं। आपके तबलावादन में पखावज अंग की स्पष्ट झलक दिखाई देती थी। जब आप विलंबित लय में बजाते, तो लय की शुद्धता और गंभीरता को अंत तक बरकरार रखते थे। आप विषम मात्रा के तालों को बजाने में निष्णात थे। एक कार्यक्रम में भोजन में चीनी मिट्टी की ढेर सारी प्यालियां रख दी गई थीं। आपने उनमें से कुछ प्यालियों को चुन लिया और जलतरंग बजाने लगे। कार्यक्रम में उन्होंने जलतरंग वादन भी प्रस्तुत किया। उस कार्यक्रम के बाद आप तबला और पखावज वादक के साथ-साथ जलतरंग वादक के रूप में भी विख्यात हो गए। भारत के प्रथम राष्ट्रपति डॉ. राजेन्द्र प्रसाद जी ने जलतरंग वादन के लिए आपको पुरस्कृत किया। भारत के विभिन्न आकाशवाणी केन्द्रों से आपका जलतरंग वादन 17 वर्षों तक प्रसारित होता रहा।

पं० बच्चा मिश्र गत, परन, छंद, नवहक्का, प्रत्येक मात्रा से उठने वाली चक्करदार परन, टुकड़े एवं तिहाइयों का उठान तबला पर प्रस्तुत करने में पूर्ण सक्षम थे। आपने अनेकों बंदिशों, चक्करदार, टुकड़ों और परनों की रचना की तथा तालवादन के क्षेत्र में कई नए आविष्कार किए।

30 अक्टूबर, 1966 ई. को आपका निधन हो गया। आपकी स्मृति में प्रत्येक वर्ष पटना तथा बड़हिया में भव्य संगीत समारोह आयोजित किए जाते हैं।

संगीत साधकों के लिए पं० बच्चा मिश्र के विचार बहुत ही महत्त्वपूर्ण एवं प्रेरणाप्रद हैं— 'लाख साधना करो, अगर सुरभक्ति नहीं है, हृदय में प्रेम और करुणा नहीं है, तो सब बेकार। गुरु की सेवा करके ही संगीत सीखना चाहिए।'

प्रख्यात वायलिन वादक

वी.जी. जोग

वी.जी. जोग वायलिन के पर्याय माने जाते थे। उनका पूरा नाम था—विष्णु गोपाल जोग।

प्रख्यात वायलिन वादक पं० जोग का जन्म 14 फरवरी, 1922 ई. को पुणे से 96 कि.मी. दूर बाई नामक स्थान में हुआ था। उनके पिता गोविन्द गोपाल जोग का देहांत तभी हो गया था, जब वे सात वर्ष के थे। गोविन्द गोपाल जोग ग्वालियर स्कूल ऑफ म्यूजिक के संगीतज्ञ थे। उनके एक भाई शंकर राव अठवले, महान संगीतज्ञ पं० विष्णु दिगंबर पलुस्कर के शिष्य थे। इस प्रकार कहा जा सकता है कि जोग साहब को संगीत में अभिरुचि विरासत में मिली थी। मुंबई में पं० जोग ने गणपत बुवा पुरोहित से पांच वर्षों तक हारमोनियम और पं० विघ्नेश्वर शास्त्री से वायलिन सीखा। 1938 ई. में वे मोरिस कॉलेज में वायलिन शिक्षक नियुक्त हुए।

सच्चा कलाकार कला की बारीकियों और कला के सभी रूपों से परिचित होना चाहता है। वह जो कुछ जानता है, उसी से उसे संतुष्टि नहीं होती। जोग के मन में वायलिन के साथ-साथ अन्य वाद्य यंत्रों को भी सीखने की बलवती इच्छा जगी। वे वायलिन के अलावा हारमोनियम, सरोद, सितार, साथ ही तबला भी बजा लेते थे।

जोग साहब के पिता जी की एक नाटक कंपनी थी। नाटक में संगीत पक्ष इनके बड़े भाई शंकर राव अठवले, जो एक अच्छे वायलिन वादक थे, संभालते थे। जोग साहब उनसे वायलिन सीखने के बाद भातखंडे संगीत विश्वविद्यालय, लखनऊ चले गए। वहां डॉ. एस.एन. जैन से कुछ दिनों तक वायलिन की शिक्षा ली। लखनऊ में महान संगीतज्ञ बाबा अलाउद्दीन खां से इनका परिचय हुआ। उनसे भी कुछ समय तक संगीत की शिक्षा ली।

बाबा अलाउद्दीन खां भारतीय शास्त्रीय संगीत के भीष्म पितामह थे। उनके सुपुत्र अली अकबर खां, दामाद रविशंकर के अलावा, विख्यात बासुंरीवादक पन्नालाल घोष जैसे वादक उनके शिष्य थे। बाबा सरोद, सितार, रबाब, सुर-सिंगार,

वायलिन आदि अनेक वाद्य बजाने में माहिर थे। बाबा जब लखनऊ आते, तो एक-एक महीना जोग साहब के घर ठहर कर उन्हें वायलिन सिखाते थे।

बाबा से अपनी पहली मुलाकात का वर्णन जोग साहब के एक साक्षात्कार में इस प्रकार किया है— सन् 1937 की बात है। तब मैं बाबा को जानता नहीं था। वे यूरोप से लौटे ही थे। मैं उन दिनों हाफ पैंट पहनता था। मिरासी बुवा के साथ कार्यक्रम देने लखनऊ आया था। बाबा ने मुझे बुलाया-बैठाया। रात में घर आने पर बाबा ने पूछा—"तुम्हें जाड़ा नहीं लग रहा है।" मैंने इनकार में सिर हिलाया। रात तीन बजे जब उन्होंने मुझे ठंड से सिमटा-सिकुड़ा देखा, तो उन्होंने लंदन से लाया कंबल मुझ पर डाल दिया। सुबह उठने पर उन्होंने पूछा— 'रात ठीक से नींद आई।' मैं उनके पीछे पागल हो गया। बिना टिकट लखनऊ से मैहर चला गया।

एक बार बाबा की शतवार्षिकी में जब जोग साहब ने वायलिन बजाया, तो बाबा रो पड़े, बोले— 'मैं गरीब हूं। तुम्हें क्या दे सकता हूं? फिर अली अकबर से कहा— 'जाओ, यंत्र ले जाओ और उन्होंने जोग को आशीर्वाद स्वरूप अपना वायलिन दे दिया।'

जोग साहब 1950 ई. में एक आरॅकेस्ट्रा ग्रुप में शामिल हो गए और लगभग दस महीने तक पूर्वी अफ्रीका में अपने ग्रुप के साथ कार्यक्रम देते रहे। 2 वर्ष तक उन्होंने आकाशवाणी लखनऊ की सेवा की और बारह वर्ष तक मुंबई आकाशवाणी में कार्यरत रहे।

वायलिन के संबंध में जोग साहब का मानना था कि यह इटालियन वाद्य है। यह सही है कि इस पर भारत में जितना अच्छा मीड़ और गमक का प्रयोग होता है, उतना यूरोपीय देशों में नहीं। भारतीय कलाकारों ने अपनी साधना तथा नए-नए तकनीकी प्रयोगों से इसे इतना प्रभावी और प्रचलित कर दिया है कि यह पूर्ण रूप से अपना-सा लगता है।

जोग साहब उन महान संगीत-साधकों में थे, जो संगीत के विभिन्न रूपों की जानकारी प्राप्त करने के लिए उत्सुक रहते थे। उन्होंने कर्नाटक संगीत सीखने के साथ ही एम.एस. गोपालकृष्ण, टी. चोड्डैया और डॉ. दयाराम वेंकटस्वामी के साथ बजाया भी है। वे अपने कार्यक्रमों में वाचस्पति, जनसंबोधिनी और मलयाभारत आदि कर्नाटक राग भी बजाते थे।

पं० जोग ने पं० ओंकारनाथ ठाकुर, उस्ताद फैयाज खां, बड़े गुलाम अली, केसरबाई आदि महान गायकों के साथ संगत की है। जोग साहब को युगलबंदी बहुत अधिक प्रिय थी। वे उस्ताद अली अकबर खां, पं० रविशंकर और बिस्मिल्ला

खां के अलावा बांसुरी, संतूर और सारंगी के साथ भी युगलबंदी कर चुके हैं। युगलबंदी में तभी आनंद मिलता है, जब दोनों का मन मिला हो, यानी एक ही गुरु के शिष्य हों। मुझे बाग को किस तरह सजाना है, यह वही जान सकता है जो मेरे मिजाज से वाकिफ हो, और यह मिजाज जो है, इसे आप परिपक्वता भी कह सकते हैं, यह परिपक्वता चालीस वर्ष के बाद आती है।

मेरा और बिस्मिल्ला खां का रंग मिला था। दोनों काफी अरसे से बजा रहे थे। उनके साथ बजाना अच्छा लगता था, क्योंकि उन्हें सुर से प्रेम था। अली अकबर के साथ भी मुझे युगलबंदी पसंद है, क्योंकि दोनों को ताल से प्यार है।

पं० बी.जी. जोग को भातखंडे संगीत विश्वविद्यालय से 'वाद्य निपुण', संगीत विद्यापीठ, कानपुर से— 'संगीत मार्तंड,' स्वामी हरिदास संगीत सम्मेलन से 'तंत्री विलास,' इंडियन म्यूजिक सर्किल, यू.एस.ए. से 'वायलिन सम्राट' और भारत सरकार द्वारा 'पद्मविभूषण' सम्मानोपाधियों से विभूषित किया जा चुका है।

संगीत के विद्यार्थियों के लिए अपने संदेश में जो कुछ उन्होंने कहा है, वह बड़ा ही प्रेरक और मार्गदर्शक है— 'संगीत को हर तरफ से देखना चाहिए। देखो, सुनो, परखो, तब रचो। हर कलाकार के लिए यह जरूरी है। संगीत की अपनी मर्यादा है और इस मर्यादा की शिक्षा अच्छा-अच्छा सुर ही दे सकती है। अतः सुर-शिष्य परंपरा अवश्य चलनी चाहिए। संगीत की जानकारी के लिए बड़े धैर्य की आवश्यकता है।''

पं० जोग के कुछ स्मरणीय वाक्य सूत्र हैं—

- प्राथमिक कक्षा से ही संगीत-शिक्षा अनिवार्य होनी चाहिए।
- मन मिला हो, तो सुर भी मिलता है।
- संगीत में डिग्री की बात नहीं आनी चाहिए।
- मैंने संगत करते-करते बहुत सीखा है।
- कला और आम आदमी के बीच की दूरी घटी है।

तबला सम्राट

किशन महाराज

ताल वाद्यों में तबला अत्यंत लोकप्रिय है। जिन तबलावादकों ने इस वाद्य को संगीत के उत्तुंग शिखर पर प्रतिष्ठित किया है, उनमें कंठे महाराज और अल्ला रक्खा के साथ-साथ किशन महाराज का नाम भी अविस्मरणीय है। उन्हें तबला-सम्राट कहा जाता है।

एक समय था, जब तबले को केवल संगत की चीज माना जाता था। कभी वेश्याओं के गायन में संगत के लिए ही इसका उपयोग किया जाता था। इसका कोई स्वतंत्र अस्तित्व नहीं था। किन्तु किशन महाराज जैसे तबलावादकों ने इसे स्वतंत्र ताल वाद्य के रूप में प्रतिष्ठित ही नहीं किया, इसे पखावज, मृदंग और सरोद-सितार के समान ही वाद्यों में महत्त्वपूर्ण स्थान दिला दिया। अब संगत के साथ ही तबलावादक मंच पर सोलो (एक वादन) भी प्रस्तुत करते हैं, जिसे सुनने के लिए श्रोता उत्सुक रहते हैं। किशन महाराज ने अमेरिका में 12 घंटे सोलो और यूरोप-कनाडा में अनेक जगह एकल वादन से लोगों को मुग्ध व विस्मित कर दिया था।

किशन महाराज का जन्म वाराणसी के कबीरचौरा नामक मुहल्ले में 3 सितंबर, 1923 ई. को हुआ। उस दिन जन्माष्टमी थी, इसीलिए इनका नाम किशन रखा गया। इनके पिता, पितामह, ताऊ आदि सभी तबलावादक ही थे। इनके दादा दिलीप मिश्र और दादा के पिता झींगन मिश्र भी तबला वादक थे। ताल शिरोमणि कंठे महाराज के सुयोग्य निर्देशन में ये तबला-वादन की साधना करते रहे।

छः वर्ष की आयु में ही किशन महाराज ने तबलावादन का अभ्यास शुरू कर दिया था। इस संदर्भ में इनका कहना है— 'मेरे कुल की यह परंपरा है कि जब किसी बच्चे का जन्म होता है, तो उसके एक कान में ताल और दूसरे कान में लय डाल दी जाती है।'

गौर वर्ण, उन्नत ललाट, होठों पर मोहक मुस्कान, ललाट पर लाल टीका, मुंह में पान, धोती-कुर्ता में सजे किशन महाराज का व्यक्तित्व बड़ा ही आकर्षक है।

किशन महाराज ने भारत के बाहर, यूरोप-एशिया के अनेक देशों में अपने तबला वादन से श्रोताओं को मुग्ध किया है। उन्होंने सोवियत संघ, चेकोस्लोवाकिया, पोलैंड, लंदन, अफगानिस्तान, मारीशस, नेपाल, स्विटजरलैंड, युगोस्लाविया आदि देशों में अपने तबलावादन से भारतीय शास्त्रीय संगीत और विशेषकर ताल वाद्यों में तबले को प्रतिष्ठा दिलाई।

किशन महाराज ने अनेक फिल्मों में तबलावादन प्रस्तुत किया है। इनमें 'आंधियां', 'बड़ी मां', सत्यजित राय का 'नाच घर', 'पहली नजर' प्रमुख हैं।

किशन महाराज को वादन पारंगत, संगत सम्राट, ताल विलास, तबला सम्राट, ताल चक्रवर्ती, तबला मार्तंड आदि उपाधियों से सम्मानित किया जा चुका है। भारत सरकार उन्हें पद्मविभूषण सम्मानोपाधि से सम्मानित कर चुकी है।

किशन महाराज ने पं० ओंकारनाथ ठाकुर, उस्ताद फैयाज खां, बड़े गुलाम अली खां, प्रसिद्ध नृत्यकार अच्छन महाराज, बिरजू महाराज, सितारा देवी और प्रख्यात सितारवादक पं० रविशंकर, विलायत खां और सरोदवादक अलाउद्दीन खां और अली अकबर खां जैसे गायकों, नर्तकों और वादकों के साथ तबले पर संगत की है।

आम तौर से माना जाता है कि अमीर खुसरो ने तबला और सितार का आविष्कार किया। किशन महाराज ऐसा नहीं मानते। उनकी मान्यता है कि पौराणिक काल में चमड़े से निर्मित, संबल नाम से एक वाद्य प्रचलित था। वाद्य के दो भाग थे—दायां और बायां। हो सकता है, संबल के आधार पर ही तबले का आविष्कार हुआ हो। पूर्वजों का कहना है कि प्राचीन काल में पंजाब में किसी ने काठ के दो भागों को मढ़कर, बाएं पर आटा लगा दिया और दोनों हाथों से बजाने लगा। इसका नाम रखा पखाउज। यही पखाउज, पखावज हो गया। सत्रहवीं शताब्दी में पखावज के रूप को थोड़ा परिवर्तित कर, दाएं-बाएं पर स्याही लगाकर तबला का रूप दिया गया।

संगीत में संगत का बड़ा महत्त्व है। गायन या वादन के साथ तबले या पखावज पर संगत आवश्यक तो है ही, इससे गायन-वादन का सौंदर्य भी बढ़ जाता है, तो श्रोताओं को विशेष आनंद का अनुभव होता है। कभी-कभी गायक या वादक तबलावादक को और कभी तबलावादक गायक-वादक को किसी स्तर पर पराजित करने की कोशिश करते हैं। कभी गायक या वादक तबलावादक पर, तो कभी तबलावादक गायक या वादक पर हावी होना चाहता है। दोनों में जैसे युद्ध छिड़ जाता है। यह अनुचित है। इस संबंध में किशन महाराज का कथन है कि यह एक

संचार है, जिसमें प्यार के साथ ही संगति करनी चाहिए। उस समय वैरभाव का समावेश नहीं होना चाहिए।

किशन महाराज नए कलाकारों को प्रोत्साहित करते हैं। जब कोई नया कलाकार नृत्य करता है, तो वे उसके द्वारा प्रस्तुत छंद को तोड़-तोड़कर विस्तार देते हैं और बतलाते हैं कि इसे और भी बेहतर बनाया जा सकता है। वे कभी उस कलाकार को असहज नहीं होने देते।

संगीत और कला के विषय में किशन महाराज के संदेश संगीत प्रशिक्षार्थियों के लिए बड़े प्रेरक हैं—

'कक्षा में राजनीति का प्रवेश नहीं होना चाहिए। पुरस्कारों में भी नहीं। मरणोपरांत पुरस्कार नहीं देना चाहिए। जीते जी पुरस्कार मिलने से कलाकार की जिन्दगी बढ़ जाती है।'

'सरस्वती यानी विद्या किसी भी विधा की हो, उसे जितना भी जानिए, सीखिए, संवारिए, पर लगता है अभी तो कुछ जाना ही नहीं।'

'सफल तबलावादक बनने के लिए सबसे पहले एक अच्छे गुरु की आवश्यकता है। अभ्यास पर अधिक समय और ध्यान देना चाहिए। साथ ही बुद्धि और विवेक भी बहुत जरूरी है, क्योंकि संगत के लिए विवेक ही सब कुछ है। तबले के चार मुख्य अंग होते हैं—पहला गाने के साथ, दूसरा नृत्य के साथ, तीसरा साज के साथ और चौथा स्वतंत्र वादन।' युवा कलाकार कला को तपस्या माने, गहन साधना करे।

उस्ताद अल्ला रक्खा

भारतीय संगीत में पखावज, ढोल, मृदंग आदि तालवाद्यों में तबला का प्रमुख स्थान है। गायन-वादन, दोनों में इसका उपयोग होता है। लोकगीत, गजल-कव्वाली, नृत्य आदि सभी प्रकार के गायन में तबले का साथ आवश्यक है, किन्तु पिछले कुछ दशकों में जिन तबलावादकों ने उत्कृष्ट तालवाद्यों में इसे अंतर्राष्ट्रीय ख्याति और प्रतिष्ठा दिलाई है, उनमें स्व. कंठे महाराज, गुदई महाराज, किशन महाराज, करमतुल्ला तथा अहमद जान थिरकवा के साथ-साथ अल्ला रक्खा का नाम भी अविस्मरणीय है।

कहा जाता है, आज से 500 साल पहले अमीर खुसरो ने तबले का आविष्कार किया और सुधार खां ने उसके प्रचार, बनावट और वादन शैली के विकास में उल्लेखनीय योगदान दिया।

तबलावादन के लिए विश्वविख्यात उस्ताद अल्ला रक्खा का जन्म जम्मू के एक छोटे से गांव फगवाल में हुआ। सात भाइयों में एक अल्ला रक्खा का जीवन बहुत ही बदहाली और गरीबी में बीता। इनके दादा फौजी थे, इसलिए इनके पिता चाहते थे कि बेटा भी फौज में भर्ती हो जाय, किन्तु उनका रुझान तो बचपन से ही संगीत की ओर था। आठ वर्ष की उम्र में ही पंजाबी घराने के तबला वादकों का तबलावादन सुनते-सुनते इनके मन में तबलावादक बनने की बलवती इच्छा उत्पन्न हुई। उस समय तबले के प्रति उनकी दीवानगी का यह आलम था कि घर की थाली हाथ में आ जाए, तो तबलावादन शुरू। मेले में ढोल मिल जाए तो तबला। लय के दीवाने थे बालक अल्ला रक्खा। उस समय लाहौर में विख्यात तबलावादक मियां कादिर बख्श के तबलावादन की बड़ी चर्चा थी। सिर्फ लाहौर में ही नहीं, सारे भारतवर्ष में तब उच्चकोटि के तबला वादक के रूप में वे विख्यात हो चुके थे।

15 वर्ष की उम्र में अल्ला रक्खा ने घर छोड़ दिया। इस संबंध में उनके दोस्त-मित्र बताते हैं कि अल्ला रक्खा की महबूबा पहाड़ से कूदकर मर गई। किसी ने उससे झूठ कह दिया कि अल्ला रक्खा अब इस दुनिया में नहीं रहे। अल्ला रक्खा

अपनी महबूबा के गम में नदी किनारे उदास बैठे रहते थे। एक दिन इन्हें लगा, कोई कह रहा है—'जा, भाग जा।' तभी आकाश से प्रकाश की एक लहर निकली और नदी में जा गिरी। अल्ला रक्खा ने उसे इलाही का पैगाम ईश्वरीय संदेश समझा और घर छोड़ दिया।

कुछ दिनों तक ड्रामा में काम करने के बाद 13 वर्ष की आयु में अल्ला रक्खा तबला सीखने की इच्छा से मियां कादिर बख्श के पास गए। उन्होंने कादिर बक्श के शिष्य भाई नखीरा से तबले की शिक्षा ली। 15 वर्ष की आयु में अल्ला बख्श ने उस्ताद कादिर बख्श के सामने जब तबला बजाया, तो कादिर साहब बड़े प्रसन्न हुए। उन्होंने पूछा— 'तबले पर हाथ किसने रखवाया?'

अल्ला रक्खा ने कहा— 'आपने।' कादिर साहब ने चकित होकर, कहा—'अरे, मैंने तो तुम्हें कभी देखा ही नहीं?' अल्ला रक्खा का जवाब था—'मैंने तो देखा है।'

अल्ला रक्खा के उत्तर से कादिर साहब बड़े प्रसन्न हुए और उन्हें अपना शागिर्द बना लिया। पांच वर्षों तक वे उनसे बारह-बारह घंटे रियाज करवाते रहे। अल्ला रक्खा अपने गुरु के विषय में कहते हैं— 'वे सब उस्तादों से न्यारे थे। परंपरा के अनुसार गंडाबंदी गुरु-शिष्य बंधन के समय शागिर्द गुरु को कुछ भेंट दिया करते हैं, किन्तु कादर बक्ख का दस्तूर था, जब मिलो, नजर करो।'

उस्ताद अल्ला रक्खा ने लाहौर से दिल्ली और फिर दिल्ली से मुंबई तक आकाशवाणी में तबलावादक के रूप में काम किया। जब वे दिल्ली आकाशवाणी में थे, तो उन्होंने एक दिन आकाशवाणी निदेशक से कहा कि आकाशवाणी से तबला सोलो एकल तबलावादन का भी कार्यक्रम प्रसारित किया जाय। उस समय यह एक नई बात थी, क्योंकि तब तबलावादन गायन-वादन में संगत करने के लिए ही हुआ करता था। फिर भी उनके आग्रह को टाला नहीं जा सका और तबला सोलो का कार्यक्रम प्रसारित होने लगा। अब तो आकाशवाणी से और मंच पर भी तबला सोलो प्रस्तुत किया जाता है, लोग इसकी सराहना करते हैं।

उस्ताद ने गुरुदासपुर में दस रुपए रोज के हिसाब से एक ध्रुपद गाने वाले के साथ संगत की। सराय वाले को 30 रुपये देकर लाहौर चले गए। उस्ताद अल्ला रक्खा गाते भी बहुत अच्छा थे। उन्होंने उस्ताद आशिक अली से गायन की शिक्षा ली थी। तबला सीखने की नीयत से उन्होंने ड्रामा कंपनी में भी काम किया। अभिनय भी किया, गाने भी गाए।

अल्ला रक्खा ए.आर. कुरेशी के नाम से फिल्मों में संगीत भी दिया करते थे। उन्होंने 'मां-बाप,' 'घर की लाल', 'सती अनसुइया' और 'मदारी' आदि कई

फिल्मों में संगीत दिया। 'सती अनसुइया' में उन्होंने गाने भी गाए। बाद में उन्होंने फिल्मों में संगीत देना बंद कर दिया। उनका कहना था कि जिन फिल्म निर्माताओं को संगीत की मामूली समझ भी नहीं थी, वे मुझे जब बताने लगे कि कहां कैसा संगीत देना है, तो मुझे नागवार लगा और मैंने फिल्म लाइन छोड़ दी।

'उस्ताद अल्ला रक्खा' पंजाबी घराने की बंदिश भी बड़ी कुशलता से गाते थे। 'रस्सी उत्ते', 'रंगिया दुपट्टा मेरा डोलदा' तथा 'लेड़ा अज्ज लया के देवे कच्च दिया' आज भी लोगों की जुबान पर है।

विश्वविख्यात सितारवादक रविशंकर के साथ उनकी गहरी दोस्ती और आत्मीयता थी। दोनों ने मिलकर सनफ्रांसिस्को, शिकागो, न्यूयार्क समेत यूरोप के अनेक देशों में कई यादगार कार्यक्रम प्रस्तुत किए। उस्ताद अल्ला रक्खा ने तबले को सर्वश्रेष्ठ तालवाद्य के रूप में अंतर्राष्ट्रीय ख्याति और प्रतिष्ठा दिलाई। रविशंकर उन्हें भैया जी कहा करते थे। दोनों ने विदेशों में संगीतप्रेमियों को संगीत की शिक्षा दी थी। मुंबई के शिवाजी पार्क में वे प्रतिभाशाली कलाकारों को तबले की शिक्षा देते थे। उनके तीन पुत्र जाकिर, तौफीक और फजल भी कुशल तबलावादक हैं। इनमें जाकिर हुसैन की गणना विश्व के चोटी के तबलावादकों में की जाती है। उन्हें सुर शृंगार, संसद द्वारा सुरमणि पुरस्कार और उस्ताद अल्ला रक्खा को 'पद्मश्री' और 'संगीत नाटक अकादमी पुरस्कार' से सम्मानित किया जा चुका है।

3 फरवरी, 2000 ई. की सुबह उस्ताद के जीवन की आखिरी सुबह थी। मौत से एक दिन पहले उन्हें अपनी बेटी रजिया की मौत की खबर मिली। वे इस सदमे को बर्दाश्त नहीं कर सके। दिल का दौरा पड़ा और सुबह चल बसे।

उस्ताद अल्ला रक्खा का कहना था— 'तबला बजाते हुए अकसर महसूस होता है कि मैं अल्लाह के दरबार में इबादत कर रहा हूं। तबले के बोल अकीदत के फूल हैं, वेद के मंत्र हैं, कुरान की आयतें और बाइबिल के पन्ने हैं, गुरुग्रंथ के शब्द हैं। जैसे किसी पुजारी को पूजा के बाद, मुल्ला को नमाज के बाद, फादर को प्रार्थना के बाद और ग्रंथी को गुरुग्रंथ साहब के पाठ के बाद सुख मिलता है, सुकून मिलता है, संतोष मिलता है, वैसा ही सुख मुझे तबला बजाने में हासिल होता है।'

पीरबख्श

गायन-वादन के क्षेत्र में भारतीय शास्त्रीय संगीत को बिहार की देन भी कम महत्त्वपूर्ण नहीं है। गायन के क्षेत्र में जाकिर हुसैन, रामचतुर मल्लिक, चंद्रशेखर, सीताराम दांडेकर आदि कई नामों को अखिल भारतीय ख्याति मिल चुकी है। इनमें कुछ तो अंतर्राष्ट्रीय ख्याति प्राप्त कर चुके हैं। शहनाई को शास्त्रीय वाद्य का दर्जा दिलाने और इसे बुलंदी तक ले जाने वाले अंतर्राष्ट्रीय ख्याति के शहनाई वादक बिस्मिल्ला खां बिहार के ही हैं।

बिहार में गया शास्त्रीय संगीत का गढ़ रहा है। इसका अपना एक घराना है। पूरब अंग की ठुमरी गया घराने की विशेषता है। रामूजी अखिल भारतीय ख्याति के सुप्रसिद्ध ठुमरी गायक थे। उनके गायन के प्रभाव ने इस घराने की ठुमरी को निवारा, संवारा। वे बनारस से आकर गया में बस गए थे।

शहनाई को भारतीय शास्त्रीय वाद्य के रूप में प्रतिष्ठित करने वाले बिस्मिल्ला के अलावा और भी कई नाम हैं। इनमें पीरबख्श का नाम भी उल्लेखनीय है।

पीरबख्श साहब का जन्म गया शहर के महादेव घाट नामक स्थान में हुआ था। वे पटना के सुल्तानगंज थाना के सामने गली में रहते थे। इनके पिता स्व. मुंशी खां प्रसिद्ध शहनाई वादक थे। पीरबख्श साहब ने अपने पिता से शहनाई वादन की प्रारंभिक शिक्षा ली। इसके बाद बड़े भाई रहीमबख्श से शहनाई सीखी। पीरबख्श साहब के पिता-दादा-परदादा सभी शहनाई वादक थे। इस प्रकार शहनाई इन्हें विरासत में ही मिली थी। पीरबख्श साहब ने सिर्फ खानदानी पेशे के लिहाज से ही शहनाई को नहीं अपनाया था, इसमें उनकी स्वाभाविक रुचि भी थी।

10 वर्ष की उम्र से ही पीरबख्श साहब ने शहनाई बजाना शुरू कर दिया था और 15 वर्ष की उम्र से स्वतंत्र वादन करने लगे। 1948 ई. में 20 वर्ष की उम्र में इन्हें आकाशवाणी, पटना में शहनाई वादक के रूप में नियुक्त किया गया। आकाशवाणी में बांसुरी के स्टाफ आर्स्टिस्ट के रूप में आये थे और आरंभ में बांसुरी ही बजाते थे, लेकिन इनकी पहचान बनी शहनाई वादक के रूप में। शहनाई वादक

के रूप में आकाशवाणी में कार्यरत रहते हुए 19 जनवरी, 1988 ई. को ये सेवानिवृत्त हुए।

पीरबख्श साहब एकल शहनाईवादन करने वाले आकाशवाणी के प्रथम स्टाफ आर्टिस्ट थे। वे बिहार के विभिन्न आकाशवाणी संगीत सम्मेलनों में एकल शहनाई वादन कर चुके थे। 1978 ई. में पीरबख्श साहब मारिशस गए और आयोजित भारत उत्सव में शहनाई वादन किया। वहां पेरिस में तीन महीने रहे। इसके अलावा और भी कई जगहों पर उन्होंने शहनाई वादन का कार्यक्रम प्रस्तुत किया। विदेशों में अपने अनुभव के विषय में कहते थे कि वहां पूरे भारतीय संगीत को वे भले न समझ पायें, लेकिन लय की पकड़ उन्हें है।

पीरबख्श साहब शहनाई को सैकड़ों वर्ष पुराना भारतीय वाद्य मानते थे। उनका मानना था कि श्रीराम जी के विवाह के अवसर पर भी शहनाई बजी थी। शहनाई वादक ने शहनाई पर राग विहाग बजाया था। पीरबख्श साहब के कथनानुसार पश्चिम का औबे, दक्षिण भारत का नादस्वरस और मध्य प्रदेश के लोकप्रिय लोकवाद्य सुंदरी शहनाई से मिलते-जुलते वाद्य हैं। शहनाई के विकास के संबंध में पीरबख्श साहब के अनुसार पहले शहनाई छोटी हुआ करती थी।

इसका संकेत ही शार्प था और उसकी आवाज बड़ी तेज होती थी, शोर जैसी। अब तो शहनाई बहुत लंबी हो गई है, इसकी आवाज बहुत ही मधुर होती है। पीरबख्श तकनीक में बदलाव को ही शहनाई के स्वर की मधुरता का प्रमुख कारण मानते हैं।

पीरबख्श साहब ने मंदिरों और गुरुद्वारों में भी शहनाई बजाई, गया के प्राय: सभी मंदिरों में शहनाई बजाई, विष्णुपद मंदिर में सबसे अधिक। पटना साहेब गुरुद्वारे में भी उन्होंने शहनाई वादन किया था। सरस्वती पूजा, दुर्गापूजा, गुरुपूर्णिमा आदि धार्मिक त्योहारों में भी पीरबख्श साहब शहनाई बजाया करते थे।

संगीत सीखने के इच्छुक युवा कलाकारों के संबंध मे पीरबख्श जी कहते थे— 'आजकल के लड़के तो एक छलांग में सब कुछ पाना चाहते हैं। बंदर की तरह कई बड़े उस्तादों की नकल करते हैं। फलां उस्ताद ऐसा पीते हैं। नतीजन उनकी खामियां तो वे खुद में बसा लेते हैं, मगर उनकी खूबियों से महरूम रह जाते हैं।'

संगीत के विषय में पीरबख्श साहब की कुछ उक्तियां और कथन बड़े महत्त्वपूर्ण और प्रेरणादायक हैं—

‘संगीत ईश्वर से मिलने का सबसे आसान तरीका है। बड़े-बड़े योगी जहां तक उम्र भर की साधना के बाद पहुंचते हैं, वहां तक संगीत के जरिये पल भर में पहुंचा जा सकता है। फनकार सिर्फ फनकार होता है, बड़ा या छोटा नहीं।’

‘संगीत प्रार्थना है, सिर्फ रोजी-रोटी का साधन नहीं। शास्त्रीय संगीत का उद्गम महान संतों से हुआ है। अगर पहले दीपक राग से आग लगती थी या मल्हार राग से बारिश होने लगती थी, तो यह चमत्कार उन संतों का ही था, सिर्फ रागों का असर नहीं।’

‘स्वर में असर के लिए सिर्फ कलाकार ही नहीं, संत भी बनना पड़ता है।’

पंडित रामनारायण

पंडित रामनारायण उस संगीतज्ञ का नाम है, जिसने लोकप्रिय भारतीय वाद्य सारंगी को, जो केवल संगत का वाद्य था, मंच पर स्वतंत्र वाद्य के रूप में प्रतिष्ठित किया। संभवत: सर्वप्रथम उन्होंने ही एकल सारंगी वादन प्रस्तुत किया । राग की शुद्धता, सिलसिलेवार बढ़त और सुरीलापन उनके वादन की विशेषता है। उनके सारंगी वादन के कई रिकार्ड्स उपलब्ध हैं, जिनमें रागश्री, गारवा, शुद्ध भैरवी अविस्मरणीय है।

इस साज में सौ रंग पैदा करने की क्षमता है, इसलिए पहले यह सौरंगी कही जाती थी। यह एक मुश्किल वाद्य है। इसमें परदे नहीं होते। इसमें बहुत सारे तार होते हैं, इसलिए उनमें समन्वय बनाए रखना कठिन हो जाता है, किन्तु तारों का समन्वय सुरीलापन का भी कारण है। इसका स्वर गायन के स्वर से बहुत अधिक मिलता-जुलता है। कभी-कभी तो गायन के स्वर के साथ इसका स्वर इस तरह घुलमिल जाता है कि पहचान पाना कठिन हो जाता है। शायद कुछ लोग न जानते हों कि उस्ताद बड़े गुलाम अली खां और उस्ताद अमीर खां जैसे सिद्ध गायक पहले सारंगी बजाते थे। सारंगी छोड़कर उन्होंने गायन को अपना लिया।

रामनारायण जी ने सारंगी को महफिलों और मुजरों से उठाकर स्वतंत्र वाद्य के रूप में अंतर्राष्ट्रीय ख्याति दिलाई तथा भारतीय शास्त्रीय वाद्यों में उसे प्रतिष्ठित स्थान दिलाया। साथ ही इस साज और इसकी वादन कला में नए प्रयोग भी किए। उन्होंने सारंगी की बनावट में कुछ परिवर्तन किए। जर्मन सिंथेटिक तार सारंगी में लगाए। ये तार मुलायम होते हैं। ये उंगलियों को काटते नहीं और इन्हें बार-बार मिलाना नहीं पड़ता है। उन्होंने वादन के लिए एक ही सुर स्थिर किया है। उन्होंने गज की लंबाई भी बढ़ा दी है। एक ही स्ट्रोक में वे दो सप्तक की तान ले लेते हैं। वे जब संगत करते हैं, तो गायक के स्वर के साथ उनकी सारंगी का स्वर ऐसा मिल जाता है कि लगता है, कोई पीछे से गा रहा है।

उदयपुर में प्रसिद्ध दिलरुबा वादक पं० नाथूजी बिआवन के घर 1927 में रामनारायण जी का जन्म हुआ। दो वर्ष बाद पिताजी इन्हें प्रसिद्ध संगीतज्ञ श्री उदय

लाल के पास ले गए। उदय लालजी उस समय साधु जीवन व्यतीत कर रहे थे। उन्होंने 20 वर्षों तक उस्ताद अलाबंदे खां से गायन की शिक्षा ली थी।

रामनारायण जी के अनुसार तन्मय होकर उदय लाल जी का गायन सुनना ही सबसे बड़ी शिक्षा थी। इसके बाद मैहर के माधव प्रसाद जी से ढाई वर्षों तक रामनारायण जी ने संगीत की शिक्षा ली। उनके साथ विभिन्न रियासतों में घूमते रहे और उनके गायन के साथ संगत करते रहे। 15 वर्ष की आयु में विद्याभवन तथा राजस्थान महिमा विद्यालय में संगीत शिक्षक की नौकरी मिल गई। किन्तु गुरु माधव जी ने ऐसी बात कह दी कि उन्होंने नौकरी छोड़ दी और संगीत साधना में लग गए। माधव जी ने कहा—'बेटा, जब तुम्हारा वेतन पचास से बढ़कर डेढ़ सौ रुपए हो जाएगा, तुम चार-पांच बड़ों के बाप बन चुके होगे। सब्जी का थैला लिए गलियों में घूमोगे, तब संगीत साधना के लिए फुरसत मिलेगी।'

रामनारायण जी को बात लग गई। नौकरी छोड़कर गुरु के साथ देश भ्रमण पर निकल पड़े। 1944 में लाहौर रेडियो में नौकरी मिल गई। बाद में दिल्ली रेडियो में आ गए। दो वर्ष बाद मुंबई आ गए। पं० ओकारनाथ ठाकुर, पं० कृष्णराव शंकर, हीराबाई बड़ोदकर और केसर बाई जैसे महान कलाकारों की संगति और संरक्षण में इनकी ख्याति बढ़ती गई।

पं० रामनारायण को अनेक उपाधियों से सम्मानित किया जा चुका है। 1970 में भारत सरकार ने उन्हें 'पद्मश्री' और 1991 में 'पद्मभूषण' से सम्मानित किया। संगीत नाटक अकादमी का अवार्ड भी इन्हें मिल चुका है। इसके अतिरिक्त मध्यप्रदेश सरकार ने इन्हें 'कालिदास सम्मान' से भी सम्मानित किया है।

भारत के प्राय: सभी बड़े नगरों में मंच पर संगत और एकल वादन प्रस्तुत करने के अलावा पं० रामनारायण जी ने विदेशों में भी अपने सारंगी वादन से सारंगी को तो प्रतिष्ठा दिलाई ही, भारतीय शास्त्रीय संगीत का मान भी बढ़ाया। वे 1952 में अफगानिस्तान गए, 1954 में चीन तथा 1964 में यूरोप के देशों और अमेरिका में अपने सारंगी वादन से श्रोताओं को मंत्रमुग्ध किया।

विदेशों में अपने सारंगी वादन के अनुभवों के विषय में उनका कहना है कि मुझे विदेशों में बहुत आनंद आता है। गज के साजों पर वहां जो काम हुआ है, वह यहां नहीं हुआ। प्रसिद्ध संगीतकार बाख ने जीवनभर गज पर काम किया। प्रसिद्ध संगीत रचनाकार पीटर हमेल के वाद्यवृंद के साथ मैंने एकल सारंगी बजाई। मैंने उन्हें श्री, मधुवंती, भैरवी और गारवा राग के स्केल दिए। उन्होंने वे स्केल अपने वाद्यों पर अपनी शैली में और मैंने अपनी शैली में बजाए। इस प्रकार पश्चिमी, पश्चिमी

रहा और पूर्व, पूर्व रहा। भारतीय संगीत के विषय में पं० रामनारायण जी के विचार महत्त्वपूर्ण और हृदयंगम करने योग्य हैं—

'भारतीय संगीत सुर और लय की अपनी परंपरा, शुद्धता एवं पवित्रता पर बल देता है। राम का सही स्वरूप, उसकी परिकल्पना और उसका विस्तार करना ही भारतीय संगीत का मेरुदंड है।

लय की परिकल्पना तो भारतीय संस्कृति की अनूठी उपलब्धि है। यह केवल बीट नहीं है। भारतीय संगीतकारों ने ढाई मात्रा से लेकर 108 मात्रा की तालें सोच डाली थीं, परंतु लय की पकड़ ही संगीत का सच्चा आनंद देती है। जब हम मात्राएं गिनते हैं, तो मिसाल के लिए 16 मात्रा की तीन ताल में चार खंड करते हैं और हर खंड का अपना बजन अलग होता है। एक मात्रा और दूसरी मात्रा के बीच जो अंतराल है, जो गैप है, वही असली लय है। उसी की पकड़ तो संगीत में डुबो देती है।

संगीत साधना के अपने अनुभव के विषय में रामनारायण जी कहते हैं— 'अकसर बड़ी-बड़ी मुसीबतों के बीच केवल रियाज करके ही अपने मन को संयमित रख सका हूं। सुर को ही मैंने भगवान समझा। उसके पास उसी भाव से जाओ, तो तुम्हारी आस्था फलीभूत होगी। सुर और लय का ध्यान करते हुए मुझे अकसर ऐसी समाधि का अनुभव होने लगता है, जहां मैं अपने वादन से तमाम आवाजों को तिरोहित होते और उन्हें नए रूप धरकर बजता हुआ सुनता हूं।'

बांसुरी वादक

हरिप्रसाद चौरसिया

बांसुरी कोई साधारण वाद्य नहीं है। वीणा की तरह यह भी भारत का आदि वाद्य है। इतना ही नहीं, देवी-देवताओं के साथ वीणा और बांसुरी का अटूट संबंध है। इन वाद्यों के साथ आराधना और भक्ति की भावना जुड़ी हुई है। इन्हें हम आध्यात्मिक कह सकते हैं।

भारतीय शास्त्रीय संगीत में बांसुरी का भी विशिष्ट स्थान है। विजय राघवराव, पंडित भोलानाथ और पन्नालाल घोष जैसे स्वरसिद्ध बांसुरी वादकों ने बांसुरी को संगीत में उच्चतम स्थान पर प्रतिष्ठित किया है। आज के युग में देश-विदेश में अपने बांसुरी वादन से श्रोताओं को मंत्रमुग्ध करने वाले बांसुरी वादकों में हरिप्रसाद चौरसिया का नाम भी अविस्मरणीय है।

महान लोगों के जीवन के साथ कभी-कभी ऐसी घटनाएं जुड़ जाती हैं, जो इस तथ्य को उजागर करती हैं कि मनुष्य को सभी गुण विरासत में ही नहीं मिलते। स्वयं चौरसिया जी भी आरंभ में नहीं जानते थे कि अपने पहलवान पिता की इच्छा के विरुद्ध वे पहलवान न बनकर एक ख्यातिलब्ध बांसुरी वादक बन जाएंगे। चौरसिया जी का जन्म 1 जुलाई, 1938 ई. को इलाहाबाद के लोकनाथ मुहल्ले में एक पहलवान के घर हुआ था। जब वे लगभग पांच वर्ष के थे, तभी उनकी मां का देहांत हो गया। इनके पिता इन्हें एक नामी पहलवान के रूप में देखना चाहते थे। उन्हें गाने-बजाने से एक प्रकार की चिढ़ थी।

एक बार की बात है, बालक चौरसिया एक दिन जब बांसुरी लेकर घर आए, तो पिताजी का पारा इस तरह गरम हो गया कि उन्होंने बांसुरी छीनकर उसके दो टुकड़े कर दिए। इसके बाद चौरसिया अपने पिता की आंख से बचकर, छिपकर बांसुरी वादन का अभ्यास करने लगे।

किसी की प्रबल आकांक्षा और भावना को अधिक दिनों तक दबाए रखना या कुचल देना संभव नहीं है। दृढ़ निश्चय और लगन से मनुष्य जो चाहता है, प्राप्त कर लेता है। समय, अवसर और संयोग भी उसका साथ देता है। चौरसिया जी के

घर के पास एक संगीतज्ञ थे—पंडित राजाराम। राजाराम ने चौरसिया जी के अंदर छिपे हुए संगीत को पहचान लिया और उन्हें उनके पिता की जानकारी के बगैर संगीत की शिक्षा देते रहे। कुछ दिनों तक चौरसिया जी उनसे शास्त्रीय गायन की शिक्षा लेते रहे। पंडित राजाराम ने चौरसिया के बांसुरीप्रेम को पहचाना और उन्हें आकाशवाणी में स्टाफ आर्टिस्ट पंडित भोलानाथ जी के पास बांसुरी वादन की शिक्षा लेने के लिए भेज दिया।

यह एक रोचक सत्य है कि चौरसिया जी के मन में बांसुरी बजाते हुए भगवान श्रीकृष्ण को देखकर बांसुरी बजाने की इच्छा उत्पन्न हुई। इस संबंध में चौरसिया जी स्वयं कहते हैं— 'जबसे मैंने होश संभाला, हाथ में बांसुरी लिए और बांसुरी बजाते हुए भगवान कृष्ण को फोटो में देखा। यह एक ऐसा बांस का टुकड़ा है, जिसको लिए हुए भगवान श्रीकृष्ण की पूजा की जाती है। इससे पवित्र और शुद्ध कोई दूसरा वाद्य नहीं।' एक दिन आकाशवाणी से पं० भोलानाथ जी का बांसुरी वादन सुनकर वे मंत्रमुग्ध हो गए और उन्होंने बांसुरी वादक बनने की प्रतिज्ञा कर ली।

19 वर्ष की अवस्था में हरिप्रसाद जी आकाशवाणी, कटक में संगीत आर्टिस्ट के रूप में नियुक्त हुए। उस समय उन्हें 200 रुपए वेतन मिलता था। उनके पिताजी को जब यह बात मालूम हुई, तो उन्हें बड़ी प्रसन्नता हुई। उन्होंने अपने पुत्र के संगीतप्रेम को स्वीकार किया और सराहा।

आकाशवाणी, कटक से आकाशवाणी, मुंबई में उनका स्थानांतरण उनके लिए वरदान सिद्ध हुआ। यहां फिल्मी जगत के संपर्क में आए और फिल्मी संगीतकारों के आरकेस्ट्रा में बजाने लगे। इसी क्रम में सुप्रसिद्ध संतूरवादक शिवकुमार शर्मा से उनकी मित्रता हो गई और वे शिवकुमार जी के साथ मिलकर 'शिव-हरि' के नाम से फिल्मों में संगीत देने लगे। 'चांदनी, सिलसिला, 27डाउन, विजय' आदि फिल्मों में चौरसिया जी के रिकार्ड भी खूब बिकते हैं। 'कॉल अप द वैली' की बिक्री के लिए उन्हें प्लैटेनियम डिस्क मिला था।

न ज्ञान का अंत है, न ज्ञान प्राप्त करने की जिज्ञासा का। सच्चा कलाकार हमेशा अपने को साधक ही मानता है और उसके अंदर कुछ और जानने-सीखने की जिज्ञासा बनी रहती है। चौरसिया जी कुछ और जानने-सीखने की अभिलाषा से उस्ताद अलाउद्दीन खां की बेटी और प्रसिद्ध सितार वादक रविशंकर की पत्नी अन्नपूर्णा शंकर के पास जाते रहे और उनसे संगीत की शिक्षा देने के लिए आग्रह-अनुरोध करते रहे। कुछ दिनों तक तो अन्नपूर्णा जी टालती रहीं, किन्तु चौरसिया

जी धुन के पक्के थे। वे एक प्रकार से धरने पर बैठ गए। तब अन्नपूर्णा जी ने उन्हें संगीत की शिक्षा देना स्वीकार कर लिया। उन्होंने कहा— 'तुम्हें सब कुछ नए सिरे से सीखना होगा। चौरसिया जी तैयार हो गए।' इस संबंध में चौरसिया जी कहते हैं कि 'गुरमाता देर रात तक सिखाती रहती थीं। सुबह से रियाज शुरू हो जाता। समयानुकूल रागों को बजाने का अभ्यास करना होता था।'

बांसुरी के विषय में चौरसिया जी का कहना है कि गायन की विभिन्न शैलियों की तरह ही बांसुरी भी कई प्रकार की होती है। लोकधुन के लिए छोटी बांसुरी, फिल्म संगीत में रोमांस के समय मंझोले आकार की बांसुरी उपयुक्त होती है। चौरसिया जी 6 इंच से लेकर 4 फुट की बांसुरी बजाते हैं। इन सबका व्यास अलग-अलग होता है।

बांसुरी प्राचीनतम, असाधारण और कठिन वाद्य है। उसमें 6 छेद होते हैं, जिनसे 12 स्वर, फूंके तथा उंगलियों से निकाले जाते हैं। कुछ लोगों का मानना है कि स्त्रियां बांसुरी नहीं बजा सकती हैं। बांसुरी बजाने से कई तरह की बीमारियां होती हैं। इस संबंध में चौरसिया जी का कहना है कि यह धारणा गलत है। दक्षिण में महिलाएं भी बांसुरी बजाती हैं।

सितार, सरोद, वायलिन आदि वाद्यों को छोड़कर आपने बांसुरी का ही चयन क्यों किया? इस संबंध में चौरसिया जी का कहना है कि बांसुरी उतना ही प्राचीन वाद्य है, जितनी पुरानी यह सृष्टि। इस वाद्य में किसी दूसरे वाद्य की तरह न तो धातु है, न धातु के तार, न प्लास्टिक। यह किसी भी अन्य वस्तु के संसर्ग से दूर है, बस मिट्टी से उपजी बांस की नलिका भर है। यह भगवान श्रीकृष्ण का प्रिय वाद्य है। इसके स्वर से गोपियां तो मोहित होती ही थीं, पशु-पक्षी और लता-विटप भी इससे प्रभावित हो जाते थे।

यह संसार का प्राचीनतम् और पवित्र साज है। जिस प्रकार रविशंकर जी ने सितार को लोकप्रिय बनाया, उस्ताद बिस्मिल्ला खां ने शहनाई को नौबतखाने से उठाकर मंच पर स्थान दिलाया, मेरी कोशिश है कि मैं बांसुरी को उसी ऊंचाई पर पहुंचा दूं।

भारत के अलावा चौरसिया जी ने अपनी बांसुरी वादन से विदेशों में भी श्रोताओं को अनेकों बार मंत्रमुग्ध किया और भारतीय शास्त्रीय संगीत की गरिमा को प्रतिष्ठित किया। उन्होंने इटली, ईरान, पेरिस, अमेरिका और यूरोप के कई देशों में अपने बांसुरी वादन से अंतर्राष्ट्रीय ख्याति अर्जित की। भारत सरकार ने आपको 'पद्मविभूषण' सम्मान से अलंकृत किया है।

चौरसिया जी बांसुरी पर ध्रुपद, धमार, ख्याल के अलावा भजन, ठुमरी, टप्पा, लोकधुन आदि बड़ी कुशलता से बजाते हैं। कुछ दिन पहले कर्नाटक संगीत के विख्यात वायलिन वादक लालगुड़ि जयरामन के साथ वायलिन पर उन्होंने जो संगत की, उसे श्रोता कभी भूल नहीं सकते। उन्होंने स्व. प्रधानमंत्री इंदिरा गांधी की स्मृति में, इंदिरा कल्याण नामक राग की सृष्टि की है।

महाराष्ट्र सरकार से उन्हें जमीन का एक टुकड़ा मिला है, उस पर 'वृंदावन' नाम से चौरसिया जी ने एक गुरुकुल की स्थापना की है। इस गुरुकुल में छात्रों को वांसुरी वादन की निःशुल्क शिक्षा देते हैं। इस गुरुकुल को वे प्राचीन गुरुकुल का रूप देना चाहते हैं।

भारतीय और पाश्चात्य संगीत के विषय में चौरसिया जी का कहना है कि पाश्चात्य संगीत अध्यात्म से नहीं जुड़ा है, जबकि भारतीय संगीत आध्यात्मिक संगीत है।

अपनी संगीत साधना के विषय में चौरसिया जी कहते हैं कि मेरी संगीत साधना सतत प्रवाहमान झरने की तरह है, जिससे मुझे आत्मसंतुष्टि और जीवन की ऊर्जा-ऊष्मा मिलती है। मेरे लिए बांसुरी वादन एक सशक्त माध्यम है, जो नैराश्य, क्लांति और तनावपूर्ण क्षणों में संबल देता है।

सरोद के पर्याय

उस्ताद अमजद अली खां

विख्यात सरोदवादक हाफिज अली खां के सुपुत्र अमजद अली खां के जीवन में संगीत इस प्रकार समाहित है कि उनका संपूर्ण जीवन संगीतमय हो गया है। संगीत में वाद्यवादन और वाद्यों में वीणा के बाद सबसे कठिन वाद्य सरोद को अमजद ने अपना जीवनसाथी बना लिया। सरोद उनका और वे सरोद के हो गए हैं। उनकी पहचान बस, सरोद है। सरोद के साथ अपने संबंध में अमजद कहते हैं– 'मैं सरोदवादक ही होना चाहता था और आज सरोदवादक ही हूं। अगर मैं सरोदवादक न होता तो शायद मैं होता ही नहीं। सरोद के लिए, संगीत के लिए ही मेरा जन्म हुआ है।'

तानसेन की नगरी ग्वालियर में, संगीतकारों के परिवार में 9 अक्टूबर, 1935 को अमजद अली का जन्म हुआ। इनके पूर्वज गुलाम बंदगी खां वंगेश घोड़ों की तिजारत करते हुए अफगानिस्तान से हिन्दुस्तान आए। इन्हें रीवां नरेश महाराज विश्वनाथ सिंह के दरबार में राज्याश्रय मिल गया। बंदगी खां वंगेश के पुत्र गुलाम अली खां ने अफगानी वाद्य रबाब को संशोधित-परिवर्धित कर धातु के तार वाले साज सरोद का रूप दिया। आज वाद्य यंत्रों में सरोद एक प्रमुख और लोकप्रिय वाद्य है। अमजद गुलाम अली खां के पौत्र हाफिज अली खां के सुपुत्र हैं। पांच वर्ष की उम्र से ही अमजद को उनके पिता हाफिज अली साहब सरोद सिखाने लगे। 10 वर्ष की उम्र में अमजद ने सार्वजनिक रूप में पहला प्रदर्शन और 13 वर्ष में कोलकाता और इलाहाबाद में सरोदवादन का प्रदर्शन किया। 15 वर्ष की उम्र तक पहुंचते-पहुंचते वे एक कुशल सरोदवादक के रूप में पहचाने जाने लगे। 50 वर्ष की आयु में तो उस्ताद अमजद अली खां के रूप में उन्होंने अंतर्राष्ट्रीय ख्याति अर्जित कर ली।

अमजद अली खां ने ग्वालियर घराने की गायकी की शैली को अपने सरोदवादन में आत्मसात् कर लिया। अमजद साहब अत्यंत प्रतिभाशाली संगीत साधक हैं। वे शुद्ध परंपरागत शैली के सिद्धहस्त सरोदवादक तो हैं ही, साथ ही उन्होंने कई नवीन राग-रागिनियों का निर्माण भी किया है। जैसे—चंद्रध्वनि,

किरणरंजनी, विभावरी, स्वर समीर, अमरी तोड़ी। हरिप्रिया, कान्हरा, श्यामश्री, सुहाग भैरव, शिवांजलि, जवाहर मंजरी, प्रियदर्शिनी, शुभलक्ष्मी, शांतना, मंगरेश, कमलश्री तथा गणेश कल्याण आदि।

अमजद साहब की सबसे विलक्षण और महत्त्वपूर्ण उपलब्धि है सरोद में गायकी। इस संबंध में अमजद साहब कहते हैं—'मैं अपने सरोद के जरिये गाता हूं। दुनिया सरोद बजाती है और मेरा सरोद गाता है। किसी ने आज तक सरोद पर रामधुन नहीं बजाई। लोग रागरागिनी बजाते हैं, पर एक गाने को हू-ब-हू गाने जैसा ही साज पर बजाना, एक बहुत बड़ा चैलेंज है।'

अमजद साहब के दो होनहार पुत्र हैं, अमान अली और अयान अली। ये दोनों भाई सरोदवादन में निरंतर कुशलता प्राप्त करते जा रहे हैं। ये पारंपरिक वादन शैली के साथ-साथ व्यक्तिगत शैली में नए-नए प्रयोग कर रहे हैं।

अमजद साहब की पत्नी शुभलक्ष्मी एक आदर्श हिन्दू नारी हैं। वे भरतनाट्यम की एक कुशल नृत्यांगना हैं, किन्तु अपने बेटों के पालन-पोषण और शिक्षा-दीक्षा तथा अमजद साहब की संगीत साधना में सहयोग देने के विचार से उन्होंने अपनी नृत्यसाधना का त्याग कर दिया है, ताकि बेटों और अमजद साहब की साधना में बाधा न हो और उनकी साधना सुचारु रूप से चलती रहे।

अमजद साहब को अनेक सम्मानोपाधियों और पुरस्कारों से नवाजा जा चुका है। 1974 में पद्मश्री और 1990 में पद्मभूषण, 1995 में पद्मविभूषण तथा प्रयाग संगीत सम्मेलन द्वारा 1993 ई. में तत्कालीन उपराष्ट्रपति के.आर. नारायणन के हाथों 'सरोद सम्राट' की उपाधि से सम्मानित किया गया। अमेरिका में प्रति वर्ष 20 अप्रैल को 'अमजद अली खां डे' मनाया जाता है। 'इंटरनेशनल डॉयरेक्टरी ऑफ सेटमून' में इनका भी उल्लेख किया गया है। लंदन में नवरस की रिकार्डिंग के समय मौजूद यूरोप के वरिष्ठ संगीत समीक्षक ने अपने एक संगीत श्रृंखला संग्रह में 49 यूरोपीय शास्त्रीय संगीतकारों के साथ अमजद अली की सरोद पर राग भैरव की उत्कृष्ट प्रस्तुति को भी शामिल किया है।

लंदन के युवराज चार्ल्स ने अपने महल में उस्ताद अमजद अली को आमंत्रित किया। युवराज ने कहा कि इस कलाकार की उपस्थिति मेरे लिए गर्व की बात है।

अमजद अली ने विश्व के प्राय: सभी बड़े देशों में अपने सरोद वादन से प्रशंसा और अंतर्राष्ट्रीय ख्याति अर्जित की है। उन्होंने मेराज समारोह (ईरान) में भाग लिया। भारतीय शिष्टमंडल के साथ अफगानिस्तान, मॉरिशस और अमेरिका की यात्रा की तथा 1971 में पेरिस में हुए अंतर्राष्ट्रीय संगीत मंच के यूनेस्को पुरस्कार

से सम्मानित हुए। यार्क यूनिवर्सिटी ने हिन्दुस्तानी शास्त्रीय संगीत के एक पीठ की स्थापना की है और प्रथम विजिटिंग प्रोफेसर के रूप में अमजद अली का चयन किया गया। अमजद अली ने एक महीने के अंदर अपने शिष्यों को जो कुछ सिखाया, उसकी एक फ़िल्म बन चुकी है। यूरोपीय शास्त्रीय संगीत के इतिहास में पहली बार इनके माध्यम से हिन्दुस्तानी शास्त्रीय संगीत को आधिकारिक मान्यता प्रदान की गई है। संगीत और संगीत साधकों के विषय में अमजद साहब के विचार बड़े सारगर्भित और प्रेरक हैं—

- हर आदमी चाहे वह किसी भी क्षेत्र का हो, अपने आपको तब तक मुकम्मल नहीं समझता, जब तक वह एम.एल.ए. और एम.पी. नहीं बन जाता। यह बड़े अचरज की बात है और हमारे मूल्यों, आदर्शों में गिरावट का सबूत है। हम लोग अपनी-अपनी ड्यूटी निभा रहे हैं। हर नागरिक, जिसका जो पेशा है, उसके माध्यम से देश की सेवा कर रहा है। देश की प्रगति और विकास में योगदान कर रहा है। जरूरी नहीं कि इसके लिए यह एम.एल.ए या एम.पी. ही बने।
- अपने हिन्दुस्तान में कहा जाता है कि स्वर ही ईश्वर है, तो यह एक ही बात है। मेरी भी जो तलाश है, वह ईश्वर की ही तलाश है, स्वर के जरिये अनंत आनंद की ही खोज है, जिसमें न केवल बजाने वाला, बल्कि सुनने वाला भी खुशियों से सराबोर हो जाए।
- संगीतकार कभी भी अपराधी नहीं हो सकता।
- सफलता का सूत्र तो साधना ही है... रियाज है और कलाकार का मिजाज है। कलाकार में सभ्यता होनी चाहिए। तहजीब-तमीज होनी चाहिए। एखलाक होना चाहिए, सलीका होना चाहिए। बड़ों का आदर करता रहे, पैर छूता रहे और यह पहचानने की कोशिश करता रहे कि वह क्या नहीं कर सकता। क्या कर लिया है, यह दूसरों को कहने दे। क्या नहीं कर सकता—इसका खुद ध्यान रखे और कैसे हो जाएगा यह, इसी पर गौर करे।
- बुजुर्गों से मार्गदर्शन प्राप्त करे... सबका आशीर्वाद ले, तो कोई वजह नहीं कि नया से नया कलाकार भी मंजिल पर न पहुंच जाए।
- संगीत की दुनिया में कोई ओवरनाइट स्टार नहीं बनता... रात भर में कामयाबी के शिखर पर नहीं चढ़ सकता। मैं समझता हूं कि संगीत ही क्यों, जिन्दगी के हर क्षेत्र का सच यही है। कामयाबी की मंजिल की ओर एक-एक कदम करके ही चला जा सकता है।

वायलिन को गायकी अंग में बजाने के लिए विख्यात

डॉ. एन. राजम

कर्नाटक संगीत और उत्तर भारतीय संगीत की वायलिन के तारों पर अवतारणा करने वाली डॉ. एन. राजम को संगीत प्रेम विरासत में मिला था। एन. राजम का जन्म सन् 1938 ई. में केरल अर्णाकुलम् शहर में, पीढ़ी दर पीढ़ी संगीत को समर्पित एक आदर्श परिवार में हुआ था। इनके पिता श्रीनारायण अकबर कर्नाटक संगीत के प्रसिद्ध गायक, वीणा वादक एवं वायलिन वादक थे। इनकी पुत्री संगीताशंकर उत्तर भारत की कुशल वायलिन वादिका तथा भाई टी.एन. कृष्णन कर्नाटक संगीत के कुशल वायलिन वादक हैं। स्कूल में दूसरे दर्जे से सीधे चौथे दर्जे में पहुंची राजम ने किताब-कापी के साथ-साथ वायलिन से भी नाता जोड़ लिया। काशी हिन्दू विश्वविद्यालय से स्वर्णपदक प्राप्त संस्कृत में एम.ए. तथा संगीत में पी.एच.डी. की उपाधि से अलंकृत एन. राजम इन दिनों काशी हिन्दू विश्वविद्यालय में संगीत निकाय की प्रमुख हैं।

वायलिन के तारों से एन. राजम का परिचय 3 वर्ष की उम्र में ही हुआ था। 17 वर्ष की उम्र में वे एक कुशल वायलिन वादिका बन गई थीं। संगीत के जानकारों ने वायलिन पर उनकी गायकी शैली को एक नई, अभूतपूर्व देन मान लिया।

राजम के पिता को उत्तर भारतीय संगीत से गहरी रुचि थी। उन्होंने राजम को 5 साल की उम्र में ही, कर्नाटक संगी के गुरु मुसुरि सुब्रमण्यम की शिष्या बना दिया था, किन्तु वे चाहते थे कि राजम उत्तर भारत का कंठ संगीत भी सीखे। दक्षिण के कट्टर संगीतज्ञ समाज को यह अच्छा नहीं लगा। इस स्थिति में राजम के पिता को कठिनाइयों का सामना करना पड़ा। इंटरमीडिएट की परीक्षा दिलाने के लिए वे राजम को वाराणसी ले आए। वहीं संगीत सम्राट पं० ओंकरनाथ ठाकुर के दर्शन हुए। पं० ओंकारनाथ ठाकुर तो गायन विधा के आचार्य थे, फिर राजम को उन्होंने वायलिन वादन की क्या शिक्षा दी होगी? इस संबंध में राजम का कहना है कि 'वायलिन वादन की तकनीक अपने पिता से और भारतीय संगीत में निहित भाव, रस-ज्ञान और गांभीर्य मैंने गुरु जी से सीखा। मैंने उनके कंठ से नि:सृत स्वरों को वायलिन के स्वरों में रूपायित करने का

प्रयास किया।' कुछ लोगों का कहना है कि पं० ओंकारनाथ ठाकुर की गायन शैली को एन. राजम के वायलिन के स्वरों में सुना जा सकता है।

वायलिन या बेला

भारतीय संगीत में वायलिन के स्थान और प्रयोग के विषय में एन. राजम का कहना है कि वायलिन सबसे पहले दक्षिण भारत में आया। इस समय वायलिन का जो स्वरूप है, वह निश्चित रूप से विदेशी है, किंतु इसके आविष्कार और संरचना में भारतीय वाद्यों का योगदान अवश्य है। भारतीय वाद्यों के आधार पर इसका निर्माण विदेश में हुआ। अंग्रेजों के शासनकाल में श्रीलंका होते हुए समुद्री रास्ते से यह भारत पहुंचा था, इसलिए सर्वप्रथम दक्षिण भारत के संगीतज्ञों ने इसे अपनाया। वादकों ने पांच पीढ़ियों तक अनुसंधान किया। कर्नाटक संगीत में इसके प्रयोग के लिए उस समय वीणा की प्रचलित तकनीक के आधार पर इसके वादन के तकनीक की खोज की। दक्षिण भारत में तीन सौ साल पहले वायलिन का प्रवेश हुआ, जबकि उत्तर भारतीय संगीत में लगभग 100 साल पहले। दक्षिण में वायलिन का संगीत (गायन-वादन) के लिए प्रयोग किया जाता है। अब इसका स्वतंत्र वादन भी होने लगा है।

वायलिन के लिए हिन्दी शब्द 'बेला' होना चाहिए। वायलिन शब्द वाबोला से उत्पन्न हुआ है। वायलिन एक ऐसा वाद्य है, जिसमें संगीत का गायकी अंग विशेष रूप से निखरता है, क्योंकि इसमें बहुत देर तक स्वर अनुगूंजता रहता है। सरोद और सितार के स्वरों में निरंतरता नहीं है, जबकि वायलिन में है। यही इस वाद्य की विशेषता है। इसलिए गायकी अंग बजाने के लिए वायलिन अधिक उपयुक्त है।

राजम की वादन शैली

एन. राजम पं० ओंकारनाथ जी की शिष्या हैं। अतः उनके गायन का प्रभाव इनके वादन पर पड़ना स्वाभाविक हैं। अतः पंडित जी के गायन की सारी विशेषताएं इनके वायलिन वादन में जैसे उतर आई हैं। यह सर्वमान्य है कि वायलिन वादन में गायकी अंग का प्रयोग सबसे पहले एन. राजम ने ही किया। इनके वादन की एक उल्लेखनीय विशेषता यह है कि राग की शुद्धता पर उनका बराबर ध्यान रहता है। वे विलंबित ख्याल से अपना वादन शुरू करती हैं। कभी-कभी मध्य ख्याल से शुरू कर विलंबित बजाती हैं।

जब वे वायलिन वादन शुरू करती हैं, तो उनके किसी अंग में किसी प्रकार की चंचलता का संचार नहीं होता है। उनके चेहरे पर शांति, सौम्यता और दिव्यता झलकती रहती है। कांति भट्ट ने अपने एक संस्मरण में उनकी वादन शैली के संबंध

में लिखा है कि वे इस साज को आवाज के करीब ले आईं। मंच पर जब वे वायलिन बजाती हैं, तो लगता है कोई गा रहा है।

एन. राजम अपनी वादन शैली के विषय में स्वयं कहती हैं कि 'स्वर की शुद्धता और माधुर्य पर बल देते हुए मैं भाव पक्ष पर विशेष जोर देती हूं। आलाप भावपूर्ण ढंग से बजाना सरल है, लेकिन तबले के साथ गत बजाते समय भी रस वर्षा हो, यह कठिन और महत्त्वपूर्ण है। मैं इसके लिए प्रयास करती हूं।'

अपने गुरु 'संगीतमार्तंड' पं० ओंकारनाथ ठाकुर के संबंध में कहती हैं कि मुझे अपने गुरु से बहुत कुछ सीखने-समझने का सौभाग्य प्राप्त हुआ। मैंने उनकी गायकी को वायलिन में ढालने का प्रयास किया। एक-एक सुर पर सोचा, काम किया और तब मुझे संतोषजनक सफलता प्राप्त हुई।

1984 में भारत सरकार द्वारा 'पद्मश्री' की उपाधि से विभूषित एन. राजम अपने वायलिन वादन के संबंध में कहती हैं— 'मैं जो बजाती हूं, उसकी शुरुआत भी मुझसे हुई। कर्नाटक शैली की बुनियाद पर मैंने उत्तर भारतीय संगीत की गायकी को वायलिन के माध्यम से प्रस्तुत किया। गायकी के अंदाज में वायलिन वादन का प्रयोग सबसे पहले मैंने किया। इसमें मुझे जो सफलता मिली, वही मेरी उपलब्धि है।'

शास्त्रीय संगीत के विषय में एन. राजम के विचार

शास्त्रीय संगीत के श्रोताओं की संख्या पहले की अपेक्षा बढ़ी है। नई पीढ़ी में भी इसके प्रति रुचि और जागरूकता बढ़ी है। हमारे भारतीय संगीत की विशेषता है कि राग मालकौंस को हजार बार सुना जाए, फिर भी उसका रूप एक ही रहेगा। भारतीय संगीत पश्चिमी संगीत की तरह कम्पोज नहीं किया जाता। हमारे संगीत में सुर पूर्व निर्धारित हैं। एक राग को चाहे जैसे गाया जाए, उसका सुर वही रहेगा। यह हमारे संगीत का अनुशासन है।

हमारा भारतीय संगीत, ईश्वर की आराधना के लिए मंदिरों में पल्लवित-पुष्पित हुआ। समयानुकूल रागों का निर्धारण और वर्गीकरण किया गया। प्रात:काल भगवान को जगाने के लिए, दोपहर में भोजनोपरांत विश्राम के लिए, संध्या में आमोद-प्रमोद और रात्रि में शयन के लिए अलग-अलग रागों की रचना की गई। समयानुसार राग-रागिनी हमारे मन में इस तरह बस गई कि हम उसके उल्लंघन की बात सोच भी नहीं सकते। संध्या में भैरवी और सुबह में दरबारी नहीं गाया जा सकता।

शास्त्रीय संगीत में गुरु-शिष्य परंपरा के विषय में राजम का कथन है कि गुरु के बिना ज्ञान अधूरा है। हर विद्या में गुरु की आवश्यकता है। यह सच है कि गुरु की छाप शिष्य पर पड़ती है, किन्तु इसका यह अर्थ नहीं कि शिष्य गुरु की तरह ही बजाता रहे, उसी की नकल करे, इससे उसके व्यक्तित्व का विकास नहीं हो सकता।

संगीत से समाज का क्या संबंध है, इस विषय में राजम कहती हैं कि जिसके अंदर संगीत के प्रति अनुराग होगा, वह अपराध नहीं कर सकता। संगीत लोगों को एक-दूसरे से प्रेम करना सिखाता है।

सरोदरानी

शरणरानी

भारतीय वाद्यों में सरोद सबसे कठिन वाद्य माना जाता है, किन्तु इस कठिन वाद्य को शरणरानी इतनी कुशलता और निपुणता से बजा लेती हैं कि वे आज सरोद का पर्याय बन गई हैं। उन्हें सरोदरानी कहा जाता है। सरोद वादन में अंतर्राष्ट्रीय ख्याति प्राप्त करने वाली ये प्रथम महिला हैं। शरणरानी ने भारत के प्राय: सभी नगरों में सरोदवादन से प्रशंसा और यश अर्जित किया है। भारत के प्रथम प्रधान मंत्री उन्हें भारत का सांस्कृतिक राजदूत कहते थे। शरणरानी ने आस्ट्रेलिया, सोवियतसंघ (विघटन पूर्व), ईरान, मंगोलिया, फीजी, अमेरिका आदि देशों में अपने सरोदवादन से स्रोताओं को मंत्रमुग्ध किया और भारतीय शास्त्रीय संगीत को अंतर्राष्ट्रीय प्रतिष्ठा दिलाई।

शरणरानी का जन्म 9 अप्रैल, 1929 को एक व्यापारिक घराने में हुआ। 1953 में दिल्ली विश्वविद्यालय से उन्होंने एम.ए. किया। 1959 में उनका विवाह दिल्ली के प्रतिष्ठित व्यापारी श्री सुल्तान सिंह बाकलीवाल से हुआ। श्री वाकलीवाल अनेक सांस्कृतिक और सामाजिक संस्थाओं के संरक्षक, कलाप्रेमी, गुणग्राहक और विद्वान हैं। उन्हें कलाकृतियों के संग्रह में विशेष रुचि है। 1980 में शरणरानी बाकलीवाल ने 300 वाद्य यंत्र राष्ट्रीय संग्रहालय, नई दिल्ली को दान में दे दिए, जो शरणरानी बेकलीवाल संगीत दीर्घा में सुरक्षित हैं। तत्कालीन प्रधानमंत्री श्रीमती इंदिरा गांधी ने इस दीर्घा का उद्घाटन किया था। 29 दिसंबर, 1998 में भारतीय डाक विभाग ने एक विशेष समारोह में चार नए डाक टिकट जारी किए, इनमें सरोद, रुद्रवीणा, पखावज और बांसुरी के चित्र अंकित हैं। शरणरानी ने सरोद पर 'दि डिवाइन सरोद' नामक एक पुस्तक भी लिखी है, जिसका विमोचन 1992 में तत्कालीन उपराष्ट्रपति डॉ. राधाकृष्णन ने किया था। इस पुस्तक में यह प्रमाणित किया गया है कि सरोद मूलत: भारतीय वाद्य है। यह वाद्य यंत्र ईसा से 200 वर्ष पहले से प्रचलन में है।

शरणरानी ने अच्छन महाराज से कत्थक और नवकुमार से मणिपुरी गायन भी सीखा, कुछ दिनों तक अभिनय भी किया, किन्तु जब सरोद के प्रति उनके मन में

आकर्षण और रुचि उत्पन्न हुई, तो फिर सरोद ही उनका सब कुछ हो गया। आठ वर्ष की उम्र से ही सरोद बजा रही हैं। उन्होंने संगीत मर्मज्ञ उस्ताद अलाउद्दीन खां और अंतर्राष्ट्रीय ख्यातिप्राप्त सरोदवादक उस्ताद अली अकबर खां से सरोदवादन की शिक्षा ली। उस्ताद अलाउद्दीन खां के विषय में वे बताती हैं कि खां साहब के सोनिया घराने का जो साज या बाज है, वह ध्रुपद अंग का है—आलाप, जोड़, झाला, तरह-तरह की बंदिशें सीखना और उन्हें वादन में शामिल करना एक तपस्या है। खां साहब रामपुर से मैहर चले आए। उन्होंने अनेक शैलियों के मेल से एक नई शैली विकसित की, जो बाद में मैहर सोनिया घराना के नाम से लोकप्रिय हुई। बाबा की शिष्या होने के कारण मेरे वादन में भी इस शैली का महत्त्वपूर्ण स्थान है। शरणरानी को काशी हिन्दू विश्वविद्यालय में संगीत के विभागाध्यक्ष पद के लिए पं० ओंकारनाथ ठाकुर ने बुलाया था, किन्तु इन्होंने इनकार कर दिया, क्योंकि वे किसी पद से बंधना नहीं चाहती हैं।

सरोद सीखना आसान नहीं है। इसके वादन में कुशलता प्राप्त करना श्रम और समय साध्य कार्य है, इसीलिए महिलाएं ही नहीं, आज के युवक भी इस वाद्य को सीखने से कतराते हैं। इस संबंध में शरणरानी कहती हैं कि सरोद एक कठिन वाद्य है। तीन-साढ़े तीन फीट लंबा होता है। इसका निर्माण सागौन लकड़ी से किया जाता है और यह भीतर से खोखला होता है। इसमें 21 से 25 तक पीतल के तार होते हैं। तारों की मोटाई अलग-अलग होती है। इन तारों में चार तार राग बजाते हैं और दो चिकारी के तार झाला बजाने के काम आते हैं। चार ड्रोन के तार हैं। ये सारे तार राग के स्वरों में मिलाए जाते हैं। सरोद को पेट पर रखकर नाखून से तारों को बजाया जाता है। दाएं हाथ की उंगली और अंगूठे से दबाकर जवा को, जो नारियल से बनता है, दबाकर पकड़ा जाता है, जिससे तारों पर आघात होता है। जवा त्रिकोणात्मक आकार का होता है।

सरोद की आवाज बड़ी गंभीर और गूंजने वाली होती है। इसके तार यदि सही मात्रा में झंकृत हो जाए, तो वह हृदय को आंदोलित कर देता है। सरोदवादन से जो धुन निकलती है, उसकी गूंज और गहराई किसी दूसरे वाद्ययंत्र में नहीं। इसकी गूंज श्रोताओं को मंत्रमुग्ध कर देती है।

शरणरानी को राग-रागिनियों में तोड़ी, भैरवी, यमन, दरबारी कान्हड़ा, कोसी-कान्हड़ा, मुल्तानी, मधुवंती, पूरिया कल्याण और मल्हार रोद विशेष प्रिय हैं। गायकों में बड़े गुलाम अली खां और अली अकबर खान उनके प्रिय कलाकार हैं।

शरणरानी के सरोदवादन में राग और ताल की आत्मा बसती है। उनके सरोद की गूंज और गमक श्रोताओं के हृदय को स्पर्श ही नहीं करती, बल्कि एक अमिट

छाप छोड़ जाती है। शरणरानी ने परंपरा का निर्वाह करते हुए कई नए प्रयोग भी किए हैं। अपनी बेटी राधिका के नाम पर 'राधिका प्रिया' नामक एक नई रागिनी की रचना की है। उनकी पुस्तक 'दि डिवाइन सरोद' उनके गहन अध्ययन, चिंतन और अनुसंधान प्रियता का प्रमाण है।

सरोदरानी शरणरानी को अब तक अनेकों पुरस्कार और सम्मान से सम्मानित किया जा चुका है। भारत सरकार द्वारा पद्मश्री और पद्मभूषण की उपाधि से सम्मानित किया जा चुका है। इसके अलावा दिल्ली राज्य साहित्यकला परिषद् पुरस्कार (1974), संगीत पीठ मुंबई द्वारा 'आचार्य' एवं तंत्री विलास (1979), संगीत आकदमी पुरस्कार (1986), राजीव गांधी एक्सेलेंस अवार्ड (1994), संगीत सरस्वती, सरोदरानी, कलामूर्ति, अभिनव संगीत शारदा, कलारत्न, सरोदश्री, संगीतरत्न, भारत गौरव तथा 1997 में दिल्ली विश्वविद्यालय के हीरक जयंती समारोह के अवसर पर उन्हें विशेष पुरस्कार अलम्नार्ड एवार्ड (भूतपूर्व छात्र पुरस्कार) से भी सम्मानित किया जा चुका है।

शरणरानी की कुछ उक्तियां और विचार बड़े महत्त्वपूर्ण और ध्यान देने योग्य हैं। राष्ट्रीय गीत 'वंदे मातरम्' और राष्ट्रीयगान 'जन-गण-मन' को कुछ लोग तरह-तरह से गाने का प्रयास करते हैं। इस संबंध में शरण रानी का मत है कि 'वंदेमातरम्' और 'जन-गण-मन' की तर्ज जो पचास वर्षों से देशवासियों के मन में बैठी हुई है और जिस लय और तर्ज से हम उन्हें गाते हैं, उसे नई-नई तर्ज के साथ पेश करना उचित नहीं है। 'वंदेमातरम्' और 'जन-गण-मन' के साथ देशवासियों की भावनाएं जुड़ी हैं।

कुछ लोग समझते हैं कि सितार, सरोद, वीणा, वायलिन, तबला, पखावज आदि वाद्यों को बजाने के लिए गायन का ज्ञान आवश्यक नहीं है। इस संबंध में शरणरानी का स्पष्ट विचार है— कोई भी सांज बजाने के लिए राग-रागिनियों की समझ और जानकारी जरूरी है। स्वर, लय, मूर्च्छनाओं और श्रुतियों के सम्यक् ज्ञान के अभाव में सही राग बजा पाना मुश्किल है।

भारतीय शास्त्रीय संगीत में गुरु-शिष्य की परंपरा रही है। गुरु के प्रति समर्पण भाव और निष्ठा में आज कुछ कमी आ गई है। यह भी सच है कि शास्त्रीय संगीत सुनने-समझने और सीखने की प्रवृत्ति पहले जैसी नहीं रही। इस संबंध में शरणरानी के विचार बड़े महत्त्वपूर्ण हैं। 'कला के प्रति पहले जैसा डिवोशन नहीं रहा। यही नहीं, पहले जैसे गुरु भी नहीं रहे और न शिष्य ही। आजकल सारी ऊर्जा पब्लिसिटी पर खर्च होती है।'

'आजकल लोगों में परिपक्व कलाकार बनने की मानसिकता नहीं है। उन्हें तुरंत प्रसिद्धि और झटपट कामयाबी चाहिए।'

'धन बल पर संगीत क्या, कोई भी कला नहीं खरीदी जा सकती है। कलाकार बनने के लिए समर्पण की आवश्यकता होती है। कला का आत्मा से गहरा संबंध है। आज जितने बड़े कलाकार हैं, वे सभी गुरु-शिष्य परंपरा की देन हैं।'

'मेहनत, गुरु की अनुकंपा और भगवान का साथ—इन तीन बातों से कोई कलाकार बनता है और यह एक साधना है, जन्म-जन्म की।' सरोद ही सरोदरानी का जी है। संगीत और सरोद के प्रति उनकी कितनी गहरी निष्ठा है, यह उनके इन शब्दों से प्रकट होता है— 'मेरा सरोद, मेरा संगीत, मेरी सांसें हैं। किसी कारणवश अगर मेरी साधना रुक गई, तो समझिए मेरे जीवन का अंत हो गया।'

प्रयोगधर्मी संगीतकार

पं० विश्वमोहन भट्ट

भारतीय शास्त्रीय संगीत में निष्णात महान गायकों और वादकों की एक लंबी श्रेणी है, लंबी परंपरा है लेकिन संगीत के क्षेत्र में सर्वथा नवीन प्रयोग और नए आविष्कार करने वाले प्रयोगधर्मी संगीतकारों की भी कमी नहीं है। इन्हीं में एक बहुमुखी प्रतिभासंपन्न संगीतकार हैं— पं० विश्वमोहन भट्ट। जिन्होंने पाश्चात्य वाद्य गिटार में 14 नए तार जोड़कर एक सर्वथा नवीन वाद्य 'मोहन वीणा' का आविष्कार किया है।

पं० मोहन भट्ट का जन्म जयपुर के भट्ट घराने में 27 जुलाई, 1952 को हुआ था। प्रारंभिक शिक्षा जयपुर में ही हुई। इन्होंने अपनी मां चंद्रकला भट्ट और स्व. मनमोहन भट्ट से गायन और सितार वादन की शिक्षा ली। इनके पिता और बड़े भाई शशिमोहन भट्ट कुशल सितारवादक हैं। श्रीभट्ट विश्वविख्यात सितार वादक पं० रविशंकर के शिष्य हैं।

भट्ट जी ने सितार, सरोद, वीणा आदि प्रचलित शास्त्रीय वाद्यों को छोड़कर गिटार को ही क्यों अपनाया। इसके विषय में एक घटना का उल्लेख आवश्यक प्रतीत होता है। यह जब चौदह साल के थे, तो जर्मनी से संगीत की एक छात्रा इनसे मिलने आई। उसके पास एक स्पेनिश गिटार था। इस नए वाद्य से वे बहुत प्रभावित हुए। इसे पाने और बजाने के लिए वे लालायित हो उठे। वह छात्रा जाते समय जब अपना गिटार इनके पास छोड़ गई, तो इनकी यह मनोकामना पूरी हो गई।

गिटार के विषय में भट्ट जी के अनुसार गिटार का जन्म लूइट नामक वाद्य से हुआ है, जिसमें चार तार होते थे और परदे भी। यह हॉर्मनी प्रधान वाद्य था। जब गिटार बना, तो इसमें छः तार जोड़े गए। 1940 ई. तक एक आकार के जाज गिटार प्रचलन में थे।

पाश्चात्य वाद्य गिटार को भारतीय परिवेश में ढालने के लिए भट्ट जी ने गिटार के ब्रिज और तारों का विकास किया। तरब और चिकारी के अतिरिक्त तारों को जोड़ा। भट्ट जी के कथनानुसार स्ट्रोक से बजने वाले किसी भी प्लकिंग वाद्य की

अपेक्षा इस नवीकृत गिटार में ज्यादा आस है। भट्ट जी ने अपने नवनिर्मित गिटार यानी मोहनवीणा में गूंज को विकसित करने और झाला बजाने का सफल प्रयास किया है। भट्ट जी कहते हैं कि मोहन वीणा पर गायकी और तंत्रकारी दोनों सफलता के साथ प्रस्तुत करता हूं। इसमें सितार, सरोद और वीणा के अनेक गुणों का समावेश है। सप्तकों के पूर्ण पालन, मिजराब के बोल और सारंगी के घसीटे अंग के गिटार पर उतारने के लिए भट्ट जी ने स्लाइट को पकड़ने के तरीके में भी परिवर्तन किया है।

पं० विश्वमोहन भट्ट को अमेरिकी रिकार्ड कंपनी द्वारा ग्रेमी अवार्ड से सम्मानित किया जा चुका है। अमेरिका के विश्वप्रसिद्ध स्पेनिश गिटारवादक राई कूडर के साथ इस रिकार्ड कंपनी द्वारा बनाई गई काम्पेक्ट डिस्क में पंडित भट्ट पाश्चात्य संगीत के साथ भारतीय शास्त्रीय और राजस्थानी मांड आदि बजाकर अपनी उत्कृष्ट कला का परिचय दे चुके हैं। पंडित भट्ट से पूर्व इनके गुरु पं० रविशंकर और उस्ताद अल्ला रक्खा खां को उनकी युगलबंदी के लिए इस अवार्ड से सम्मानित किया गया था। पर 'मीटिंग बाई द रिवर' नामक डिस्क में कूडर और पं० भट्ट की युगलबंदी प्रस्तुत की है, जिसके लिए विश्व के सर्वोच्च संगीत पुरस्कार 'ग्रेमी अवार्ड' से दोनों को नवाजा गया।

चीनी कलाकार जे. विंग चेन के साथ उनकी युगलबंदी 'सिल्क जेड एंड द बैंगिंग बाउल' और अमेरिकी बेलवादक लैंक के साथ 'ताबुलरासा' तथा अमेरिका के डोबरो गिटारवादन जैरी डगलस के साथ 'बरवाउन एंड रोजवाटर' और स्ट्रोजूलो के साथ उनकी संयुक्त प्रस्तुति से पं० भट्ट ने अंतर्राष्ट्रीय ख्याति अर्जित की है।

पं० विश्वमोहन भट्ट अत्यंत प्रतिभाशाली प्रयोगधर्मी कलाकार हैं। उन्होंने कालिदास के मेघदूत एवं जयदेव के गीत गोविंद को अपनी स्वप्निल परिकल्पनाओं का स्पर्श देकर संगीतप्रेमियों को मंत्रमुग्ध किया है। उन्होंने कई फिल्मों में भी संगीत दिया है।

पं० भट्ट मोहन वीणा पर अपने गंभीर और चिंतनशील स्वरसृजन, चमत्कृत करने वाली लयकारियों, कहीं गायकी अंग के समावेश और कहीं तंत्रकारी की हृदय प्रस्तुति से संगीत प्रेमियों को मुग्ध करते रहे हैं।

देश के लगभग सभी प्रमुख नगरों के अलावा अमेरिका, जापान, जर्मनी, हॉलैंड, कनाडा, फ्रांस, हांगकांग, रूस, सउदी अरब, बहरीन आदि देशों में अपनी मोहन वीणा के तारों की झंकृति से लोगों को मंत्रमुग्ध कर प्रचुर ख्याति और प्रशंसा

अर्जित की है। संगीत के विषय में उन्होंने जो विचार व्यक्त किए हैं, वे विशेषकर संगीत साधकों के लिए महत्त्वपूर्ण और प्रेरणाप्रद हैं—

शास्त्रीय संगीत में जो शास्त्र होता है, वह गूढ़ है। वह अध्यात्म से जुड़ा है। सस्ती लोकप्रियता के लिए परंपरा के साथ खिलवाड़ नहीं करना चाहिए।

कोई भी कलाकार अपनी उपलब्धियों से संतुष्ट नहीं होता। जिस दिन वह पूर्ण संतुष्ट हो जाएगा, उस दिन उसकी मौत हो जाएगी। संगीत सीखना धैर्य का काम है।

संगीत के क्षेत्र में कलाकार तभी तक जीवित रह सकता है, जब तक वह नवीनता की तलाश करता रहे। अगर अपनी कला की एक सीमा निर्धारित कर ले, तो वह चुक जाएगा।

एक और बांसुरी वादक

पं० रोनू मजुमदार

पन्नालाल घोष, विजयराघव राव और हरिप्रसाद चौरसिया जैसे विख्यात बांसुरीवादकों की कड़ी में युवा बांसुरीवादक रोनू मजुमदार का भी नाम लिया जाता है। रोनू जी प्रख्यात बांसुरीवादक विजयराघव राव के शिष्य हैं।

रोनू मजुमदार ने भारत के प्रतिष्ठित मंचों के साथ-साथ पूरे यूरोप और अमेरिका में अपने बांसुरी वादन से देश का मान बढ़ाया है और भारतीय संगीत को प्रतिष्ठा दिलाई है।

रोनू की संगीत रचना एवं एकल वादन के कई लोकप्रिय एलबम हैं। इनमें कैरिंग हेल और कृष्णाज जर्नी विशेष रूप से उल्लेखनीय है। इसमें यह एलबम एक ऐसी महिला पर केन्द्रित है, जो शीघ्र ही एक बच्चे को जन्म देने वाली है, रेनबो, कैरिंग होप, टुगेदर फोर एवर जेनरेशन, फ्लावरिंग, फेंटेसी ऑफ द फ्यूचर, अवेटिंग द क्वीकनिंग, एरावल और अंत में लोरी से इस एलबम का समापन हुआ है।

इस एलबम में अश्विनी देशपांडे ने लोरी गाई है। इसमें एन. राजन की वायलिन और विश्वमोहन भट्ट की मोहन वीणा की ध्वनि ने इसे और मधुर तथा कर्णप्रिय बना दिया है। 'कृष्णाज जर्नी' उनका सर्वाधिक प्रिय एलबम है। भगवान श्री कृष्ण रोनू जी के इष्टदेव हैं। इसमें श्रीकृष्ण के जन्म, बाललीला, राधा-कृष्ण प्रेम, होली, गोपी-विरह, अर्जुन को उपदेश, परमधाम गमन। परमधाम गमन में बताया गया है कि श्रीकृष्ण वस्तुतः चले नहीं गए हैं, अदृश्य हो गए हैं। वह आज भी आंख से ओझल, सर्वत्र मौजूद हैं।

इस एलबम को तैयार करने में अनेक महान गायकों-वादकों ने बहुमूल्य सहयोग दिया है। बांसुरी रोनू जी ने ही बजाई है। पं० सतीश व्यास ने संतूर और योगेश सम्सी ने तबला बजाया है। मंत्रों के लिए अजित देसाई ने अपनी आवाज दी है। 'पंचम दा' के वायलिन ग्रुप के अलावा हेमा देसाई, महादेवी और सरिता भावे के नारी स्वर ने इस एलबम को सजाया है। सोनी म्यूजिक ने कृष्णाज जर्नी नामक उनका यह एलबम जारी किया है। रोनू जी की संगीत रचना एवं एकल वादन

के कई एलबम काफी लोकप्रिय हुए हैं। देश-विदेश में इनके अनेक कैसेट एवं डिस्क उपलब्ध हैं।

मैहर घराने के बांसुरीवादक रोनू मजुमदार के पिता डॉक्टर हैं, किन्तु कभी-कभी बांसुरी भी बजाया करते हैं। रोनू को अपने पिता से ही बांसुरी सीखने की प्रेरणा मिली। उन्होंने अपनी बहन के साथ 5-6 वर्ष पंडित लक्ष्मण प्रसाद जयपुर वाले से गायन की शिक्षा ली। उसके बाद प्रख्यात बांसुरी वादक पं० विजयराघव राव से बांसुरी वादन की शिक्षा लेने लगे।

रोनू के बांसुरीवादन की कई विशेषताएं हैं। आलाप की गंभीरता और तान की तैयारी भी अतुलनीय है। उन्होंने एकल वादन और संगीत निर्देशन में अपनी दक्षता का परिचय दिया है। पिघलता आसमान, जमीन-आसमान, जाग उठा इनसान, तेरी मेहरबानियां और माचिस आदि कई फिल्मों में बांसुरी वादन किया है।

रोनू मजुमदार ने विदेशों में पाश्चात्य संगीत के अनेक महान कलाकारों के साथ युगलबंदी की है। इन युगलबंदी के बने कम्पैक्ट डिस्क की अनेक संगीत-रचनाएं रोनू जी ने ही तैयार की हैं। अमेरिका के प्रतिष्ठित बैंजोवादक बेला फ्रैंक विश्वप्रसिद्ध गिटारवादक राई कूडर और ट्रम्पेट वादक जॉन हेजल के साथ युगलबंदियों से रोनू ने भरपूर सराहना और अंतर्राष्ट्रीय ख्याति अर्जित की है। रोनू ने अंतर्राष्ट्रीय स्तर पर अपनी युगलबंदियों की सार्थकता और सफलता के लिए पाश्चात्य संगीत का गहरा अध्ययन किया है। माइक निकोलस की बहुचर्चित फिल्म 'प्राइमरी कलर' में भी रोनू की संगीत रचनाएं हैं।

रोनू मजुमदार संगीत को पूजा मानते हैं। उनका कहना है—'आध्यात्मिक भाव से संगीत में गहराई आती है। संगीत और अध्यात्म एक-दूसरे से संबद्ध है। संगीत को अध्यात्म से अलग नहीं किया जा सकता।'

चिकित्सा एवं संगीत के समन्वय पुरुष

डॉ. शिवनारायण सिंह

व्याधि पीड़ित व्यक्तियों के प्रति समर्पित डॉ. शिवनारायण सिंह राष्ट्रीय स्तर के एक प्रख्यात चिकित्सक और पटना मेडिकल कॉलेज अस्पताल के मेडिसिन विभाग के विभागाध्यक्ष थे। लेकिन उनकी ख्याति एक संगीतज्ञ के रूप में भी कम नहीं थी। ऐसी विलक्षण प्रतिभा के व्यक्ति विरले ही होते हैं, जिनकी पैठ चिकित्सक के साथ-साथ कला मर्मज्ञ के रूप में भी समान रूप से रही हो। संगीत के प्रति अभिरुचि डॉ. सिंह की युवावस्था से ही रही। जब ये चिकित्सक हुए, तब भी इनका प्रेम संगीत से वैसा ही बना रहा, जितना मरीजों से। मरीजों की भीड़ से घिरे रहने पर भी वे समय निकाल कर संगीत की दुनिया में लीन हो जाते थे। सबसे आश्चर्य की बात यह कि मरीजों या उनके परिचारकों को भी इसका भान नहीं हो पाता था। एक सितारवादक के रूप में उनकी प्रसिद्धि चतुर्दिक व्याप्त थी। इसके अलावा अनेक वाद्यवादन एवं नाट्यकला आदि में भी इनकी अभिरुचि प्रशंसनीय थी।

डॉ. सिंह ने विद्यार्थी जीवन की शुरुआत अपने पिता जी के देखरेख में की। इनके पिता जी की इच्छा अपने बड़े पुत्र को इंजीनियर और छोटे को डॉक्टर बनाने की थी। लेकिन डॉ. सिंह की प्रबल इच्छा इंजीनियर बनने की थी। उस युग में माता-पिता की इच्छा ही सर्वोपरि होती थी। अत: इन्हें डॉक्टरी पढ़नी पड़ी।

अपने डॉक्टरी पेशे के प्रारंभ में विनम्रतापूर्वक वे कहते थे कि पटना के सुप्रसिद्ध डॉक्टर दस्तिदार से इन्होंने निदान संबंधी बहुत सारी बातें सीखीं। इसके अलावा चिकित्सीय नीतिशास्त्र का भी ज्ञान प्राप्त किया। वे अकसर कहा करते थे कि सुविधा के अभाव से ग्रस्त मरीजों की चिकित्सा यदि वे करें, तो वे बहुत कम समय लेंगे और सदा कृतज्ञ बने रहेंगे। उन्होंने डॉ. दस्तिदार से मरीजों की सूक्ष्म जांच करने की विधि भी सीखी। लेकिन डॉ. दास गुप्ता से आपने एक अच्छा शिक्षक होने का प्रारंभिक ज्ञान प्राप्त किया। डॉ. घोषाल अपने जमाने के ख्याति प्राप्त चिकित्सक के साथ-साथ कलामर्मज्ञ भी थे। उनकी छत्रछाया में रहकर उन्होंने चिकित्सा के साथ-साथ नाट्यकला और संगीत की भी शिक्षा पाई। इस लगन ने आगे चलकर इन्हें अमरता प्रदान की।

वस्तुतः डॉ. सिंह ने सितारवादन का प्रारंभिक ज्ञान अपने अग्रज श्री जयनारायण सिंह से प्राप्त किया। लेकिन डॉ. घोषाल उस जमाने में संगीत, नृत्य आदि कलाओं में अग्रणी थे। वे कई सांस्कृतिक संस्थाओं के जन्मदाता भी थे। डॉ. सिंह ने स्वयं स्वीकार किया था कि उनके व्यक्तित्व को संवारने में डॉ. घोषाल का प्रमुख हाथ रहा।

डॉ. घोषाल पटना मेडिकल कॉलेज में चिकित्सा विभागाध्यक्ष थे। उन्होंने डॉ. सिंह में एक पटु शिष्य का गुण पाया। वे मरीजों की जांच-पड़ताल में बड़ी रुचि लिया करते थे। मेडिकल कॉलेज में वे कभी-कभी डॉ. घोषाल की अनुपस्थिति में उनकी कक्षा भी लिया करते थे।

उसी समय की बात है कि डॉ. सिंह को सरकार की ओर से एक छात्रवृत्ति प्रदान की गई, जो उस जमाने की एक महान उपलब्धि मानी जाती थी। उन्हें विश्वविद्यालय चिकित्सक डॉ. शीला शर्लक के निर्देशन में, लंदन में रहकर चिकित्सा की ऊंची शिक्षा का प्रशिक्षण प्राप्त करना था। लेकिन उन्होंने इसे स्वीकार नहीं किया। इसी बीच एक सफल चिकित्सक के रूप में इन्हें पाकर मरीजों की अपार भीड़ दिन-प्रतिदिन उमड़ती गई। अंत में यहीं रहकर मरीजों की सेवा करना इन्होंने अपना लक्ष्य बना लिया।

डॉ. सिंह का जीवन दर्शन था—'अपने घर में रहकर जो कुछ भी अर्जन करें, उससे परिवारजनों की सेवा और सुरक्षा का प्रबंध करना।' घर और परिवार से उनका तात्पर्य अपने देश और समाज से था। तभी तो सन् 1957 में इन्होंने अपनी छोटी आयु में इस छात्रवृत्ति को अस्वीकार कर दिया। फलस्वरूप अपने परिदर्शन के क्रम में उन्होंने महसूस किया कि आज तक अपने देश को छोड़कर प्रवासी बने भारतीयों को यहां के समाज ने कभी ग्रहण नहीं किया। इन्होंने स्वीकार किया कि उनका निर्णय सार्थक व उचित था।

डॉ. सिंह का मानना था कि डॉक्टरी के पेशे में प्रशिक्षण का महत्त्व उपाधियों से अधिक है। अपने प्रशिक्षण की अवधि में इन्होंने स्वीकार किया था कि एक गुरु का स्नेह जितना छात्रों के प्रति होता है, उतना शिष्यों का गुरु के प्रति होना चाहिए। उनके द्वारा शिक्षक में आत्मविश्वास का भाव पैदा होता है। यही कारण है कि उन्होंने बिहार सरकार से अपने लिए कभी पक्षपात अथवा अनुग्रह की बात नहीं कही।

इन्होंने सन् 1983 ई. में पटना मेडिकल कॉलेज अस्पताल से अवकाश प्राप्त किया। उस समय वे औषधि विभागाध्यक्ष के पद पर कार्यरत थे। उनका कहना था कि चिकित्सालय में प्रत्येक अध्यापक के लिए मरीजों के बिस्तरों की संख्या

समान होनी चाहिए। प्रारंभ में ऐसा देखा जाता था कि विभागाध्यक्षों के लिए 51 और अध्यापकों के लिए 17 बिस्तर हुआ करते थे। अब ऐसी बात नहीं है। वे प्रत्येक मरीज की देखभाल, जांच-पड़ताल समान रूप से करने की सिफारिश किया करते थे। उनके लिए डॉ. दस्तिदार के वचन मंत्र स्वरूप थे। उनका कहना था कि एक डॉक्टर को अधिक से अधिक सामाजिक सेवा के उद्देश्य से मरीजों की देखरेख करनी चाहिए।

डॉ. सिंह एक सफल डॉक्टर के साथ-साथ कुशल सितारवादक, संगीतज्ञ और समाजसेवी भी थे। यही कारण है कि उन्हें बिहार संगीत नाटक अकादमी का अध्यक्ष मनोनीत किया गया था। इनके ही अध्यक्षता काल में इस अकादमी के तत्त्वावधान में प्रथम बार एक सेमिनार का आयोजन किया गया था, जिसमें भारतीय मंच के जाने-माने कलाकारों में तापस सेन, रुद्रप्रताप सेनगुप्ता, बी.बी. कारंथ, नंदीकर आदि हस्तियों ने अपनी उपस्थिति से पटना के नागरिकों का मनोरंजन किया।

शिवनारायण सिंह जी का ही प्रयास रहा कि इन्होंने मरणासन्न नाट्य एवं संगीतकला, जो प्राचीन पाटलिपुत्र की धरोहर रही है, उसमें प्राण फूंक दिए। उन्होंने समाज के एक असुविधाग्रस्त एवं उपेक्षित प्रतिभासंपन्न बालक को कूड़े के ढेर से उठाकर मंच पर खड़ा कर दिया। वह बालक सेंट जोसेफ कान्वेंट, पटना के निकट चाट बेचने वाले का पुत्र था। वह बुलबुल की तरह अत्यंत मीठी आवाज में गाता था। उन्होंने इसके लिए प्रशिक्षण की व्यवस्था कर दी, ताकि कला की अनंत लालसा और भूख के संघर्ष में उसका स्वर लुप्त न हो जाए। यही कारण है कि डॉ. सिंह ने कला और व्यवसाय को आर्थिक रूप से जीने योग्य बनाने की तरजीह दी। उन्होंने इसीलिए विज्ञापन द्वारा आवेदन पत्र मंगवाने की व्यवस्था की थी, ताकि ऐसे विद्यार्थियों की खोज की जाए, जो संगीत और नृत्य का प्रशिक्षण प्राप्त कर कला में प्रवीण हो सकें। उन्होंने कुछ कुशल एवं प्रतिभाशाली कलाकारों को कोलकाता, दिल्ली, इलाहाबाद भेजने की व्यवस्था भी की थी, ताकि वे राष्ट्रीय एवं अंतर्राष्ट्रीय स्तर के बुद्धदेवदास गुप्ता, देबू चटर्जी, पंडित वी.जी. जोग आदि कलाकारों जैसा बन सकें।

आकाशवाणी पटना के कार्यक्रम अधिशासी एवं युवा तबलावादक श्री राजकुमार नाहर ने शिवनारायण बाबू की गुणवक्ता एवं उनके नेक चरित्र का स्मरण करते हुए बताया कि आज मैं जो भी बन सका हूं, वह उन्हीं कलामर्मज्ञ आत्मा की देने है। उन्होंने अपना धन खर्च कर बिहार के कई युवा प्रतिभाओं को संगीत के उच्च प्रशिक्षण हेतु दिल्ली भिजवाया था। ऐसे व्यक्ति अब दुर्लभ हैं।

वस्तुतः डॉ. सिंह मात्र एक डॉक्टर एवं संगीतज्ञ ही नहीं थे, बल्कि वे एक प्रतिभासंपन्न कला और कलाकार, समाज के उत्थान के प्रति सदा सजग रहने वाले विनम्र अभिभावक भी थे। उन्होंने जो कुछ सोचा और किया, वह कार्य सरकार द्वारा किया जाना चाहिए था। वे सही मायने में एक पथ-प्रदर्शक एवं अपने प्रदेश के गौरव स्तंभ थे। वे 23 दिसंबर, 1991 ई. को इस संसार से विदा हो गए। उनकी पावन स्मृति में शत-शत नमन।

संगीत-संतूर

पं० शिवकुमार शर्मा

प्रतिभाशाली व्यक्ति किसी भी विधा या शैली को अपनी प्रतिभा से ऊंचाइयों तक पहुंचा देता है, उसे विशिष्टता प्रदान करता है, पत्थर के एक टुकड़े को भी जीवंत कर देता है। शहनाई पहले शादी-विवाह जैसे अवसरों पर ही बजाई जाती थी, लेकिन बिस्मिल्ला खां ने उसे एक उत्कृष्ट शास्त्रीय वाद्य के रूप में प्रतिष्ठित किया। हैं। इसी प्रकार संतूर को शिवकुमार शर्मा ने एक शास्त्रीय वाद्य के रूप में प्रतिष्ठित किया है। संतूर की गणना आज अन्य ताल वाद्यों की तरह एक प्रमुख वाद्य के रूप में की जाती है। इसका श्रेय पूर्ण रूप से शिवकुमार जी को है।

संतूर एक सूफी साज माना जाता है। कभी इसे सूफी बज़ाया करते थे। कश्मीर के परंपरागत लोकसंगीत में संतूर का एक प्रमुख स्थान है। कुछ लोग समझते हैं कि संतूर फारसी शब्द का अपभ्रंश जरूर है, लेकिन इसकी शुरुआत भारत में ही हुई। अमीर खुसरो ने सहतार की रचना की, जिसने बाद में सितार का रूप ले लिया। संतूर भी वैदिक काल से ही भारतीय वाद्य रहा है। वेद मंत्रों के साथ संतूर बजाया जाता था। जब इसका प्रयोग अरब देशों के पारंपरिक संगीत में किया जाने लगा तो कहा जाने लगा कि यह भारतीय वाद्य नहीं है। मूलतः यह भारत से ही अन्य देशों को गया।

शिवकुमार जी ने संतूर को एक अलग पहचान दी और विभिन्न प्रयोगों और परिवर्तनों के बाद इसे शास्त्रीय वाद्य के रूप में मान्यता दिलाई।

शिवकुमार जी के अनुसार संतूर सौ तारों वाला अपनी तरह का अनोखा साज है। यह लकड़ी के स्ट्राइकरों से बजाया जाता है। इससे आवाज टूटकर आती है। अपने संतूर वादन के विषय में शिवकुमार जी कहते हैं—'मैं इसे स्ट्राइकर के साथ ही अपने तरीके से बजाता हूं। झाला इंस्ट्रूमेंटल म्यूजिक (वाद्यसंगीत) की खासियत है। मेरा दाहिना हाथ 16 मात्रा की तरफ चक्कर लगाता रहता है। बजाते-बजाते रियाज में ही एक बात सूझी कि क्यों न ''म्यूटेड'' कर दिया जाए और झाला भी चलता रहे, क्योंकि तबलावादक मिलकर आवाज को रवा कर देता है, उससे पता ही नहीं चलता है कि संतूर बज रहा है।

शिवकुमार जी ने फिल्मों में भी संगीत दिया है। प्रसिद्ध बांसुरीवादक हरिप्रसाद चौरसिया के साथ मिलकर 'शिवहरि' के नाम से उन्होंने फिल्मों में संगीत देना शुरू किया। जिन फ़िल्मों में इन्होंने संगीत दिया है, उनमें सिलसिला, फासले, विजय, लम्हे, चांदनी, साहिब और डर प्रमुख हैं। 'मेरे हाथों में नौ-नौ चूड़ियां' जैसी हिट धुन उनके नाम हैं। 'झनक-झनक पायल बाजे' में पहली बार संतूर को शामिल किया गया।

पद्मश्री शिवकुमार जी ने 5 वर्ष की उम्र से ही गाना और तबला सीखना शुरू कर दिया था। उनके पिता पं० उमादत्त शर्मा ही उनके गुरु थे, जो गायक और तबलावादक होने के साथ ही आकाशवाणी जम्मू में संगीत के सुपरवाइजर थे। वे अकेले कलाकार थे जो हिन्दुस्तान से लाहौर रेडियो पर प्रोग्राम देने जाया करते थे।

शिवकुमार जी के पिता बनारस घराने के गायक थे। उन्होंने जम्मू में संतूर देखा, तो उन्हें लगा कि इस पर शास्त्रीय संगीत का सृजन किया जा सकता है। उन्होंने राग और सरगम के लिहाज से इसमें कुछ परिवर्तन किए और शिवकुमार जी को संतूरवादन की शिक्षा देने लगे।

शिवकुमार जी ने संतूर को अंतर्राष्ट्रीय ख्याति दिलाई है। उन्होंने भारत के अनेक प्रमुख नगरों में, विभिन्न अवसरों पर अपने संतूर वादन से श्रोताओं को तो मंत्रमुग्ध किया ही है, विदेशों में भी प्रशंसा और ख्याति अर्जित की है। कैलीफोर्निया, स्विट्जरलैंड, जर्मनी आदि अनेक देशों में ये संतूरवादन का प्रोग्राम दे चुके हैं। अपने पुत्र के साथ शिवकुमार जी ने स्वाधीनता स्वर्ण-जयंती के अवसर पर अमेरिका में संतूर वादन किया। स्वर के हिसाब से संतूर विदेशी वाद्य पियानो से मिलता-जुलता है, इसलिए यूरोपियन देशों में इसे विशेष रूप से सराहा जाता है।

शिवकुमार जी मानते हैं कि संगीत की कोई भाषा नहीं होती। उनकी एक शिष्या जो जापानी है और टूटी-फूटी अंग्रेजी बोलती है, उनसे संतूर सीख रही है। आज देश-विदेश में शिवकुमार जी के बहुत सारे शिष्य संतूर सीख रहे हैं। फ्लोरिडा में संगीत की कक्षाएं चल रही हैं। वहां व्याख्यान-सह-प्रदर्शन कार्यक्रम में 3500 विद्यार्थी शामिल हुए। विदेशों में जहां-जहां शिवकुमार जी ने कार्यक्रम दिया, सब जगह उनका स्वागत हुआ और उनके संतूरवादन की भरपूर सराहना की गई।

शास्त्रीय संगीत के वाद्ययंत्रों में संतूर की गणना नहीं की जाती थी। शिवकुमार जी ने इसमें इतने और ऐसे तकनीकी परिवर्तन किए कि इस पर विभिन्न

राग-रागिनियां आसानी से बजाई जा सकती हैं और इसे सीखना भी उतना दुष्कर नहीं है।

शिवकुमार जी की कुछ उक्तियां और कथन बड़े सारगर्भित और प्रेरणादायक हैं—

- हर कलाकार अपनी रचनात्मकता के आधार पर वाद्य बजाता है। रचनात्मकता के बगैर शास्त्रीय संगीत अधूरा है।
- संगीत की यह विशेषता होनी चाहिए कि वह सीधे लोगों के दिलों को छुए, यदि ऐसा नहीं तो संगीत किस काम का।
- संगीत तो ईश्वरप्रदत्त प्रतिभा है, लेकिन सही गुरु का मिलना बहुत जरूरी है, जो शिष्य को सांचे में ढाल सके। साथ ही निष्ठा और बड़ों का आशीर्वाद भी आवश्यक है। सिर्फ मेहनत से कुछ नहीं होता।

तबला-आचार्य

पं० बलराम दास मिश्र

वादन कला क्षेत्र में पं० बलराम दास मिश्र ने देश-विदेश में अनेक सफल कार्यक्रम प्रस्तुत किए हैं, अत: आप अंतर्राष्ट्रीय ख्याति पा चुके हैं।

आप बड़हिया घराने के संस्थापक पं० बच्चा जी मिश्र के द्वितीय पुत्र हैं। इनका जन्म 15 अगस्त, 1950 ई. को हुआ। भागलपुर विश्वविद्यालय से स्नातक एवं तबला प्रवीण पं० बलराम दास जी ने सर्वप्रथम गायन की शिक्षा अपने पिताजी से ग्रहण की और अपने बड़े भाई संगीताचार्य पं० श्यामदास मिश्र के साथ बहुमुखी युगलबंदी गायन प्रस्तुत करने लगे, परंतु आपमें लय की प्रधानता को परखते हुए आपके पिताजी ने तबले की शिक्षा भी प्रदान किया। अल्पायु में ही पिताजी के निधन के पश्चात् आपने बनारस घराने के प्रतिनिधि तबला सम्राट पं० शारदा सहायजी से तबले की उच्च शिक्षा ग्रहण की।

आपका स्वतंत्र तबला वादन अत्यंत ही प्रशंसनीय है। खुले आज का प्रयोग, परन एवं चक्करदार नवहक्का का जोरदार वादन आपकी विशेषताएं हैं। आप कठिन से कठिन तिहाइयों का अचानक प्रयोग कर श्रोताओं को आश्चर्य चकित कर देते हैं।

सम्प्रति आप बी.आर.एम. कॉलेज मुंगेर के संगीत विभाग, पं० बच्चा मिश्र संगीत महाविद्यालय मुंगेर के प्राचार्य तथा योग विश्वविद्यालय, मुंगेर के संगीत-प्रशिक्षक के रूप से कार्यरत हैं।

आप आकाशवाणी से 'ए' ग्रेड कलाकार हैं। आप कई मानद उपाधियों से विभूषित हैं। यथा— सुरसिंगार संसद, मुंबई से तालमणि, कुलकर्णी संगीत समाज कोलकाता से ताल सम्राट, नेपाल-भारत मैत्री संघ से लय बादशाह, उत्कल संगीत परिषद्, उड़ीसा से संगत सम्राट तथा भारतीय संगीत संघ ने ताल भास्कर की उपाधि से आपको विभूषित किया है।

प्रश्नोत्तर में माहिर पं० मिश्र मृदुभाषी एवं सरल हृदय के हैं। संगीत संध्या के अवसर पर मुझसे कुछ देर बातें हुई थीं, जिसके प्रमुख अंश प्रस्तुत हैं—

प्र० अब तक आपने किन-किन संगीत महारथियों के साथ तबला वादक के रूप

में संगत की और किन गायक-वादकों के साथ संगत करने पर आपको विशेष आनंद आता है?

उ० यह मेरा सौभाग्य है कि भारत के नामचीन एवं विश्वविख्यात कलाकारों के साथ संगत करने का अवसर मुझे मिला है। जैसे—पं. नारायण राव व्यास, पं० विनायकराव पटवर्धन, पं० रामचतुर मल्लिक, पं० सियाराम तिवारी, पं० श्यामदास मिश्र, पं० भीमसेन जोशी, श्री मणिलाल नाग, उस्ताद रहीम फहीमुद्दीन डागर, श्रीमती गिरिजा देवी आदि। इन सभी श्रेष्ठ कलाकारों की संगति में मुझे अपार प्रसन्नता मिली है। किन्तु, अपने अग्रज पं० श्यामदास मिश्र के साथ बजाकर मुझे कुछ अलग ही प्रकार का संतोष तथा सुख मिलता है। इनके पीछे उनकी भाव प्रणव गायकी तो है ही, सबसे बड़ी विशेषता लय प्रधान गायकी, कि अगर संगीतकार सतर्क न हो, तो वह लय खो बैठेगा।

प्र० आपके प्रिय गायक और वादक कौन हैं, जिनसे आपको प्रेरणा मिलती है?

उ० जो सुरीले हैं, वह गायक और जो लयसिद्ध हैं, वह वादक निश्चित रूप से मुझे प्रिय हैं। परंतु जहां तक प्रेरणा का प्रश्न है, तो गायक की श्रेणी में पं० जसराज, पं० भीमसेन जोशी, पं० कुमार गंधर्व तथा पं० श्यामदास मिश्र मेरे प्रेरणा के स्रोत रहे हैं। तंत्र-वादकों में मुझे पं० निखिल बनर्जी का सितार, पं० हरिप्रसाद चौरसिया का बांसुरी वादन तथा उस्ताद अमजद अली खां का सरोद बहुत ही प्रिय है। मेरे आदर्श तबला वादकों में पं० शारदा सहाय, पं० अनोखेलाल मिश्र तथा उस्ताद जाकिर हुसैन रहे हैं।

प्र० क्या तबला सिर्फ संगत का साज है? आप इसे कितना महत्त्व देते हैं और किस नजरिये से देखते हैं?

उ० मूलतः तो तबला सिर्फ संगत का ही साज है। इसमें कोई शक नहीं। परंतु आज स्वतंत्र वादन के रूप में भी तबला प्रतिस्थापित हुआ है। सोलो वादन में तबले की लोकप्रियता दिन-प्रतिदिन बढ़ती जा रही है। तबला अत्यंत ही महत्त्वपूर्ण वाद्य यंत्र है। इसके बिना गायन, वादन, नृत्य सभी अधूरा है।

प्र० प्रशिक्षणरत नये कलाकारों को, जो इस कला को अपनाना चाहते हैं, उन सबके लिए आपका कोई संदेश?

उ० हर कलाकार की अलग-अलग अदा, शैली, प्रस्तुतीकरण होती है। उन सभी के उन गुणों को मैं आत्मसात् करने की चेष्टा करता हूं। तबला सभी से अधिक रियाज खोजता है। मैं 12 घंटे तक प्रतिदिन रियाज करता रहा हूं। आज भी मुझमें सीखने की ललक है। सरलता, विनम्रता तथा गुरु के चरणों में समर्पण का भाव लेकर अभ्यास करें—यहीं मेरी कामना है, भावना है।

ताल शिरोमणि

पं० दयाशंकर मिश्र

श्रोताओं की रुचि और स्मृति अल्पकालिक होती है। कलाकार की सामाजिक पहचान तभी तक बनी रहती है, जब तक उसके कला की युवावस्था रहती है, बाद में धीरे-धीरे वह भुला दिया जाता है। पर कुछ ऐसे कलाकार हुए हैं, जिन्हें आज भी श्रोतागण व सुधीजन भूल नहीं पाये हैं, बल्कि कुछ महान कलाकारों ने ऐसे मापदंड स्थापित किये हैं, जो अविस्मरणीय रहेंगे। ऐसे ही कलाकारों में एक नए संगीत चिंतक, तबलावादक, पं० दयाशंकर मिश्र जी का नाम आता है, जिन्होंने अपना संपूर्ण जीवन संगीत को ही समर्पित कर दिया। आपका जन्म पारंपरिक संगीतज्ञों के एक परिवार में गोंडा जनपद के पायर वनगवां नामक गांव में, 20 अगस्त, 1916 को हुआ। आपके पिता पं० जमुना प्रसाद मिश्र (संगीताचार्य) थे, जो अपने समय के यशस्वी गायक के रूप में प्रसिद्ध थे। आपके बड़े भाई पं० केशरीप्रसाद मिश्र जहां नृत्यकला में पारंगत थे, वहीं छोटे भाई श्यामप्रसाद जी भी संगीत विद्या में रुचि रखते थे। इन्होंने पिता व भाइयों से संगीत की शिक्षा प्राप्त की।

आपकी अवस्था पांच वर्ष की भी नहीं हो पायी थी कि आपको गायन विद्या सीखने की प्रबल इच्छा हुई। संगीत के प्रति रुचि, मधुर व दोष रहित आवाज इत्यादि गुण विरले ही व्यक्तियों में पाए जाते हैं। आप नियमित रूप से अध्ययन करने लगे और आठ वर्ष की अवस्था में गायन समारोह में भाग लेने के साथ ही अपने पिता के साथ-साथ अनेक प्रसिद्ध रियासतों में आमंत्रित होने लगे। आपने तबले के सभी घराने के वादन शैलियों की विशेषताओं को अपनाया। मृदुभाषी और सभी छोटे-बड़े कलाकारों की हृदय से प्रशंसा करने वाले मिश्र जी ने अपने समय के अनेक श्रेष्ठ कलाकारों के साथ संगत तो की ही, लम्भुवा निवासी प्रसिद्ध नृत्याचार्य पं० ओंकारनाथ मिश्र के नृत्य व गायन के साथ वर्षों संगत करते रहे। आपके तबला वादन व संगीत ज्ञान से प्रभावित होकर अयोध्या राज्य के तत्कालीन महाराज श्री जगदम्बिका प्रसाद सिंह जी ने 1945 के आस-पास आपको अपने दरबार के अन्य प्रतिष्ठित कलाकारों के साथ नियुक्त कर दिया। जहां पर राजकुमारी, 'बच्ची साहिबा' के अतिरिक्त आपने अनेक शिष्यों को गायन-वादन की कला में

पारंगत किया। इस प्रकार आप अयोध्या के ही होकर रह गये। आपने अपने जीवन की अंतिम सांस 8 मई, 1975 को 60 वर्ष की आयु में अयोध्या में ही ली।

शिक्षण पद्धति के विषय में पंडित जी का कहना था—कि हर व्यावसायिक कलाकार, आवश्यक नहीं है कि अच्छा गुरु भी साबित हो। जिस कलाकार में दोनों ही प्रतिभा होगी, उस घराने के होनहार शिष्य क्यों नहीं निकलेंगे?

आप तबला संगति हेतु प्रतिष्ठित कलाकारों में काफी लोकप्रिय थे। ज्ञान भंडार भरा-पूरा होने के कारण आप स्वतंत्र वादन में भी निपुण थे। अप्रचलित तालों में बजाना आपकी रुचि थी। कभी-कभी आप पखावज भी बजाते थे, परंतु नृत्य के साथ संगत करना आपको पसंद नहीं था। आपमें एक उत्कृष्ट तबला वादक, श्रेष्ठ रचनाकार और कुशल शिक्षक का माणिकांचन संयोग था। आपने दिल्ली व लखनऊ घरानों में अपनी मौलिक रचनाओं को जोड़कर तबला वादन को एक नया रूप दिया और अपने पुत्रों व शिष्यों को इस कला में प्रशिक्षित किया था। आपके तीन पुत्रों में पं० चंद्रप्रकाश मिश्र, डॉ. रमेश मिश्र (गायक) हैं व पं० ओमप्रकाश महाराज (कत्थक नृत्याचार्य हैं), जो नित नई सफलताओं को छू रहे हैं। आपको 1954 में अभिनव कला समाज नागपुर ने 'तबला नवाज', संगीत समाज कानपुर ने 'श्रेष्ठ कला आचार्य' व ललित कला अकादमी जबलपुर द्वारा 'संगत-सम्राट' की उपाधि से विभूषित किया था।

पंडित जी विद्या दान में तो उदार थे ही, विद्यार्थियों की सुविधा-असुविधा की ओर भी तत्परता से ध्यान देते थे। वस्तुतः सैकड़ों शिष्य उनके पास से शिक्षा लेकर गए और अंत तक सीखते रहे, परंतु उन्होंने कभी शर्त नहीं रखी कि शिष्य एक निश्चित शुल्क ही दे। गंडा बांधते समय कोई उन्हें एक रुपया, कोई उन्हें 101/-रुपया और कोई हजार रुपए भी देता था, पर आप सभी की ओर समान दृष्टि से ही देखते थे—और हमेशा उनसे कहते थे—बेटा, जहां तुम किसी की खास चीज देखो, उसे वहां सीख लो। मैंने अपने कई गुरु बनाएं हैं, तभी इतनी विधा हो सकी है। कोई नई गत सिखाते समय, वह किस घराने की है, किसने बनाई, उस वादक का नाम, वह किन तालों में बजाई गई है आदि बातें, वे बड़ी खूबी से समझा देते थे। तभी आपके विद्यार्थी समझदार व आंखें खोलकर अध्ययन करने वाले थे। 1961 में आपका कोल्हापुर में चौथी संगीत परिषद् के सम्पन्न होने पर काफी सम्मान भी किया गया।

विश्वविख्यात तबला वादक

उस्ताद जाकिर हुसैन

विशिष्ट एवं प्रख्यात तबला वादक अल्ला रक्खा के सुपुत्र जाकिर हुसैन विलक्षण प्रतिभा के कलाकार हैं। इनका जन्म मुंबई में 1 मार्च, 1951 ई. को हुआ। केवल भारत ही नहीं, विश्व स्तर पर ताल-वाद्य विशेषज्ञों में उनकी गणना की जाती है। जाकिर हुसैन साहब ने देश के अनेक नगरों में विभिन्न अवसरों पर अपने तबला वादन से श्रोताओं को मंत्रमुग्ध किया है। उन्होंने रूस, चीन, अमेरिका, अफ्रीका, कनाडा आदि विश्व के अनेक महानगरों में अपने तबला वादन से भारतीय संगीत को समृद्धि और प्रतिष्ठा अर्जित करायी है।

जाकिर हुसैन साहब ने विश्वविख्यात सरोदवादक अली अकबर खां और सितारवादक पं० रविशंकर के साथ संगत किया और उनसे प्रशंसा व प्रोत्साहन प्राप्त किया। अपने पिता सुविख्यात तबला वादक अल्ला रक्खा से उन्होंने तबले की शिक्षा ली और देखते-देखते सारे विश्व में अतुलनीय तबलावादक के रूप में अंतर्राष्ट्रीय ख्याति अर्जित की।

बदलते वक्त को पहचानकर आगे बढ़ना उनकी खासियत है। फ्यूज बीट्ज का कायल होने के कारण उनकी लोकप्रियता विश्वस्तर पर बढ़ती गई। जाज हो, प्यानो या पाप, हर किसी के साथ उनके तबला वादन की कुशलता रंग लाती थी।

उस्ताद ने शाजी एक करण की फिल्म 'साथ प्रस्थम' पर तबला वादन के क्रम में एक कथकली कलाकार के जीवन पर आधारित इस फिल्म में सार्थक भूमिका निभाने के लिए छः महीने तक कथकली का अध्ययन करते रहे। कथकली कलाकार की भाव भंगिमा के साथ तबले की संगति बिठाने के लिए बड़ा परिश्रम किया।

कर्नाटक संगीत हो या हिन्दुस्तानी संगीत, वे किसी के साथ भी समान दक्षता के साथ तबला बजा सकते हैं। उन्होंने ऋषि वैली में अध्ययन किया और महान मृदंगवादक पालघाट मणि से भी मृदंग वादन की कला सीखी। कर्नाटक संगीत के वाद्यों का उन्होंने 'ग्रेट मोमेंट्स ऑफ इंडियन म्यूजिक' और 'मोमेंट रिकाईस' जैसा सीडी एलबम तैयार किया। ये दोनों एलबम भारतीय तबला वादन की बहुमूल्य धरोहर हैं।

जाकिर हुसैन का व्यक्तित्व और प्रतिभा इतनी बहुरंगी और बहु आयामी है कि वे विश्व की किसी भी गायन और नृत्य शैली के साथ तबले की वट्स ढाल लेने में समर्थ हैं।

विश्वप्रसिद्ध विएट्ल्स जार्ज हैरिशन, हेंडर्सन तथा जैकब्रूस जैसे चोटी के कलाकारों के साथ उन्होंने अपना कार्यक्रम प्रस्तुत किया। साथ ही हांगकोड सिम्पनी तथा न्यू ओरलिएन्स सिम्पनी जैसे ग्रुप ने उन्हें अपने ग्रुप में शामिल कर लिया। अमेरिकी कन्या डाना और युवा जो कोहेन ने उस्ताद का शिष्यत्व ग्रहण कर लिया है।

उस्ताद जाकिर हुसैन ऐसे गुणी विश्वविख्यात कलाकार हैं, जिनके साथ एलबम बनाना मिकी हार्ट जैसे कलाकार अपनी एक विशिष्ट उपलब्धि मानते हैं। 1992 में मिकी हार्ट के साथ उनके एलबम प्लेनेट ड्रम को प्रतिष्ठित ग्रेमी पुरस्कार मिला। 1983 में 'हीट एंड डस्ट' नामक फिल्म में उस्ताद के संगीत-निर्देशन को कान फिल्म महोत्सव में प्रतिष्ठित पुरस्कार मिला। 1987 में उनके प्रथम सोले रिलीज का ईस्ट-वेस्ट फ्यूजन एलबम में बहुमूल्य माना जाता है। 1990 में उभयपक्षीय मैत्री को बढ़ावा देने के लिए इंडो-अमेरिका अवार्ड और 1992 में मिकी हार्ट के साथ उनके 'प्लेनेट ड्रम' नार्म इंडीबेस्ट सेलर पुरस्कार दिया गया।

1988 में भारत सरकार द्वारा 'पद्मश्री' व 1998 में 'पद्मभूषण' से सम्मानित किया गया। 1991 में साहित्य अकादमी पुरस्कार से उन्हें सम्मानित किया गया। मध्यप्रदेश सरकार द्वारा कालिदास पुरस्कार से सम्मानित उस्ताद जाकिर हुसैन का 1999 में अमेरिका की ओर से अत्यंत प्रतिष्ठित नेशनल हेरीटेज इन पोक एंड ट्रेडिशनल आर्ट्स के अलावा द रिट्स एक्सपीरियंस को उस्ताद की रचनात्मकता में मास्टरपीस माना जाता है।' इन उपलब्धियों के अतिरिक्त इस्माइल मर्चेन्ट की फिल्म बाइन कस्टडी तथा बर्नाडो बतोलुक्की की फिल्म में 'लिट्ल कट्टा' में उनके संगीत निर्देशन की भरपूर प्रशंसा की गई। 1996 में अटलांटा ओलंपिक खेल के उद्घाटन समारोह में उनके तबला वादन ने दर्शकों-श्रोताओं को मंत्रमुग्ध और चकित कर दिया।

संपूर्ण विश्व में भारतीय संगीत को अभूतपूर्व गौरव और प्रतिष्ठा दिलाने वाले उस्ताद जाकिर हुसैन भी भारत के महत्त्वपूर्ण सांस्कृतिक दूत हैं।

प्रसिद्ध तबला वादक

पं० रंगनाथ मिश्र

3 जनवरी, 1932 को बनारस के प्रतिष्ठित संगीतज्ञ परिवार में जन्में पं० रंगनाथ मिश्र ने तबला वादन की शिक्षा अपने पितामह पं० विक्रमादित्य मिश्र उर्फ खलीफा बिक्कू महाराज जी एवं पिता तबला शिरोमणि पं० गामा महाराज जी से प्राप्त की है। काशी हिंदू विश्वविद्यालय से स्नातक एवं हिंदी साहित्य सम्मेलन (प्रयाग) से साहित्य रत्न रंगनाथ जी को प्रयाग संगीत समिति (इलाहाबाद) द्वारा संचालित प्रवीण की परीक्षा (मास्टर ऑफ म्यूजिक) में सर्वोच्च स्थान प्राप्त करने पर स्वर्ण पदक से सम्मानित किया गया था।

देश की विभिन्न सांगीतिक, सांस्कृतिक संस्थाओं, महाविद्यालयों, विश्वविद्यालयों, आकाशवाणी एवं उत्तर प्रदेश संगीत नाटक अकादमी से पंडित मिश्र परीक्षक एवं चयन समिति के सदस्य आदि के रूप में जुड़े रहे हैं। वह लखनऊ स्थित भातखंडे हिंदुस्तानी संगीत महाविद्यालय में 1966 से 1990 तक तबला एवं पखावज के विभागाध्यक्ष पद पर कार्यरत रहे। क्रियात्मक एवं शास्त्र दोनों में समान दखल रखने वाले प्रो. मिश्र की शिष्या डॉ. सावित्री श्रीवास्तव ने इन्हीं के निर्देशन में इंदिरा कला संगीत विश्वविद्यालय (खैरागढ़) से तबला विषय पर अपना शोध-कार्य पूरा किया है।

पंडित मिश्र को कई मान-सम्मान मिल चुके हैं। 11 वर्ष की उम्र में इनके एकल तबला वादन से प्रभावित होकर राजा अमावा ने इन्हें पदक प्रदान किया था। 1954 में संपन्न अंतर्विश्वविद्यालय युवा समारोह में इन्हें राष्ट्रीय स्तर पर प्रथम स्थान प्राप्त करने के फलस्वरूप स्वर्ण पदक से सम्मानित किया गया था। 1959 में इटावा संगीत सम्मेलन में इन्हें सम्मान पत्र देकर सम्मानित किया गया था। 1964 में पटना में संपन्न अखिल भारतीय संगीत सम्मेलन में बिहार के तत्कालीन शिक्षामंत्री ने इन्हें स्वर्ण पदक से सम्मानित किया था। 1979 में मणिपुरी नर्तन केंद्र ने इन्हें तबला सम्राट की उपाधि से विभूषित किया। 1994 में स्वामी हरिदास शास्त्रीय संगीत एवं कला प्रवर्धन समिति (लखनऊ), ने इन्हें तबला शिरोमणि की उपाधि से सम्मानित किया। 1990 में उत्तर प्रदेश के तत्कालीन मुख्यमंत्री मुलायम

सिंह यादव के करकमलों से इन्हें 'डॉ. राय राजेश्वर बली ललित कला सम्मान' मिला था। 1998 में उत्तरप्रदेश के तत्कालीन राज्यपाल श्री सूरजभान जी ने आकाशवाणी लखनऊ द्वारा चयनित 10 कलाकारों को सम्मानित किया था। इस अवसर पर प्रो. रंगनाथ मिश्र को सम्मानित करते समय उनके उद्गार थे—

'पंडितजी को सम्मानित करके मैं स्वयं को गौरवान्वित अनुभव कर रहा हूं।' पंडितजी को उत्तर प्रदेश संगीत नाटक अकादमी सम्मान से भी सम्मानित किया जा चुका है।

आकाशवाणी एवं दूरदर्शन के सर्वोच्च श्रेणी के कलाकार प्रो. मिश्र की जीवनी विभिन्न विश्वविद्यालयों के पाठ्यक्रमों में है। एक सिद्धहस्त तबला वादक होने के साथ-साथ वह एक सिद्धहस्त लेखक भी हैं, संगीत चिंतक भी हैं और सुहृदय कवि भी। इनके द्वारा लिखित एवं निर्देशित अनेक रचनाएं अंतर्राष्ट्रीय ख्याति के गायकों द्वारा प्रस्तुत की गई हैं। इनके दोनों पुत्रों राजेन्द्र नाथ मिश्र और शिवेन्द्र नाथ मिश्र सहित अनेक शिष्य संगीत के क्षेत्र में सक्रिय हैं। वर्तमान में पंडितजी तबला तरंगिनी नामक एक महत्त्वपूर्ण ग्रंथ के लेखन में व्यस्त हैं।

'गुदई महाराज'

पं० सामता प्रसाद मिश्र

आपका जन्म 19 जुलाई, 1920 को सुप्रसिद्ध नगरी वाराणसी के कबीरचौरा नामक मुहल्ले में व्यावसायिक संगीतज्ञों के एक परिवार में हुआ। आप अपने उपनाम 'गुदई महाराज' के नाम से विख्यात हुए। आपके पिता पं० बाचा मिश्र एक अच्छे कलाकार थे। नौ वर्ष के थे तभी आपके पिता का स्वर्गवास हो गया। आपकी आगे की शिक्षा पं० विक्रमादित्य मिश्र उर्फ बिक्कू महाराज से हुई। लगभग 15-16 वर्षों तक शिक्षण काल में सामता प्रसाद जी ने कठिन अभ्यास करके अपने हाथ में ऐसी चमक पैदा कर ली कि जहां-जहां उनका वादन हुआ, वहीं-वहीं वह छाते चले गए। सन् 1942 में इलाहाबाद विश्वविद्यालय द्वारा आयोजित अखिल भारतीय संगीत सम्मेलन में आपको पहली बार एक महत्त्वपूर्ण अवसर मिला। उसके बाद तो विश्व के कोने-कोने से निमंत्रण मिलने लगा और तबले के इस जादूगर ने 5 दशक तक संगीत जगत में बादशाहत की। देश का शायद ही कोई चोटी का कलाकार हो, जिसके साथ आपने कुशलतापूर्वक संगत न की हो।

पं० सामता प्रसाद ने फिल्मों के माध्यम से भी तबला वादन में ख्याति अर्जित की। कुछ मुख्य फिल्मों के नाम हैं—'झनक झनक पायल बाजे, मेरी सूरत तेरी आंखें, बसंत बहार, सूरेर प्यासी, असमाप्त, जलसा घर, शोले, नवाब वाज़िद अली शाह।'

पं० सामता प्रसाद को जीवन में अनेक मान-सम्मान मिले। उनमें से कुछ मुख्य हैं—तबला का जादूगर, ताल-मार्तंड, ताल-शिरोमणि, तबला-विज़र्ड, तबला-सम्राट, ताल-विलास, संगीत नाटक अकादमी पुरस्कार, हाफ़िज अली खां सम्मान और सन् 1972 तथा 1992 में क्रमशः पद्मश्री और पद्मभूषण की उपाधियां।

आपके अनेक शिष्य यश प्राप्त कर रहे हैं तथा ज्येष्ठ पुत्र पं० कुमार लाल एक कुशल कलाकार हैं। कर्मयोगी सामता प्रसाद 21 मई सन् 1994 को एक तबला कार्यशाला में भाग लेने पुणे पहुंचे, वहां दिल का जान-लेवा दौरा पड़ा और वे 31 मई, 1994 को चिरनिद्रा में विलीन हो गए।

सरदार महेन्द्र सिंह

कहा गया है कि बालक की पहली पाठशाला उसका घर होता है और प्रथम गुरु उसके माता-पिता। तबला वादक महेन्द्र सिंह के पिता (स्व. पंज़ाब सिंह) एक अच्छे गायक थे। घर का वातावरण संगीतमय होने से महेन्द्र जी की इच्छा अपने पिता के संगीत सुनने और तबले पर संगत करने की होती थी। अपने पुत्र की इच्छा जानकर पिता उसे तबला-वादन की शिक्षा दिलाने लगे। कुछ दिनों तक तबला सीखने के बाद महेन्द्र जी की इच्छा अन्यत्र बजाने की होने लगी, किन्तु पिता ने इस बात की मनाही कर रखी थी। बाद में तो एक दिन ऐसा भी समय आया कि परिस्थितिवश उन्हें अपने पुत्र को एक संगीत सभा में बजाने की अनुमति देनी ही पड़ी। कालांतर में महेन्द्र सिंह अनेक गुरुओं की संगति पाकर इस क्षेत्र में निरंतर बढ़ते चले गए, आगे की शिक्षा पूरी करने लगे।

सरदार महेन्द्र सिंह ने अपनी लगन से तबला वादन के क्षेत्र में अच्छी ख्याति अर्जित की है। ये भले ही गंभीर से दिखते हैं, किन्तु कलाकार-सुलभ स्वभाव इनके व्यवहार में कूट-कूट कर भरा हुआ है।

तबले पर इनकी खास पहचान लयकारी को स्पष्ट रूप से बजाने में है। ये 1971 ई. में तबला वादक के स्थायी पद पर नियुक्त हुए।

मूलतः महेन्द्र जी गुजरात के नानूवाल नहशेहरा के निवासी थे। किन्तु पटना आने पर इनकी प्रारंभिक शिक्षा खगोल में हुई। तबला-वादक की शिक्षा सन् 1958 में आरंभ हुई। इनके पिता संगीत के अच्छे कलाकार थे और उन दिनों आकाशवाणी, पटना केन्द्र से उनके कार्यक्रम प्रसारित होते थे। इस क्षेत्र में इनके प्रथम गुरु पिता ही थे। इनके अलावा इन्होंने यमुना प्रसाद (पटना), बाबू ललन सिंह (आरा), प्रो. श्यामलाल जी (वाराणसी) एवं वहीं सुप्रसिद्ध तबला वादक पं० किशन महाराज से भी तबला की शिक्षा ग्रहण की।

मेरे यह जिज्ञासा करने पर कि आपने कब समझा कि अब आप संगीत सभाओं में तबला वादन का प्रदर्शन कर सकते हैं, तो इनका कहना है— 'यह उन दिनों की

बात है, जब मैं तबला सीख ही रहा था। मेरे पिताजी ने मुझे बाहर बजाने की मनाही कर रखी थी। एक दिन उनके साथ ही एक संगीत वादक भी आए हुए थे। किन्तु, उनके साथ जिस कलाकार को तबले पर संगत करना था, वे नहीं आ सके। लिहाजा आयोजक परेशानी में थे। उनमें से किसी को यह जानकारी अवश्य थी कि तबला वादक मैं भी हूं। आयोजकों के कहने पर पिताजी ने कहा कि उन्हें बाहर बजाने की इजाजत नहीं है। फिर भी वे लोग न माने। उनके विशेष आग्रह करने पर पिताजी ने स्वीकृति दे दी। मैं मन ही मन खुश था। फलतः उस दिन करीब डेढ़ घंटे तक वायलिन वादक के साथ पूरे परिश्रम से संगत करता रहा। उसी दिन मुझे लगा कि मैं बाहर के कार्यक्रम में भी तबला बजा सकता हूं।'

मैं पूछता हूं— 'आकाशवाणी की सेवा में कब, और आने का मुख्य कारण क्या था?'

महेन्द्र जी ने बताया—'अपनी कला का प्रचार-प्रसार हो, इस निमित्त अवसर मिलने पर 1971 ई. में तबला वादक के पद पर मेरी नियुक्ति हो गई। लेकिन इतना कहने से ही काम नहीं चल सकता। सच्चाई यह है भक्तजी, कलाकार को प्रशंसक तो बहुत मिलते हैं, मगर उनकी दैनिक आवश्यकताओं की पूर्ति करने के लिए कोई आगे नहीं आता। लोग कलाकार का स्वाभिमान शब्दों में बढ़ाते हैं, व्यवहार में नहीं। इसलिए यहां मुझे यह कहने की इजाजत दीजिए कि मुझ जैसे छोटे कलाकारों की बात छोड़िए, बड़े-बड़े कलाकारों और साहित्यकारों को नौकरी की शरण में जाना पड़ता है। बच्चों का स्वास्थ्य पुचकारों से नहीं बनता, उन्हें दूध चाहिए। बस, दूध की तलाश करना और नौकरी की शरण में जाना एक ही सिक्के के दो पहलू हैं।'

इन्हें संगीत के अनेक मशहूर गायक-वादक कलाकारों, जैसे—विनायक राव पटवर्द्धन, बेगम अख्तर, गुलाम मुस्तफा खां (गायन), बी.जी. जोग, पं० सियाराम तिवारी, बलराम पाठक (सितार), विमल मुखर्जी (सितार), सिंहबंधु आदि के साथ तबले पर संगत का अवसर मिला।

महेन्द्र सिंह को तबले पर स्वतंत्र रूप से कायदे, टुकड़े और विशेष रूप से तिरकिट, धिरकिट और लयकारी बजाना अधिक पसंद है। इन्होंने गायन-वादन के अलावा अच्छे नर्तकों के साथ भी संगत किया है। जिनमें सितारा देवी, माया चटर्जी, भारती राय और सुजाता कुमारी प्रमुख हैं।

सरदार महेन्द्र सिंह की अभिलाषा आकाशवाणी की सेवा निवृत्ति के बाद पूरी जिन्दगी संगीत की ही सेवा करने की है। इनके मन-प्राण तबले में ही बसते हैं,

इसलिए इसे सदैव अपनाए रहना चाहते हैं। आज भी अवसर निकालकर प्रतिदिन कई घंटे रियाज किया करते हैं।

पिछले वर्ष संस्कार-भारती की ओर से इन्हें भारतीय नृत्य कला मंदिर (पटना), में तत्कालीन केन्द्रीय स्वास्थ्य मंत्री, सिने कलाकार श्री शत्रुघ्न सिन्हा ने सम्मानित किया।

तबला एक कठिन वाद्य है। अच्छे गुरु की तलाश, सच्ची लगन और कठिन परिश्रम के बाद ही यह कला हासिल होती है। नये तबला सीखने वाली युवापीढ़ी के लिए यही इनका संदेश है कि गुरु के चरणों में बैठकर सच्ची लगन से अभ्यास करना चाहिए।

बांस के छिद्रों में प्राण फूंकने वाले

पहीमुल्लाह खां

हमारे देश में एक से एक बांसुरी वादक हुए हैं और आज भी हैं। जिन्होंने विदेशों में भी प्रचुर ख्याति और प्रशंसा प्राप्त की है और संगीत के क्षेत्र में भारत का नाम ऊंचा किया है।

पहीमुल्लाह खां का जन्म जून, 1923 ई. में गया के शहनाई वादकों के घराने में हुआ। इनके पिता मुंशी मियां, दादा गुलामन मियां और भाई रहीमबख्श की एक जमाने में अच्छे शहनाई वादकों में गिनती की जाती थी। रहीमबख्श बड़े भाई थे। मंझले भाई अब्दुल रसीद और संझले भाई पीरबख्श भी अच्छे शहनाई वादक थे। अब्दुल रसीद तबलावादक के रूप में सरायकेला स्टेट के महाराजा के यहां तीन महीने के लिए गए थे। इस तरह पहीमुल्लाह साहब का समस्त परिवार संगीत से जुड़ा था।

जब पटना में आकाशवाणी पटना केन्द्र का उद्घाटन हुआ, तो इन्हें उम्मीद जगी कि आकाशवाणी केन्द्र पर बांसुरी वादन का अवसर मिलेगा। अंततः फरवरी, 1948 में पहीमुल्लाह साहब को प्रथम बार आकाशवाणी पर अपना कार्यक्रम देने का सौभाग्य प्राप्त हुआ। तब से 1962 तक वे आकाशवाणी में स्टाफ आर्टिस्ट के रूप में कार्यक्रम देते रहे। 1969 ई. में आकाशवाणी, संबलपुर में स्थानांतरण हुआ और 1983 में पुनः पटना आ गये। इस बीच ये युगोस्लाविया, हंगरी, बुलगारिया और फ्रांस गये तथा 1980 में जापान का भ्रमण किया। सन् 1988 में पनामा-मैक्सिको उत्सव में भारत की ओर से इन्होंने भाग लिया। इसके पहले 1987 में रूस में भारत सरकार की ओर से आयोजित भारत उत्सव में प्रतिनिधि के रूप में शामिल हुए थे।

सोवियत भ्रमण के अनुभव के विषय में पहीमुल्लाह साहब का कहना था—'वहां के लोगों के हृदय में भारतीय संगीत के प्रति प्रेम है। वे भारतीय संगीत के प्रशंसक हैं। केवल भारतीय संगीत नहीं, भारत और भारतीय के प्रति उनके मन में स्नेह और आदर की भावना है।'

सोवियत भ्रमण के सिलसिले में पहीमुल्लाह साहब ने लेनिन ग्राद, साइबेरिया, मंगोलिया आदि कई प्रमुख नगरों का भ्रमण किया। इस संबंध में उन्होंने कहा था— 'यहां के सांस्कृतिक माहौल में लड़कियां अपनी पारंपरिक पोशाक पहनकर शाल पर केरख, फूल-मालाओं से आगत कलाकारों का सम्मान करती हैं। आम नागरिक सड़कों पर खड़े होकर फूल-मालाओं से हार्दिक स्वागत करते हैं।'

शहनाई के प्रति इनके ह्रदय में विशेष अनुराग था। इस संबंध में एक बार उन्होंने कहा था—

'बचपन से ही शहनाई वादन में रुचि लेता था। शहनाई वादन की बात कुछ लोगों को पुरानी लग सकती है। किन्तु यह सत्य है कि बांसुरी और शहनाई हमारे देश में प्राचीन काल से प्रचलित है। भारतीय साहित्य और धर्म से इन दोनों वाद्यों का गहरा संबंध है। शादी-विवाह जैसे मांगलिक अवसरों पर शहनाई वादन की प्रथा पुराने जमाने से चली आ रही है।'

पहीमुल्लाह साहब शहनाई वादक के रूप में रहीमबख्श और बांसुरीवादक के रूप में पन्नालाल घोष को अपना आदर्श मानते थे। पहीमुल्लाह साहब को बचपन से ही फिल्म देखने और रेडियो से प्रसारित होने वाला संगीत सुनने का शौक था। वे जो गाने सुनते थे, उसे बांसुरी और शहनाई पर बजाने का अभ्यास करते थे।

पहीमुल्लाह साहब ने अपने बेटे अताउल्लाह खां को मुरली-शहनाई वादन की अच्छी तालीम दी। अताउल्लाह खां छह डांस की पार्टी में शामिल होकर भारत में आयोजित अनेक कार्यक्रमों में भाग ले चुके हैं। उन्होंने 1986 में दिल्ली में आयोजित 'अपना उत्सव' में भाग लिया था। 1987 में उन्होंने भारतीय प्रतिनिधि के रूप में मौरिशस के सांस्कृतिक उत्सव में भाग लिया। उनके पुत्र आकाशवाणी के स्थायी कलाकार के रूप में कार्यरत हैं।

101 हिट भजनों की स्वर-लिपियां

- पायो जी मैंने राम रतन धन पायो...
- ऐसी लागी लगन मीरा हो गई मगन...
- ठुमक चलत रामचंद्र बाजत पैजनियां...
- मेरे तो गिरधर गोपाल दूसरो न कोई...
- मैया मोरी मैं नहिं माखन खायो...
- श्याम तेरी बंशी, बजे धीरे-धीरे...
- जग में सुंदर हैं दो नाम...

भजन भक्त की पुकार है। जीवन के सुख-दुख व धूप-छांव के बहते हुए झरने के बीच यह सहज ही मानव मन को परमात्मा से जोड़ती है।

आज हर व्यक्ति व्यथित है, तनाव से ग्रस्त और अध्यात्म की तरफ भाग रहा है, भजन की अंगुली पकड़कर अपने अन्तर्मन के तारों को झंकृत करना चाहता है।

चाहे टेलीविजन चैनल हो या आध्यात्मिक प्रवचन स्थल, हर तरफ भजन का ही बोल-बाला है। यही कारण है कि आज लोगों में भजन सीखने की होड़ सी लगी हुई है, जिसमें बच्चे, वरिष्ठ, हर वर्ग के लोग भारी संख्या में देखे जा सकते हैं। आज प्राइवेट ट्यूशनों द्वारा जगह-जगह पर भजन की कक्षाएं भी ली जा रही हैं, परन्तु अधिकतर शिक्षक अप्रशिक्षित होने के कारण सही जानकारी देने में असमर्थ रहते हैं. संगीताचार्य डॉ. रमेश मिश्र ने यह पुस्तक इसी दृष्टि को ध्यान में रखते हुए तैयार की है, ताकि उभरते हुए संगीत के छात्र-छात्राएं, शिक्षक, भजनगायक विस्तृत स्वर- लिपियां सीखकर पारंगत हो सकें और भजन की तान छेड़ सकें। गायन एवं वादन की स्वर-लिपियों के मिले-जुले ज्ञान के लिए यह एक ठोस प्रैक्टिकल गाइड बुक है। आइए, इस पुस्तक से भजन सीखकर हम भी गायन-वादन में दक्ष हों और भजन की स्वर-लहरियों में झूमें।